200
Strickmuster

Barbara Abbey

200 Strickmuster

Mit ausführlichen Anleitungen zu Techniken, Material und Abschlußarbeiten

Otto Maier Verlag
Ravensburg

Die amerikanische Originalausgabe erschien unter dem Titel »The Complete Book of Knitting«
© 1971 by The Viking Press, New York

Die deutsche Erstausgabe erschien unter dem Titel »Das große Strickbuch«
© 1975 by Hörnemann Verlag

© 1984 für die Taschenbuchausgabe Otto Maier Verlag Ravensburg
Umschlagentwurf: Graphisches Atelier des Otto Maier Verlages unter Verwendung eines Fotos von Dorothee Bongartz, Fotoatelier Weiß
Gesamtherstellung: Mohndruck Graphische Betriebe GmbH, Gütersloh
Printed in Germany

ISBN 3-473-44001-9

Inhalt

7	**Einleitung**
9	**Handwerkszeug**
9	Die Wahl der Stricknadeln
11	Die gebräuchlichsten Nadelarten und Nadelgrößen
12	Strickzubehör
14	**Strickgarne**
14	Wollgarne
15	Haargarne
16	Die Wahl des Garnes
18	Zusammenfassung
19	**Das Stricken der Grundmaschen**
19	Der Maschenanschlag: Methoden und Anwendungen
22	Rechte und linke Maschen
25	Stricken für Linkshänder
25	Wie man aus rechten und linken Maschen Muster strickt
26	Abketten
28	Abnehmen
31	Zunehmen
35	Gekreuzte Maschen: Zopfmuster
37	Kreuzen mehrerer Maschen
43	Verschiedene Spezialmuster
46	Das Aufnehmen von Maschen
47	Stricknaht
50	Wenden und Formen
51	Berechnung des Maschenmaßes (Maschenprobe)
52	Gehäkelter Abschluß
55	Das richtige Maßnehmen
57	**Zusammensetzen und Abschlußarbeiten**
57	Pullover
58	Frontleisten bei Strickjacken
59	Einsetzen von Reißverschlüssen
60	Nasses Spannen
61	Trockenes Spannen
62	Fertigstellung von Kleidungsstücken
64	Futter und Futterstoffe
66	**Strickmuster: Wie man sie aussucht und anwendet**
70	**Abkürzungen und Fachausdrücke**
71	**200 Maschenmuster mit Bild und Anleitung**
72	Liste der Maschenmuster
75	Doppelseitige Muster I
90	Doppelseitige Muster II
107	Rippenmuster
127	Strukturierte Muster
174	Einseitige Muster
189	Zopfmuster
201	Durchbruchmuster
219	Spitzenmuster

Einleitung

Dieses Buch soll in erster Linie eine *Darstellung der Strickkunst* sein. Es ist, wenn man so will, mehr ein Lexikon oder ein Nachschlagwerk als ein Modellbuch. Es wurde geschrieben, um die Strickerin mit den verschiedenen Techniken der Strickkunst vertraut zu machen und ihr eine umfangreiche Auswahl von Möglichkeiten, an Tricks und Kniffen für Maschen und Maschenmuster anzubieten. Die Ausführungen über die Grundkenntnisse im Stricken, über Methoden des Maßnehmens und Zusammensetzens und über die Abschlußarbeiten sollten der Strickerin zum ständigen Begleiter werden. Sie werden ihr Hilfe und Anleitung geben und sie befähigen, schneller, leichter und mit mehr Selbstvertrauen zu arbeiten und bessere Erfolge zu erzielen, was sie auch immer beginnt.

In einem Kapitel über Strickgarne werden die Eigenschaften einer großen Anzahl von Materialien beschrieben, um den Leser in die Lage zu versetzen, das für ein Modell jeweils richtige Garn zu wählen. Die Anleitungen für die Strickmuster enthalten, wo es notwendig ist, die Angaben für das entsprechende geeignete Garn.

Die Muster sind zwanglos in verschiedene Gruppen eingeteilt. Dennoch vermischen sich Elemente der einzelnen Muster oft miteinander; man kann sie miteinander kombinieren oder auf verschiedenste Weise anwenden. Ein Blick auf die Bilder wird ebensoviel über ein Muster aussagen wie der Text. Die Anleitung gibt an, wie man es bewerkstelligen muß, daß ein Strickstück aussieht wie auf dem Bild. Hilfreiche Hinweise verknüpfen die grundlegenden Strickanleitungen mit den Mustern, in denen sie Anwendung finden.

Zu viele von uns neigen dazu, einzig und allein die Methoden des Anschlagens, Abkettens und der einfachen Maschen anzuwenden, die sie zuerst gelernt haben. Man sollte sich nicht zu starr daran halten. Ich habe immer betont und möchte immer wieder darauf hinweisen, daß es keine richtige oder falsche Strickweise gibt. Es gibt nur ein richtiges oder falsches Ergebnis.

In diesem Buch wurden viele Wörter groß oder schräg gedruckt. Es werden dem Leser häufig Wortwiederholungen auffallen. Diese Betonungen und Wiederholungen sind beabsichtigt und dienen dem alleinigen Zweck, von Anfang an gute Strickgewohnheiten und Kenntnisse zu entwickeln, die leichteres und besseres Arbeiten ermöglichen.

Handwerkszeug

Die Wahl der Stricknadeln

Für leichtes, schnelles Arbeiten ist es wichtig, die Nadeln sorgfältig auszusuchen. Es gibt Strickerinnen, die lange Nadeln bevorzugen, egal, wie wenig Maschen zu arbeiten sind. Andere wiederum können nur mit kurzen Nadeln stricken. In der Regel sollte die Nadellänge dem zu arbeitenden Strickstück angepaßt sein.
Wesentlich für die Stärke der Stricknadeln ist lediglich, daß die entsprechende Maschenprobe stimmt. Das Strickwerk wird um so feiner und fester, je dünner die Nadeln sind. Je dikker die Nadeln sind, desto gröber und lockerer wird die Arbeit. Oft braucht man für eine Strickarbeit verschiedene Nadelstärken, um unterschiedliche Maschenmaße zu erreichen. So wird z. B. der Bund gewöhnlich fester gestrickt als der Pullover und die Ärmel selber. Die Nadelspitze darf nicht scharf sein. Sie sollte leicht abgerundet sein und muß gleichmäßig und allmählich zulaufen, so daß die Maschenschlaufen im ganzen Strickwerk einheitlich und gleich groß werden. Sowohl Nadelschaft wie auch die Spitze müssen ganz glatt sein, ohne Scharten oder Splitter (bei Holznadeln).

Stahl
Stahlnadeln für Spitzenstrickerei sind nicht überall erhältlich. Wegen ihrer glänzenden harten Nickelauflage sind sie sehr glatt und schlüpfrig und zu schwer, um häufig – außer in kleinsten Stärken – Verwendung zu finden. Für

feinste Strickerei, wie z. B. bei Spitzen, gibt es für Stahl jedoch keinen Ersatz. Er ist hart genug, um Form zu halten, und zugleich flexibel, um ganz feine Maschen damit zu stricken.

Aluminium
Aluminium ist ein sehr leichtes Metall. Ohne Zusatz von anderen Metallen wäre es zu weich und ohne Elastizität; daher verwendet man Aluminiumlegierungen. Nadeln aus diesem Material sollte man leicht biegen, um festzustellen, ob sie sofort in ihre gerade Form zurückgehen. Sie kommen in verschiedenen Farben auf den Markt, die im Kontrast zu dem benutzten Garn stehen sollten.

Plastik
Stricknadeln aus Plastik gibt es in verschiedenen Farben. Man muß sie sorgfältig prüfen, da die dünneren recht biegsam sind. Wenn Plastiknadeln tiefen Temperaturen ausgesetzt waren, müssen sie vor Gebrauch auf Zimmertemperatur erwärmt werden, weil sie sonst leicht brechen.

Holz
Die ersten Stricknadeln, die es gab, waren wahrscheinlich aus Holz. Sie werden aus vorbehandelten Harthölzern hergestellt, sorgfältig zugespitzt und poliert, um Rauheiten zu beseitigen.

Horn
Stricknadeln aus Horn werden schon seit 50 Jahren nicht mehr hergestellt. Wer noch welche besitzt, sollte sie gut aufheben. Sie haben heute Sammlerwert.

Die gebräuchlichsten Nadelarten und Nadelgrößen

Jackenstricknadeln
kommen in den Stärken von 2 bis 25 auf den Markt, und zwar in Längen von 25, 30, 35 und 40 cm. Sie haben am Nadelende einen Kopf, der das Abgleiten der Maschen verhindert.

Strumpfstricknadeln
bestehen aus einem Nadelspiel von jeweils fünf Nadeln und werden zum Stricken von Strümpfen, Handschuhen und Rundstrickerei verwendet. Es gibt sie in Stärken von 1¼ bis 8.

Rundstricknadeln
für geschlossene Strickstücke bestehen aus einem Nylon- oder Perlonseil mit Aluminium- oder Nickelspitzen. Es gibt sie in Stärken von 2 bis 10.

Strick- und Häkelnadel kombiniert
mit elastischem Perlonseil und aufsteckbarem Maschenstopp. Stärke 6 in den Längen 60 und 80 cm, Stärke 8 in den Längen 80 und 100 cm.

Flexible Schnellstricknadeln
Große Teile werden häufig auf Schnellstricknadeln gestrickt, die in Längen bis zu 35 cm angeboten werden. Starre, gerade Nadeln mit einer Länge von über 35 oder 40 cm sind zu unhandlich, sperrig und schwer. Hier schließen die 50 und 60 cm langen Nadeln mit flexiblem Perlonschaft und verschiebbarer Maschenbremse eine Lücke.

Rundstricknadeln
Rundstricknadeln werden anstelle von Nadeln mit zwei Spitzen verwendet.

Die Wahl einer Rundstricknadel
Viele scheuen das Zusammensetzen von einzelnen Strickstücken. Die Rundstricknadel ermöglicht es, nahtlos zu arbeiten.
Bei der Auswahl einer Rundstricknadel zieht man den Umfang der Arbeit in Betracht und schätzt die etwaige Maschenzahl, welche die Nadel halten muß. Bei zuwenig Maschen benutzt man ein Nadelspiel.
Eine Rundnadel ist besonders wertvoll beim Stricken horizontaler Streifenmuster in mehreren Farben, vor allem dann, wenn die Reihenzahl ungerade ist.
Pullover in Raglanform beginnt man am Halsrand nahtlos und nimmt im allgemeinen in jeder zweiten Runde 8 Maschen zu.
Beim Kauf muß man darauf achten, daß das biegsame Seil und die Spitzen der Nadel gut ineinander übergehen. Dazu fährt man mit dem Daumennagel leicht darüber. Hört man dabei einen Klick, so kann man annehmen, daß die Maschen an dieser Stelle hängenbleiben.
Nadeln mit farbiger Aluminiumspitze sind sehr nützlich, wenn man einem anspruchsvollen Muster folgen muß. Die Nickelspitze verursacht durch Reflexwirkung bei langer Strickarbeit Ermüdung der Augen.

Häkelnadeln

Die Strickausrüstung ist nicht vollständig ohne eine Auswahl von Häkelnadeln. Man braucht sie zum Zusammensetzen von Nähten, zum Versäubern, Umhäkeln, Abketten und Heraufholen von heruntergefallenen Maschen. Die Stärke der Häkelnadel sollte sich nach dem Maschenmaß des Strickstückes richten.
Es gibt *Garnhäkelnadeln* in den Stärken 0,60–1,75 mm aus vernickeltem Stahl. Sie sind im allgemeinen für Wolle zu dünn.
Wollhäkelnadeln haben die Stärkeneinteilung von 2,0–7,0 und sind aus Aluminium oder Kunststoff.
Beide Typen kann man mit und ohne farbigen Kunststoffgriff erhalten. Beim Kauf muß man dieselbe Sorgfalt anwenden wie bei der Auswahl von Stricknadeln. Ist der Haken zu scharf, so ist es schwierig, ihn beim Arbeiten einzuführen. Die Krümmung sollte nicht zu stark sein, denn das könnte hinderlich sein, wenn der Faden durchgezogen wird. Die besten Nadeln zeichnen sich durch fein modellierte Haken und tiefgekehlte gratfreie Fadenrillen aus.

Strickzubehör

Maschenhalter
Maschenhalter oder -raffer gleichen Sicherheitsnadeln, haben aber am Ende keine Umwindung und werden einfach geschlossen. Sie sind aus Aluminium und farbig eloxiert.

Reihenzähler
Diese Geräte werden über die Nadel geschoben und haben eine Zähleinrichtung mit zwei Zahlen, die an jedem Reihenbeginn nachgestellt werden und von 1–99 zählen.

Markierungsringe
Diese farbigen Plastikringe werden auf die Nadel aufgezogen, um bestimmte Arbeitsabschnitte zu markieren.

Spitzenschutz
Zum Schutz der Nadelspitzen gibt es Gummikappen, die sowohl die Strickerin wie auch die Arbeit schützen. Man kann auch einfach Korken auf die Nadelspitzen stecken.

Zentimetermaß
Leider kommt es vor, daß Zentimetermaße nicht genau stimmen, andere dehnen sich oder ziehen sich durch Wettereinflüsse zusammen. Man sollte ein Zentimetermaß aus Leinen oder ein Fiberglasbandmaß verwenden. Ein Stahlmaßband sollte man *nicht* benutzen. Bei einer Arbeit immer dasselbe Maßband verwenden!

Pflege des Handwerkszeuges

Maschenmaß
Man schneidet sich ein Quadrat von 10 × 10 cm aus fester Pappe und zeichnet in die Mitte ein Quadrat von 5 × 5 cm, das man sorgfältig ausschneidet, und markiert rund um den inneren Rand an jeder Seite 5 cm. Zum Zählen des Maschenmaßes legt man das Pappmaß auf das Probestück und zählt aus, wie viele Maschen auf den Zentimeter kommen.

Nähnadeln
Zum Nähen von Säumen, Stricknähten und Maschenstich (s. S. 47) ist eine stumpfe Nadel am besten.

Zopfmusternadeln
Beim Stricken von Zopfmustern (s. S. 189) müssen jeweils einige Maschen auf eine Hilfsnadel genommen werden, während die folgenden von der linken Nadel abgestrickt werden. Man kann dazu Häkelnadeln, Zahnstocher, Sicherheits- oder Strumpfstricknadeln benutzen, weitaus besser eignet sich eine Zopfmusternadel.

Scheren
Eine Handarbeitsschere sollte spitz sein und stets in einer Scherentasche aufbewahrt oder mit einem Scherenschutz versehen werden.

Stricknadeln kommen im allgemeinen in Plastikverpackungen auf den Markt, in denen man sie aufbewahren kann. Man kann aber auch ein Stück Pappe zwei- oder dreimal knicken und die Nadeln hindurchstechen. Auf der Karte vermerkt man sich die Nadelstärke oder man hält die Nadeln mit einem Gummiband zusammen.
Gut vernickelte Stahlnadeln sollten nicht rosten. Sollte dies aber durch Mißbrauch oder schlechte Pflege doch vorkommen, läßt sich der Rost dadurch entfernen, daß man ein Stück Wollflanell mit Maschinenöl tränkt, in Sand tupft und die Nadeln damit kräftig abreibt, bis sie wieder blank und glatt sind. Danach wäscht man sie, trocknet sie gut ab und bewahrt sie in einer verschlossenen Flasche auf, in die man etwas Kampfer tut, damit weiteres Rosten verhindert wird.
Alle Nadeln lassen sich mit Wachspapier wieder aufpolieren. Auch Plastiknadeln bekommt diese Behandlung sehr gut. Man sollte einen Vorrat von Nadeln der verschiedensten Stärken haben, damit man alle möglichen Maschenproben machen kann.

Strickgarne

Wollgarne

Wolle ist wohl die vielseitigste Faser, die es gibt. Wärme, Elastizität und Haltbarkeit sind unübertroffen, hinzu kommt die isolierende Wirkung gegen Hitze und plötzlichen Temperaturwechsel. Dadurch, daß Feuchtigkeit schnell aufgesogen wird, trägt Wolle dazu bei, gefährliche Körperabkühlung zu verhindern.
Im Wollgarn sind viele Fasern vereinigt. Unter dem Mikroskop sieht jede Faser wie ein kleiner gerader Stock aus, der mit Schuppen bedeckt ist, die sich wie Dachziegel überlappen. Dicht unter diesen Schuppen befindet sich eine Lage von Kortikalzellen, die unter dem Mikroskop wie lange haarige Stränge aussehen und kleine Lufttaschen enthalten. Diese Kortikalzellen bewirken die Wärmeisolierung und Elastizität. Wenn man das Wollgarn zu fest zum Knäuel aufwickelt oder es, nachdem es verstrickt war, zur Wiederverwendung aufwickelt, wird die ursprüngliche Elastizität vermindert. Starke chemische Belastung, wie ständige Schweißabsorption oder ein scharfes Waschmittel, zerstört ebenfalls die Elastizität der Wollfasern und vernichtet zu einem gewissen Grad die Schichtung der Schuppen, so daß diese sich verschachteln. Die Folge davon ist, daß das Strickstück einläuft und verfilzt. Schädlich ist auch heißes Wasser sowie ständiges Winden und Zerren in der Waschmaschine oder Reiben bei der Handwäsche.

Haargarne

Die meisten dieser Garne, ausgenommen Mohair, sind ziemlich teuer und werden nur in relativ kleinen Mengen gebraucht. Sie werden zu feinen Garnen oder schweren Qualitäten versponnen und sind entschieden weniger elastisch als echte Wollfasern.

Mohair
Mohair, das am häufigsten verwendete Haargarn, stammt von den Fellen der Angora-Ziegen. Es wird hauptsächlich zu Strickgarn versponnen, entweder rein oder in Verbindung mit Wolle oder Kunstfaser. Die weichen Fasern junger Mohairlämmer werden zusammen mit Lammwolle zu einem erstklassigen Garn verarbeitet. Es hat vorzügliche Eigenschaften, färbt sich leicht und strahlend und hält Farben sehr gut. Auf den Wollknäueln ist es als »Kid Mohair« gekennzeichnet.

Kaschmir
Kaschmirwolle stammt von der Kaschmirziege, die in Tibet und den nordwestlichen Provinzen Chinas beheimatet ist. Der hohe Preis dieser und ähnlicher Garne ist auf die schwierige Herstellung zurückzuführen. Alles Haar, das für Kaschmirgarne Verwendung findet, wird in den wenigen Frühlingswochen mit der Hand von den Ziegen gekämmt. Nur der wollige Flaum und die Barthaare werden zum Spinnen benutzt. Das ungereinigte, unsortierte Vlies enthält häufig große Mengen von groben Haaren. Ein großer Teil davon ist für Strickgarne unbrauchbar. Kaschmir ist außerordentlich weich, nimmt wunderbar Farben an und verleiht anderen Wollen und Fasern Weichheit und Wärme. Da es nur in relativ kleinen Mengen vorhanden ist, wird es häufig zusammen mit weniger anspruchsvollem Material zu Strick- und Webgarnen verarbeitet. Es ist gesetzlich vorgeschrieben, daß die Mengen der verschiedenen Fasern, die das Garn bzw. der Stoff enthält, auf dem Etikett aufgeführt werden müssen.

Alpaka
Alpakagarn stammt vom Lama, das im Hochgebirge der Anden an der pazifischen Küste von Südamerika lebt. Man unterscheidet zwei Lamaarten, das Huacaya und das Suri. Das Suri liefert das bessere Vlies. Es ist feiner in der Struktur, dicker und glänzender. Der größte Teil des Alpakagarns findet Verwendung in der Textilindustrie, nur kleine Mengen werden zu Handstrickgarnen verarbeitet. Trotz seiner großen Feinheit und Weichheit ist es sehr haltbar, fest und elastisch.

Vikunja
Vikunjawolle stammt von dem Vlies der kleinsten Angehörigen der Lama-Familie. Es ist die allerfeinste Wollart der Welt.
Das Vikunja ist mit einem Fell von sehr kurzer, feiner seidiger Wolle bedeckt, und das Halshaar ist so weich wie Daunen. Zwei Fransen von langem feinem Haar hängen von Schultern und

Brust herab wie eine Schürze. Die Wollausbeute pro Tier beträgt etwa 240 g.

Angora
Angora, ein Kaninchenhaar, wird seit mehr als 100 Jahren in Frankreich versponnen. Der größte Teil der Wolle wird im Winter produziert. Jedes Angorakaninchen liefert pro Jahr etwa 300–500 g Garn. Angorawolle ist äußerst leicht und weich und wird häufig mit anderen Materialien zusammen versponnen. Schafwolle, Baumwolle, Seide oder Kunstfasern tragen dazu bei, die Angorahaare zu festigen. Diese Wolle hat ungewöhnlich gute Isoliereigenschaften und bewirkt in Verbindung mit Wolle in Handschuhen und Mützen guten Kälteschutz.

Die Wahl des Garnes

Bestimmung des richtigen Garntyps für einen zu strickenden Artikel
Es gibt so viele verschiedene Garne, daß es zunächst schwierig erscheint, das richtige Garn für einen bestimmten Zweck auszuwählen.

Gewicht und Stärke
Man hört so viel von zwei-, drei- und vierfädiger Wolle; aber die *Fadenzahl* sagt nichts aus über *Gewicht* und *Stärke* des Garnes. Sie gibt nur die Zahl der Fäden an.

Sehr feine Garne
Sie werden für Schals, Kinder- und Babykleidung, Pullis, feine Herrensokken oder Handschuhe verwendet sowie für jegliche Art von Spitzen-, Durchbruch- oder Glattstrickerei auf dünnen Nadeln.
Die Art, wie Garn gesponnen ist und wie es verstrickt wird, ist für den Wärmeschutz eines Kleidungsstückes ausschlaggebend. Ein dicker schwerer Skipullover aus glattgesponnener Wolle wird nicht so gut gegen Kälte und Wind schützen wie zwei leichte, locker gestrickte Pullover aus flauschiger Wolle.

Mittelstarke Garne
Sie sind für fast alle Kleidungsstücke und Projekte geeignet, für die nicht ausdrücklich dünne oder starke Garne vorgesehen sind.
Das mittelstarke Garn ist meist dreifädig und in mehr Farben und Schattie-

rungen als alle anderen Wollarten erhältlich. Sie umfassen ferner die größte Zahl von verschiedenen Strukturen oder Spezialgarnen wie Kreppgarne oder Bouclé. Weiches glattes Garn, mit Kunstfaser versponnen, ist besonders für häufiges Tragen geeignet. Es strickt sich eben, dehnt sich weniger und arbeitet sich gut auf dünnen Nadeln.

Sportgarne
Dieses Sortiment besteht aus zwei-, drei- und vierfädigen Garnen, die ein- oder mehrfarbig sind. Sie eignen sich besonders für Sportkleidung wie Anzüge, Jacken, Pullover, Sportsocken oder Sportstrümpfe.
Zu dieser Gruppe gehören die Shetlandwollen und ihnen ähnliche Garne.

Starke Garne
Diese Kategorie ist meist vierfädig. Ihre Verwendung ist nahezu unbegrenzt und umfaßt eine breite Farbskala. Durch unterschiedlich langes Verbleiben im Farbbad werden von einer Farbe viele Schattierungen erzielt. Gemischte Garne haben drei oder vier verschiedene Farben oder Farbschattierungen, die in einem Faden zusammengedreht sind, wodurch ein wirkungsvoller Tweedeffekt erzielt wird. Die weichen Schnellstrickgarne eignen sich für warme Kindersachen, Decken, Schneeanzüge, Fäustlinge und Mützen und sind unübertroffen für schwere Plaids.

Sehr starke Garne
Viele der stärksten Garne sind zweifädig. Es gibt isländische Garne, die nur ganz wenig verzwirnt sind. Man kann sie kaum auf ein Knäuel wickeln. Man dreht sie beim Stricken. Mitunter werden die Stränge beim Spinnen unterschiedlich gezwirnt, so daß über die Länge dickere und dünnere Stellen verteilt sind, oder es wird der Schur ein gewisser Anteil an Fett oder Lanolin belassen. Dies wird besonders von Skienthusiasten und Fischern gepriesen. Die berühmten Pullover von der Insel Man bestehen ausschließlich aus dieser Wolle.

Seide
Seide wird aus den Kokons der Seidenspinner, einer Schmetterlingsart, gewonnen. Beim Stricken mit Seide sollte man entweder Nähseide mitlaufen lassen oder das Strickstück etwas kleiner anlegen, weil sich Seide sehr dehnt. Dann muß man vorher unbedingt das Maschenmaß bestimmen (s. S. 51).

Kunstfasern
Zellwolle, Nylon, Orlon, Dralon, Perlon, Acryl und andere synthetische Fasern werden zum Stricken und Weben zu jeder nur vorstellbaren Garnart versponnen. Die Kunstfasern werden entweder allein (100%ig) oder zusammen mit unterschiedlich hohem Anteil an Wolle oder Haar versponnen, um diesen Festigkeit und Haltbarkeit zu verleihen.

Zusammenfassung

Viele Hersteller produzieren Wollgarne (oder Wolle mit Kunstfaser vermischt), die nicht einlaufen (»shrinkproof«). Es gibt sie in allen Farben und Stärken. Sie dürfen nicht zu locker gestrickt werden, weil das fertige Strickstück anstatt zu filzen beim Waschen eher dazu neigt, sich zu weiten.
Billigere Garne sind oft strapazierfähiger und praktischer für Plaids, Puppen, Spielsachen, Schals, Mützen und dicke Sportsocken, die über den Strümpfen getragen werden. Andererseits ist es töricht, für Kleider, Anzüge, Pullover oder Blusen billige Garne in Betracht zu ziehen. Eine halbe oder eine Mark pro hundert Gramm Wolle kann einen großen Unterschied in Qualität und Aussehen ausmachen. Auf das ganze Kleidungsstück gesehen, ist der Preisunterschied nicht erheblich. Gute Garne können wieder und wieder gebraucht werden. Schlechte Qualitäten lassen sich kaum aufziehen!
In jeder Anleitung und von jeder Verkäuferin wird immer wieder geraten: Kaufen Sie genug Garn auf einmal für das ganze Strickstück. Dieser Hinweis dient dem Vorteil des Käufers, denn große Mengen von Garn werden auf einmal eingefärbt und erhalten eine Färbenummer. Niemals können zwei Färbungen genau die gleiche Farbe ergeben. Sogar weiße Garne sind *gefärbt*, nicht gebleicht. Im fertigen Strickstück kann das Garn einer anderen Färbung einen sichtbaren Streifen bilden. Die Banderolen und Etiketten an den Wollknäueln soll man aufheben, bis das Strickstück fertig ist; und beim Kauf sorgfältig die Etiketten prüfen, um sicherzugehen, daß alle Lagen oder Knäuel dieselbe Färbenummer haben.
Beim Kauf von Garn für ein Kleid oder ein Kostüm sollte man ein oder zwei Lagen extra kaufen für eventuellen späteren Bedarf. Mode und Figur verändern sich, und es kann notwendig werden, Änderungen vorzunehmen. Wenn das Kleidungsstück gewaschen wird, sollte das zusätzliche Garn mitgewaschen werden.

Das Stricken der Grundmaschen

Hierzulande hält man das Garn beim Stricken in der *linken* Hand – diese Methode nennt man auch die deutsche. Daneben gibt es die englische Methode. Wenn die Strickerin in der Lage ist, zwischen der englischen und deutschen Methode abzuwechseln, ohne daß ein sichtbarer Unterschied im Maschenmaß oder in der Strickfestigkeit auftritt, werden die Hände (und auch Nacken und Rücken) weniger schnell ermüden.

Der Maschenanschlag: Methoden und Anwendungen

Bei jeder Art von Anschlag müssen die Maschen, die auf die Nadel geschlagen werden, in Dehnbarkeit und Elastizität zu dem entsprechenden Strickstück passen, das geplant ist. Einige Techniken lassen mehr Elastizität zu, geben mehr Halt oder sehen ansprechender aus als andere.

1. Methode
(einfach)
Man macht einen Schlingknoten (Abb. 1) und legt ihn auf die Nadel, die man in der linken Hand hält. Der Faden wird locker mit den beiden letzten Fingern der rechten Hand gehalten. Den Zeigefinger derselben Hand legt man über den Faden (Abb. 2), krümmt den Finger gegen die Handfläche und streckt ihn wieder. Dabei formt sich eine Schlaufe um den Finger, die man von hinten auf die Nadel gleiten läßt (Abb. 3). Man zieht den Faden an,

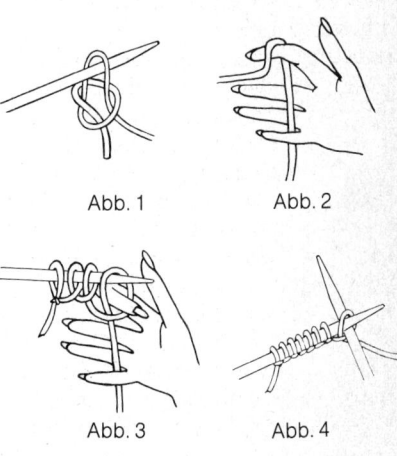

Abb. 1   Abb. 2

Abb. 3   Abb. 4

nicht zu fest, so daß die Schlaufe die Nadel umschließt. Beim Abstricken ist es ratsam, die Nadel durch den hinteren Teil der Masche zu führen (Abb. 4).

Anwendungen:
1. Für den Anfänger, der zum ersten Mal strickt.
2. Für Knopflöcher, die nur wenige Maschen erfordern.
3. Zum Anschlag von Spitzenrändern, wo kein Anschluß durch Anschlag oder Abketten erforderlich ist.
4. Wenn die Anschlagkante für einen Saum, entweder gestrickt oder genäht, benutzt werden soll. Dabei arbeitet man in der 1. Reihe durch die Vorderseite der Maschen.

2. Methode

(Mit einer Nadel und zwei Fadenlängen. Deutsche Methode.)
Man macht in einigem Abstand vom Garnende einen Schlingknoten. Beide Fadenlängen hält man in der linken Hand. Das längere Ende läuft durch die beiden letzten Finger und über den Daumen, das andere Ende über den Zeigefinger und unter dem Mittelfinger, wobei der Mittelfinger die Fadenspannung reguliert (Abb. 5). Die Nadel, die man in der rechten Hand hält, wird von vorn in der Daumenschlaufe geführt und auf den Faden über den Zeigefinger gelegt (Abb. 6). Dieser Faden wird mit der Nadel herunter und durch die Daumenschlaufe gezogen (Abb. 7), wodurch sich auf der Nadel eine Schlaufe bildet, die durch Zug mit dem Daumen angezogen wird (Abb. 8). Dabei holt der Daumen gleichzeitig die Schlaufe für die nächste Masche ein. Für alle elastischen Ränder benutzt man stärkere Nadeln oder zwei Nadeln für den Anschlag.

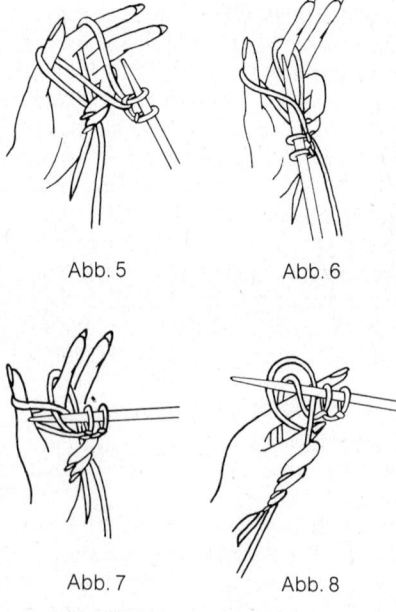

Abb. 5   Abb. 6

Abb. 7   Abb. 8

Anwendungen:
Praktisch für alle Wollstrickerei mit glattem Rand. Bei glattem Muster (1 Reihe r, 1 Reihe li) ist es ratsam, den Anschlag der ersten Reihe links abzustricken.

3. Methode

(Diese sog. englische Methode gibt mehr Dehnbarkeit als alle anderen Anschlagweisen und formt einen haltbareren, dicken Rand.) Man hält den Faden mit den zwei letzten Fingern *beider* Hände (Abb. 9), das kürzere Ende in der linken Hand. Man zieht mit der rechten Hand das kürzere Fadenende unter dem linken Daumen *zu sich* heran, führt ihn *über den Daumen von sich weg* (Abb. 10). Dann legt man den linken Zeigefinger, den man wie einen Haken handhabt (Abb. 11), *auf* den Faden, hakt den Finger durch die Gabelung von Daumen und Zeigefinger und streckt ihn (Abb. 12). Die so geformte Schlaufe benutzt man als Masche, führt die Nadel mit der rechten Hand vorne ein (Abb. 13) und strickt mit dem Garn aus der rechten Hand diese Masche auf der Nadel. Die Doppelte Verkreuzung (Abb. 14) erzielt einen haltbareren, aber nicht festeren Rand für den Anfang einer Arbeit.

Anwendungen:
Dieser Anschlag ergibt besonders für Socken, Strümpfe und alle Dinge, die mit Rippenmuster beginnen, einen besonders guten Rand, indem schon beim Anschlag die erste Reihe entsteht. Bei glattem Muster ist es ratsam, mit der linken Reihe zu beginnen.

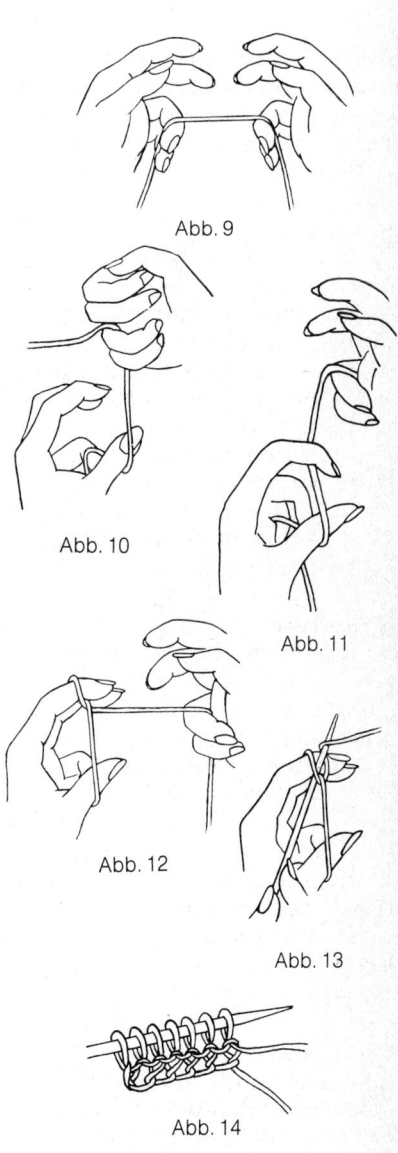

Abb. 9

Abb. 10

Abb. 11

Abb. 12

Abb. 13

Abb. 14

Rechte und linke Maschen

»Englische« Methode

Rechtsstricken: Die Nadel mit den angeschlagenen Maschen hält man in der linken Hand, wobei die Hand auf der Spitze der Nadel liegt. Der Daumen hält die zweite Masche, während der Zeigefinger die erste Masche führt (Abb. 15).

Den Strickfaden schlingt man um den kleinen Finger der rechten Hand, führt ihn unter den Mittelfingern durch und über das erste Gelenk des Zeigefingers (Abb. 16).

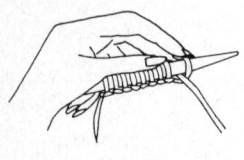

Abb. 15

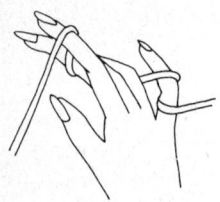

Abb. 16

Mit der rechten Hand auf der zweiten Nadel führt man diese leicht mit der Spitze von vorn durch die erste Masche der LN und dehnt sie etwa 1 bis 2 cm nach hinten. Man schlingt den Faden *unter* der RN *zu sich her* und *über* die Nadel *von sich weg* (Abb. 17). Indem der kleine Finger den Faden zurückhält, damit er nicht weggleitet, wird die Masche auf der LN mit dem linken Zeigefinger zur Spitze geschoben und *gleichzeitig* die mit der rechten Hand geformte Schlaufe durch dieselbe Masche gezogen (Abb. 18).

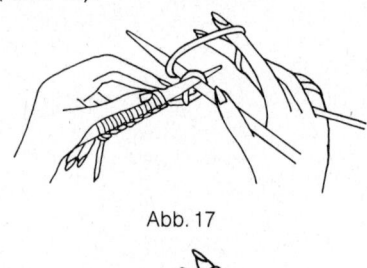

Abb. 17

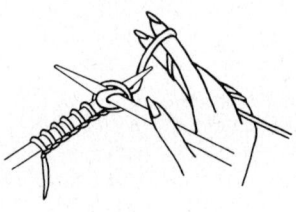

Abb. 18

Linksstricken

Hände und Nadeln werden zum Linksstricken genauso gehalten wie zum Rechtsstricken. Der Faden jedoch liegt *vor* den Nadeln und der Arbeit. Die Nadel sticht von *hinten nach vorn* in den *vorderen* Teil der Masche ein. Man schlingt den Faden *über* die Nadel *von sich weg* und *unter* der Nadel *zu sich her* (Abb. 19). Dann schiebt man die Schlaufe auf der rechten Nadelspitze durch die Masche zurück, während der linke Zeigefinger gleichzeitig die Masche von der LN schiebt (Abb. 20).

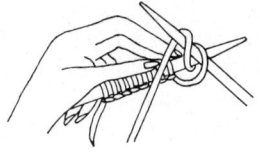

Abb. 19

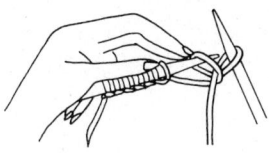

Abb. 20

»Deutsche Methode«
Rechtsstricken:
Die Nadel mit den angeschlagenen Maschen *und auch* der Faden werden mit der linken Hand gehalten, wobei der Faden um den kleinen Finger gewickelt und von innen über den Zeigefinger geführt wird (Abb. 21). Der Daumen hält die zweite Masche zurück, und der Mittelfinger liegt hinter der ersten Masche, um sie bereitzuhalten.

Die andere Nadel hält man bequem mit der rechten Hand (Hand nach oben). Die rechte Nadelspitze wird *von vorn nach hinten* in den vorderen Teil der ersten Masche eingeführt. Die Nadelspitze liegt dann auf dem Faden, der hinten gehalten wird (Abb. 22). Man drückt den Faden mit der RN hinunter und schlingt ihn durch die Masche, indem man gleichzeitig die Masche mit dem linken Zeigefinger von der LN schiebt (Abb. 23).

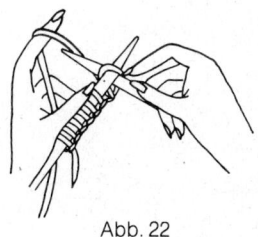

Abb. 22

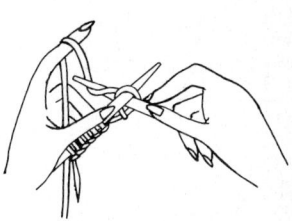

Abb. 23

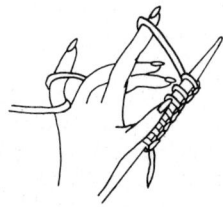

Abb. 21

Linksstricken

Man hält Nadel und Faden in der linken Hand wie zum Rechtsstricken, wobei der Faden vor der Nadel mit der linken Fingerspitze festgehalten wird (Abb. 24).

Die rechte Nadelspitze wird *von hinten nach vorne* in den vorderen Teil der ersten Masche eingeführt. Man läßt den Fingerdruck auf dem Faden nach, wobei der Faden *über* die RN zu liegen kommt (Abb. 25). Dann drückt man ihn wieder hinunter (Abb. 26), so daß der Faden *hinter* der rechten Nadelspitze liegt. Die dadurch entstandene Schlinge, die mit dem rechten Daumen gehalten wird, zieht man durch die erste Masche der LN (Abb. 27) und zieht diese ab.

Abb. 24

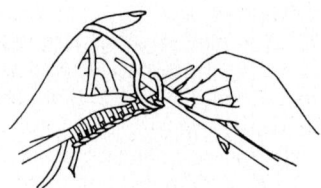

Abb. 25

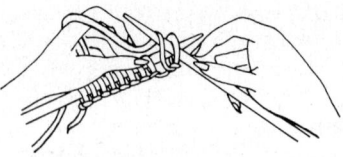

Abb. 26

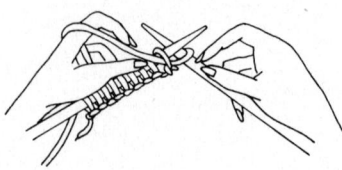

Abb. 27

Stricken für Linkshänder

Beim Stricken ist Rechtshändig- oder Linkshändigkeit gewissermaßen Ansichtssache. Lehrer haben die hier für Rechtshänder gegebenen Anleitungen mit Erfolg auch Linkshändern beigebracht. Wer in dieser Weise nicht zurechtkommt, folge der hier gegebenen Anleitung für Rechtshänder und setze jeweils für *rechte Hand – linke Hand* und umgekehrt. Alle Illustrationen lassen sich vor einen Spiegel halten, so daß man erkennt, wie die verschiedenen Techniken beim Arbeiten aussehen sollen. In allen Musterangaben ist ebenfalls *linke Hand* für *rechte Hand* zu setzen und umgekehrt.

Man beachte jedoch zwei wichtige Dinge. Beim *ArÜ* (1 abh, 1 r, überz) wird, linkshändig gestrickt, die Masche nach *rechts* zeigen und beim *2 r zusstr* wird sie nach *links* zeigen.

Beim Abstricken der Nadel von links nach rechts müssen alle Anweisungen befolgt werden. Man muß darauf achten, daß alles umgekehrt gemacht werden muß.

Wie man aus rechten und linken Maschen Muster strickt

Alle Strickwaren bestehen in der Arbeitsgrundlage aus diesen rechten und linken Maschen.

Patentmuster I rechts
Es wird in derselben Weise gearbeitet wie Glattgestricktes, nur mit dem Unterschied, daß die Nadel in den *hinteren* Teil der Masche und nicht in den vorderen einsticht (Abb. 28). Wir nennen das auch *verschränkt* stricken. Die linke Reihe wird einfach links gestrickt wie gewöhnlich.

Abb. 28

Patentmuster II links
Die Nadel sticht in den *hinteren* Teil der Maschen anstatt in den vorderen ein (Abb. 29). Die rechte Reihe wird einfach rechts gestrickt.

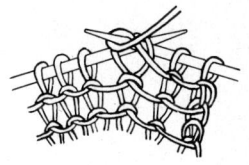

Abb. 29

Abketten

Patentmuster III
(siehe Muster Nr. 13)
Rechte und linke Maschen werden von vorn gestrickt wie gewöhnlich. Die Fadenführung jedoch ist genau entgegengesetzt: Bei der rechten Reihe liegt er *über* der Nadel (Abb. 30) und bei der linken Reihe *unter* der Nadel (Abb. 31). Dies nennt man Umkehrmasche.

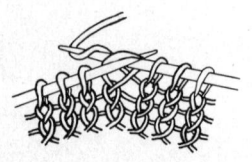

Abb. 30

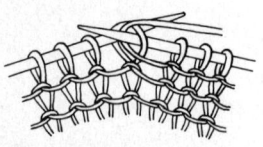

Abb. 31

Glattes Abketten
(Glatte Rechtsseite)
Man strickt die ersten beiden Maschen. Dann zieht man die erste Masche über die zweite Masche und läßt sie zwischen den Nadelspitzen fallen. Die zweite Masche bleibt auf der RN (Abb. 33). Jetzt strickt man die nächste Masche von der LN ab, zieht sie über die vorherige und fährt fort, bis alle Maschen abgekettet sind. Übrig bleibt eine Masche auf der RN. Man reißt den Faden etwa 7 bis 10 cm danach ab und zieht ihn durch diese letzte Masche, wodurch sie befestigt wird.

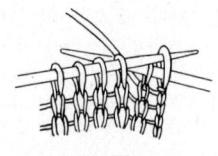

Abb. 32

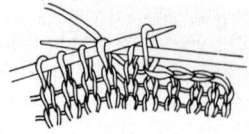

Abb. 33

Glattes Abketten
(Krause Linksseite)
Man strickt zwei Maschen links und nimmt den Faden hinter die Arbeit, bevor man die erste Masche über die zweite zieht wie oben. Der Faden muß

nach jeder linken abgestrickten Masche erneut nach hinten gelegt werden, dadurch wird er aus dem Weg genommen und das Überziehen erleichtert (Abb. 34). Man kettet ab wie bei der glatten Rechtsseite.

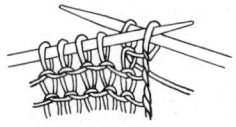

Abb. 34

Abketten im Rippenmuster

Beim Abketten im Rippenmuster *müssen*, selbst bei den wenigen Maschen, die Rippenmaschen *entsprechend dem Muster* abgekettet werden, damit die Wirkung der Rippe erhalten bleibt und sie sich am Rand nicht ausdehnt.

Abketten durch Häkeln

Man hält den Faden hinter der linken Nadelspitze in der linken Hand. Der Häkelhaken wird in den vorderen Teil der ersten Masche eingeführt, man zieht eine Schlaufe hindurch (Abb. 35) und läßt die Masche von der Nadel gleiten. Eine weitere Schlaufe wird gleichermaßen durch die zweite Masche und die erste Schlaufe gezogen (Abb. 36).
Beim Abketten von linken Maschen legt man den Faden vor die LN und führt den Häkelhaken *wie beim Linksstricken* in die Masche ein und zieht die Schlaufe durch (Abb. 37). Bei Spitzenstrickerei ist es manchmal erforderlich, den Rand durch gehäkelte Maschen zu verstärken.

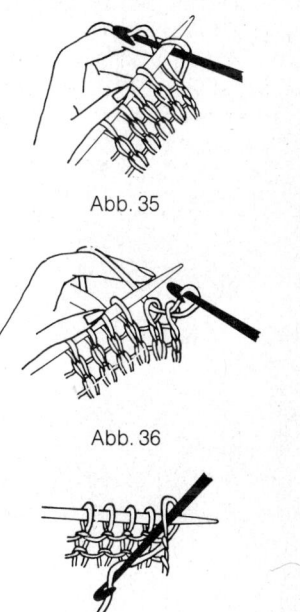

Abb. 35

Abb. 36

Abb. 37

Zwei Strickstücke zusammen abketten

Man hält beide Teile zusammen in der linken Hand, jeden auf seiner Nadel, so daß die rechten Seiten nach innen schauen. Die beiden Nadelspitzen zeigen nach *rechts*.

Abnehmen

Dann fährt man mit der rechten Nadelspitze in den vorderen Teil der ersten Masche sowohl der vorderen wie der hinteren Nadel ein (Abb. 38 a und Abb. 38 b). Sie werden wie eine Masche abgestrickt. Die neue Masche liegt auf der RN. Man strickt die nächsten Maschen von beiden Nadeln zusammen ab, läßt sie abgleiten und zieht die erste Masche über die zweite Masche wie beim einfachen Abketten (Abb. 39).

Beim Abnehmen wird eine Masche von der Anzahl in der Reihe weggenommen.
Bei Spitzenstrickerei benutzt man sowohl der Kürze halber als auch zum besseren Verständnis Zeichen, denn das Abnehmen dient hier zugleich als »Wendung«, durch die das Muster Konturen erhält, und es wird gewöhnlich durch eine Zunahme vorher oder nachher ausgeglichen. Soll beim Abnehmen eine Masche abgehoben werden, *muß diese von rechts abgehoben werden*, d. h. die RN sticht in die Masche ein, wie wenn sie rechts abgestrickt werden soll, sie wird aber nur von der LN auf die RN hinübergenommen, ohne gestrickt zu werden (Abb. 40).
Eine abgenommene – also überzogene Masche kann entweder nach *rechts* (Abb. 41) oder *links* (Abb. 42) weisen.

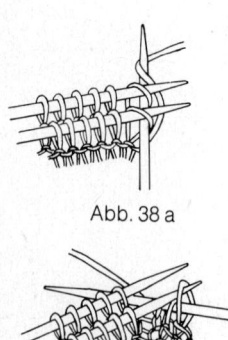

Abb. 38 a

Abb. 38 b

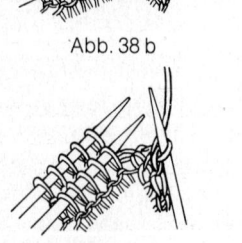

Abb. 39

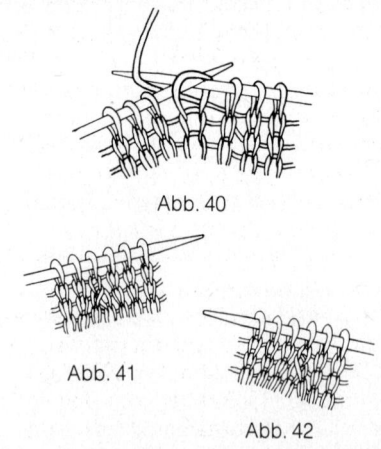

Abb. 40

Abb. 41

Abb. 42

Zwei Maschen rechts zusammenstricken
(2 r zusstr)
Die RN sticht in den vorderen Teil der zweiten Masche der LN ein und dann durch den vorderen Teil der ersten Masche (Abb. 43), und es werden beide zusammen abgestrickt, die Abnahme neigt nach *rechts* (Abb. 41).

Abb. 43

Abheben, Abstricken, Überziehen
(1 abh, 1 r, übz oder ArÜ)
Die erste Masche wird r abgehoben, d. h. die Nadel sticht in den vorderen Teil der Masche von vorn nach hinten und zieht sie, ohne sie zu stricken, auf die RN hinüber. Die zweite Masche wird r gestrickt, dann zieht man die abgehobene Masche über die gestrickte Masche (wie beim Abketten). Die Abnahme zeigt nach *links*.
Eine unauffällige Abnahme in ähnlicher Weise, aber mit besserer Wirkung: Eine Masche r von der LN abheben, die zweite Masche in gleicher Weise abheben (Abb. 44). Man führt *die äußerste Spitze* der LN in den *vorderen Teil* dieser beiden Maschen, die jetzt auf der RN liegen, ein und strickt sie aus dieser Lage zusammen r ab (Abb. 45).

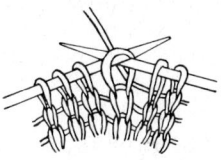

Abb. 44

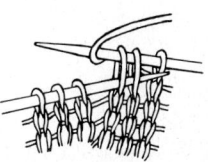

Abb. 45

Diese beiden Methoden der Abnahme sind *unbedingt erforderlich* für die Herstellung einer ordentlichen Fasson. Man sollte sie auch bei der Fertigung eines von unten nach oben gestrickten Rockes anwenden, indem man in einer Abnahmerunde (oder Reihe) die Methode 2 r zusstr und für die nächste Abnahmerunde ArÜ anwendet. Vorteilhaft ist sie auch bei Armlöchern und Ärmeln.
In einigen der folgenden Anweisungen wird das ArÜ auch mit 2 r verschr zusstr angegeben.

Doppelte Abnahme rechts verkreuzt

Mit der RN hebt man die nächste Masche *wie beim Linksstricken* von der LN ab. Die nächste Masche hebt man auf die HN und legt diese hinter die Arbeit (Abb. 46). Die nächste Masche von der LN auf die RN heben (Abb. 47), die Masche von der HN auf die LN holen (Abb. 48), die zwei Maschen von der RN zurück auf die LN holen und zweimal 2 r zusstr.

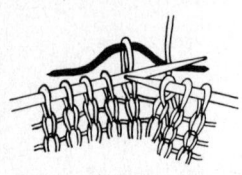

Abb. 46

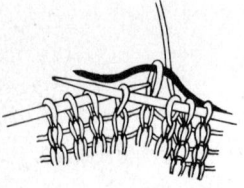

Abb. 47

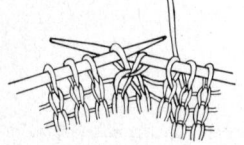

Abb. 48

Doppelte Abnahme links verkreuzt

Mit der RN hebt man die nächste Masche *wie beim Linksstricken* ab, die nächste Masche hebt man auf die HN und legt diese vor die Arbeit (Abb. 49). Die nächste Masche von der LN auf die RN heben. Die Masche von der HN auf die LN holen (Abb. 50). Die zwei Maschen von der RN zurück auf die LN holen und zweimal ArÜ (zwei Abnahmen).

Diese beiden doppelten Abnahmen wendet man gewöhnlich für Raglanärmel an. *Die Rechtsverkreuzung* wird *am Anfang* gemacht, indem man vor der Verkreuzung 2 r strickt. *Die Linksverkreuzung* beginnt sechs Maschen vor *dem Ende* der Reihe.

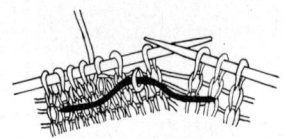

Abb. 49

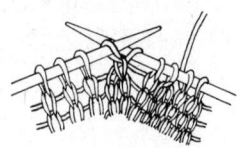

Abb. 50

Zunehmen

Zwei Maschen links zusammenstricken
(2 li zusstr)
Die RN sticht in den vorderen Teil der ersten beiden Maschen auf der LN ein und strickt sie zusammen links ab (Abb. 51). Bei dieser Abnahme zeigt die Masche auf der glatten Seite in dieselbe Richtung wie dort die 2 r zusstr.-Masche, wenn die Arbeit umgedreht wird.

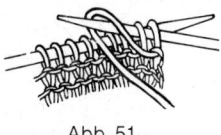

Abb. 51

Eine größere Anzahl von Maschen zusammenstricken
In diesem Falle ist es einfacher, links zusammenzustricken als rechts. Die RN läßt sich in mehreren Maschen leichter von vorn *zum Linksstricken* als umgekehrt *zum Rechtsstricken* einführen.

Glatter Umschlag
(Umschl oder O)
Man legt den Faden von hinten nach vorne *zwischen* die Nadeln und führt ihn nach hinten über die RN (Abb. 52). In der folgenden Reihe wird die so geformte Masche r oder li aus dem *vorderen* Teil der Schlaufe gestrickt, so daß daraus eine neue Masche entsteht. Dabei entsteht ein Loch in der Arbeit (Abb. 53), das man als Schmuckelement benutzen kann.

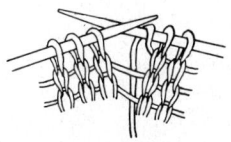

Abb. 52

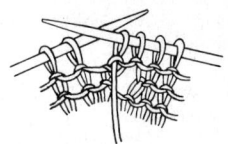

Abb. 53

Umschlag beim Wechsel von rechten zu linken Maschen
Wenn Sie von einer rechten zu einer linken Masche wechseln und dazwischen ist ein Umschlag zu machen, so muß der Faden zwischen den Nadeln auf Sie zulaufen, dann über die Nadel

von Ihnen weg und wieder zu Ihnen hin (Abb. 54). Dann liegt er richtig fürs Linksstricken.

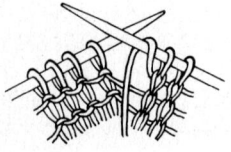

Abb. 54

Hinweis:
Beachten Sie genau die Anleitungen, denn dieser Vorgang wird häufig »zweifacher Umschlag« genannt.

Umschlag vor der ersten Masche
Rechtsstricken: RN *unter* den Faden legen und den Faden so belassen, denn er ist in der richtigen Position, um die erste Masche rechts abzustricken (Abb. 55).

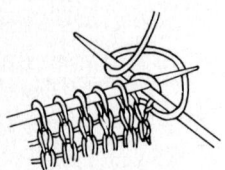

Abb. 55

Linksstricken: Nadel *unter* den Faden legen, dann den Faden nach hinten über den Faden führen und wieder nach vorne zwischen die Nadelspitzen. Nun ist der Faden in der richtigen Position, um die erste Masche von der LN links abzustricken (Abb. 56).

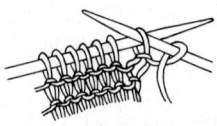

Abb. 56

Glattes Zunehmen
Man sticht die Nadel in den vorderen Teil der Masche ein und strickt *rechts*, läßt die neue Masche aber *nicht von der Nadel gleiten*. Dann führt man die Nadel in den hinteren Teil derselben Masche und strickt rechts verschränkt ab (Abb. 57) und läßt dann beide Maschen zusammen hinübergleiten. Über der zweiten Masche liegt ein kleiner, quer verlaufender Faden (Abb. 58).

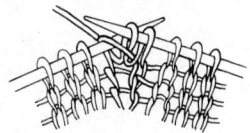

Abb. 57

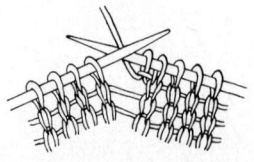

Abb. 58

Zunehmen durch Hochziehen – rechts
(r zun R)
An der Stelle, an der zugenommen werden soll, holt man mit der LN – *von hinten nach vorn einstechend* – den Faden zwischen den Nadeln herauf, (Abb. 59). Mit der RN strickt man, in den *vorderen* Teil dieser neuen Masche stechend, rechts (Abb. 60) oder links (Abb. 61) ab.

Zunehmen durch Hochziehen – links
(r zun L)
Die LN holt den Faden zwischen den Nadeln – *von vorn nach hinten einstechend* – herauf (Abb. 62). Mit der RN strickt man, in den *hinteren* Teil dieser neuen Masche stechend, verschränkt rechts (Abb. 63) oder links (Abb. 64) ab.

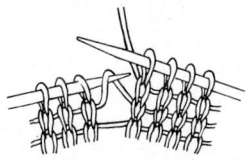

Abb. 59

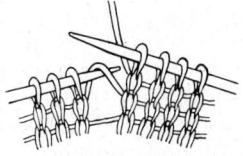

Abb. 62

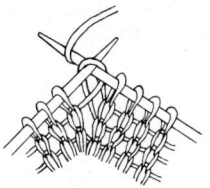

Abb. 60

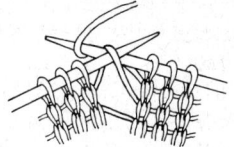

Abb. 63

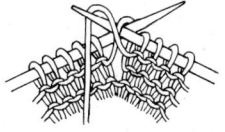

Abb. 61

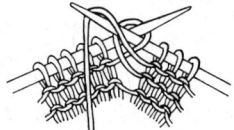

Abb. 64

Unsichtbares Zunehmen – rechts
Man neigt die LN leicht zu sich, so daß die Rückseite der Arbeit dieser Nadel sichtbar ist. Die RN fährt *mit der Spitze* (nur mit der vordersten Spitze, nicht die ganze Nadel durchstechen!) in den *hinteren* Maschenteil unmittelbar *unter* der Masche auf der LN ein, *von oben nach unten* (Abb. 65). Man strickt diese Masche rechts, bringt die Nadel nach vorn und strickt die Masche auf der Nadel von vorn (Abb. 66) ab.

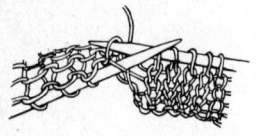

Abb. 65

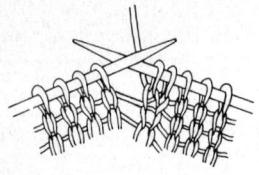

Abb. 66

Unsichtbares Zunehmen – links
LN *von hinten nach vorn* unter die gerade vollendete Masche der RN einführen (Abb. 67), Faden leicht zurückdrücken und daraus eine Extramasche auf der LN machen, die man von hinten abstrickt (Abb. 68).

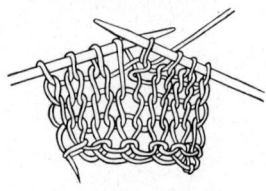

Abb. 67

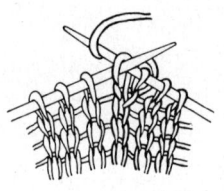

Abb. 68

Gekreuzte Maschen: Zopfmuster

Kreuzen zweier Maschen, rechts-rechts gestrickt
(Kreuzen R)
Mit der RN strickt man die zweite Masche der LN von vorn nach hinten rechts ab (Abb. 69). *Die Masche nicht von der Nadel gleiten lassen*. Dann die erste (übersprungene) Masche von vorn abstricken und beide Maschen *zusammen* von der Nadel gleiten lassen (Abb. 70).

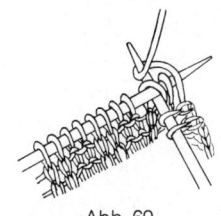

Abb. 69

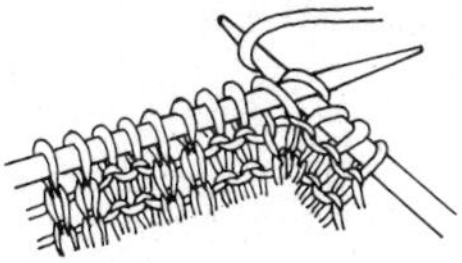

Abb. 70

links-rechts gestrickt
(Kreuzen L)
Mit der RN strickt man die zweite Masche der LN *von hinten* rechts ab (Abb. 71). Die Masche nicht von der Nadel gleiten lassen! RN mit der Masche darauf nach vorn holen und die erste (übersprungene) Masche *von vorn* abstricken. Beide Maschen zusammen von der Nadel gleiten lassen (Abb. 72).

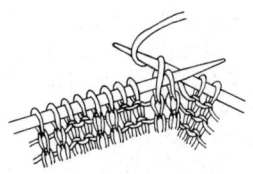

Abb. 71

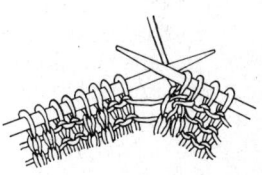

Abb. 72

rechts-links gestrickt
(Kreuzen R li)
Mit der RN strickt man die zweite Masche der LN *von vorn* links ab (Abb. 73). Die Masche nicht von der Nadel gleiten lassen! Dann die erste (übersprungene) Masche *von vorn* links abstricken und beide Maschen zusammen von der Nadel gleiten lassen (Abb. 74). Die Kreuzung zeigt auf der glatten Seite nach *rechts*.

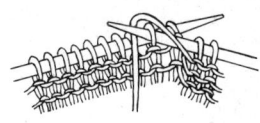

Abb. 73

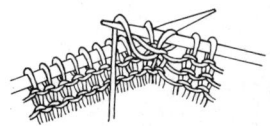

Abb. 74

links-links gestrickt
(Kreuzen L li)
Mit der RN zieht man die zweite Masche der LN über die erste Masche, ohne sie fallenzulassen (Abb. 75). Man strickt sie von vorn links ab und läßt sie fallen, dann wird die nächste Masche links gestrickt (Abb. 76). Hierdurch entsteht eine Kreuzung, die auf der glatten Seite nach *links* zeigt.

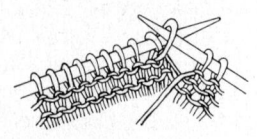

Abb. 75

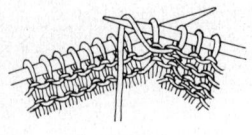

Abb. 76

Kreuzen durch zwei Maschen – rechts
(siehe Muster Nr. 62)
Mit der RN in zwei Maschen von der LN einstechen, als wollte man sie r zusstr. Den Faden durchziehen, aber nicht von der Nadel holen (Abb. 77). Statt dessen RN nochmals durch die erste Masche führen und diese rechts abstricken (Abb. 78). Dann die Masche von der Nadel gleiten lassen (Abb. 79).

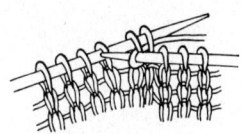

Abb. 77

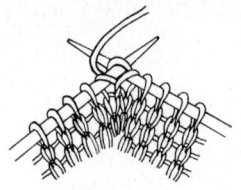

Abb. 78

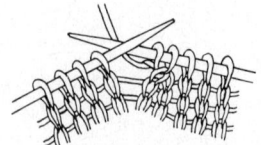

Abb. 79

Kreuzen mehrerer Maschen

Kreuzen durch zwei Maschen – links

(siehe Muster Nr. 62)
Mit der RN in zwei Maschen der LN durch den hinteren Maschenteil einstechen (Abb. 80). In dieser Lage die Maschen zusstr, aber nicht von der Nadel gleiten lassen (Abb. 81). Statt dessen RN durch vorderen Teil der zweiten Masche führen und diese rechts abstricken (Abb. 82). Dann die Masche von der Nadel gleiten lassen.

Zopfmuster – rechts

Soll ein Zopf auf der Vorderseite des Modells von *links nach rechts* kreuzen, wird die erste Maschengruppe, die auf der HN liegt, *hinter* die Arbeit gelegt, während die zweite Maschengruppe gestrickt wird. Wenn es im Muster heißt:
2 li, 4 kreuzen über 4 hinten (oder R) so wird folgendermaßen gearbeitet:
2 li, die nächsten 4 M von LN auf HN holen und diese *hinter die Arbeit* legen (Abb. 83). Die nächsten 4 M r (Abb. 84), dann entweder die 4 M von der HN auf die LN zurückholen (Abb. 85) (was auf die Dauer einfacher ist) oder diese direkt von der HN r abstricken.

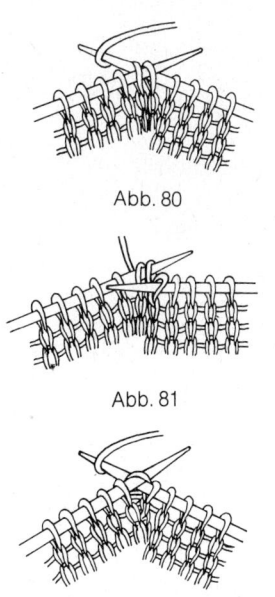

Abb. 80

Abb. 81

Abb. 82

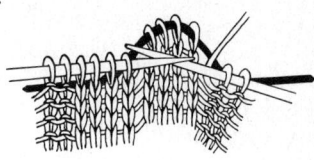

Abb. 83

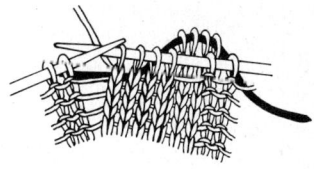

Abb. 84

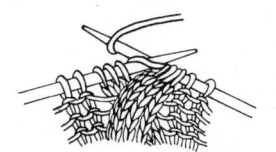

Abb. 85

Zopfmuster – links

Soll der Zopf auf der Vorderseite der Arbeit von *rechts* nach *links* kreuzen (Abb. 86), wird die erste Maschengruppe mit der HN *vor die Arbeit* gelegt, während man die zweite Gruppe strickt. Ansonsten wird der Zopf genauso gearbeitet wie oben.

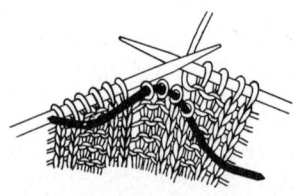

Abb. 87

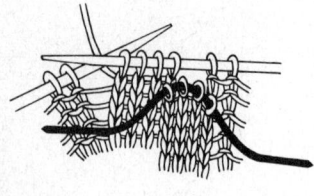

Abb. 86

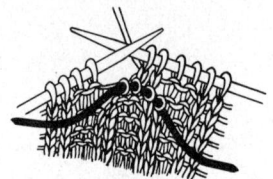

Abb. 88

Rippenzopf
(2 re, 2 li, 2 r oder 3 r, 3 li, 3 r)
Wenn es im Muster heißt:
2 li, verzopfen 2, 2 und 2 vorn (siehe Muster Nr. 142), dann zum Verzopfen die ersten 4 M von der LN auf die HN gleiten lassen und je nach Anleitung entweder vor oder hinter die Arbeit legen (Abb. 87). Die nächsten beiden M von der LN r stricken (Abb. 88). Dann werden die beiden li M von der HN auf die LN zurückgeholt und li gestrickt (Abb. 89). Schließlich werden die beiden r M von der HN r gestrickt (Abb. 90).
Der 3 r, 3 li, 3 r-Zopf wird entsprechend gearbeitet.

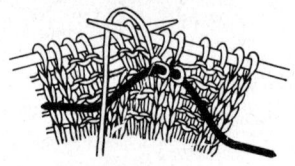

Abb. 89

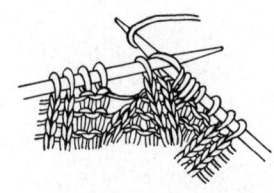

Abb. 90

Echter Zopf
(siehe Muster Nr. 178)
Dieser Zopf wird mit drei Maschengruppen gearbeitet. Die erste Gruppe kreuzt über die zweite Gruppe nach *links*. Die dritte Gruppe kreuzt über die zweite Gruppe nach *rechts*. Bei neun Maschen für einen Zopf arbeitet sich das Muster folgendermaßen: Beim ersten Kreuzen hält man die ersten drei Maschen *vor* der Arbeit und strickt die folgenden drei Maschen rechts (Abb. 91). Nachdem die drei Maschen von der HN rechts gestrickt sind, werden die letzten 3 M rechts gestrickt (Abb. 92). Nach Fertigstellung der gewünschten Zahl von Reihen zwischen der ersten und zweiten Verzopfung strickt man die ersten drei Maschen rechts, legt die folgenden drei Maschen mit der HN *hinter* die Arbeit (Abb. 93), strickt die folgenden drei Maschen rechts und strickt dann die drei Maschen der HN rechts ab (Abb. 94).

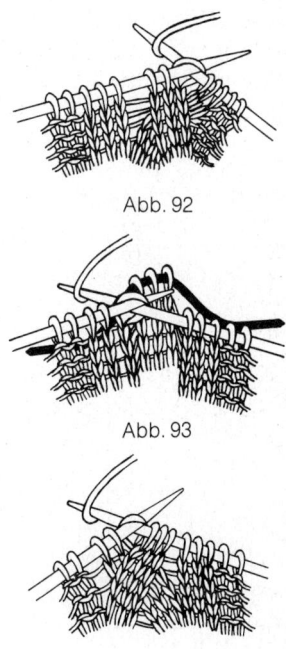

Abb. 92

Abb. 93

Abb. 94

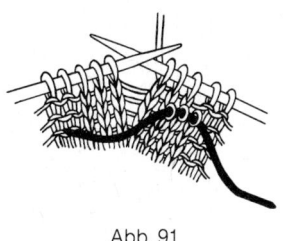

Abb. 91

Doppelzopf
(siehe Muster Nr. 149)
Es werden Rechts- wie Linksverkreuzung in derselben Zopfgruppe angewendet. Das Muster besteht aus *vier* Maschengruppen. Die erste Gruppe kreuzt über die zweite Gruppe nach *rechts* und die dritte Gruppe über die vierte Gruppe nach *links*. Bei 12 Maschen für einen Doppelzopf arbeitet sich das Muster folgendermaßen: Drei Maschen auf die HN gleiten lassen und sie *hinter* die Arbeit legen.

Die nächsten drei Maschen rechts (Abb. 95). Die drei Maschen auf die LN zurückholen und dann rechts abstricken (Abb. 96). Dann legt man die dritte Gruppe von drei Maschen auf die HN und *vor* die Arbeit (Abb. 97) und arbeitet die vierte Gruppe. Die

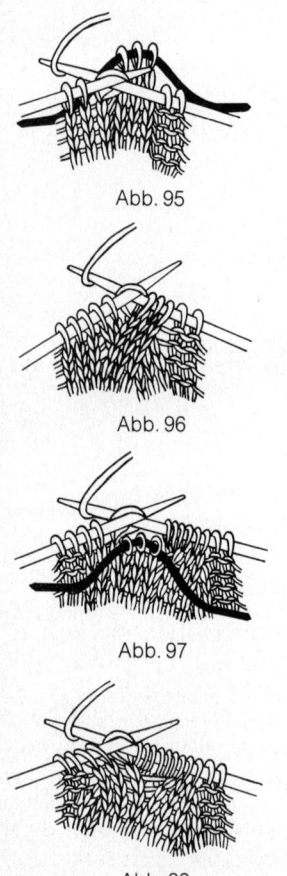

Abb. 95

Abb. 96

Abb. 97

Abb. 98

drei Maschen von der HN werden rechts gestrickt (Abb. 98). Das Gegenmuster wird genauso gestrickt, nur kreuzt die erste Maschengruppe über die zweite Gruppe nach *links* und die dritte über die vierte nach *rechts*.

Rechts und links (Zopfflechte)
(siehe Muster Nr. 148)
Dieses Muster ist eine Abwandlung des echten Zopfes, in der die Rechts- und Linksverkreuzung in derselben Zopfreihe vorgenommen wird. So entsteht ein festerer Zopf, der weniger elastisch ist. Bei neun Maschen für einen Zopf arbeitet sich das Muster folgendermaßen:
Erste Gruppe von drei Maschen auf die HN gleiten lassen und *hinter* die Arbeit legen. Nächste drei Maschen rechts stricken (Abb. 99).
Hilfsnadel mit den drei Maschen nach vorn holen (Abb. 100) und die nächsten drei Maschen von der LN rechts abstricken. Dann die drei Maschen von der HN auf die LN zurücklegen und rechts abstricken (Abb. 101).

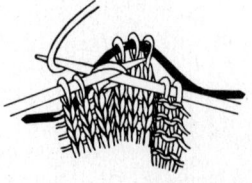

Abb. 99

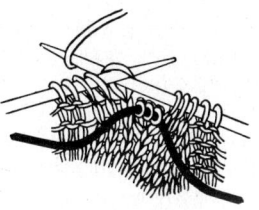

Abb. 100

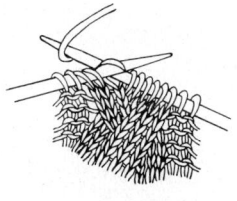

Abb. 101

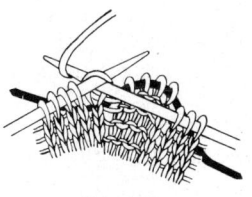

Abb. 102

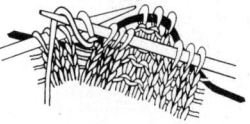

Abb. 103

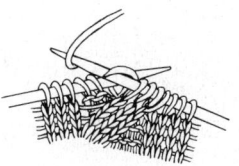

Abb. 104

Kreuzen bei ungerader Maschenzahl
(3 r, 1 li, 3 r-Zopf, siehe Muster Nr. 126)
Dieser Zopf wird mit sieben Maschen gearbeitet. Die ersten vier Maschen legt man auf die HN und legt sie je nach Anweisung vor oder hinter die Arbeit. Dann werden drei Maschen von der LN rechts gestrickt (Abb. 102). Die linke Masche wird auf die LN gelegt und links gestrickt (Abb. 103), dann werden die drei letzten Maschen auf die LN gelegt und rechts abgestrickt (Abb. 104).

Kreuzen mit drei Maschen
(Zopf über 2 L, Zopf über 2 R, siehe Muster Nr. 59)
Rechtsverkreuzung. Man führt die RN in die dritte Masche einer Gruppe von drei Maschen auf der LN (Abb. 105) und strickt sie rechts. Diese Masche nicht hinüberziehen, sondern erst die davorliegende erste Masche (Abb. 106), dann die zweite Masche (Abb. 107) rechts stricken und dann alle drei Maschen gleichzeitig abgleiten lassen (Abb. 108).

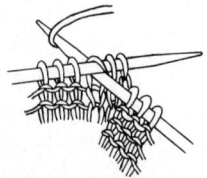

Abb. 105

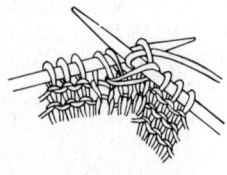

Abb. 106

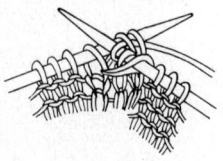

Abb. 107

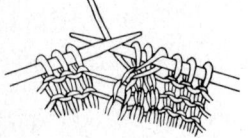

Abb. 108

Linksverkreuzung. Die erste Masche aus einer Gruppe von drei Maschen von der LN auf die HN gleiten lassen und vor die Arbeit legen (man kann diese Maschen auch einfach mit dem linken Daumen zurückhalten, Abb. 109), während man die zwei nächsten Maschen dahinter auf die RN holt. Die erste Masche vorn kreuzend auf LN legen (Abb. 110) und die beiden anderen Maschen auf die LN zurücklegen. Sie sind so fertig verkreuzt (Abb. 111).

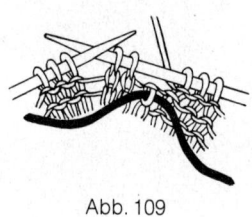

Abb. 109

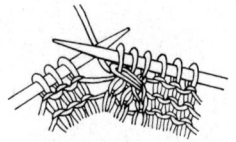

Abb. 110

Abb. 111

Verschiedene Spezialmuster

Smokmuster

(siehe Muster Nr. 156)
Eine Maschengruppe wird von der LN auf die HN geholt und entweder vor oder hinter die Arbeit gelegt. Dann schlingt man den Faden unterhalb der Haltenadel zwei- oder dreimal um diese Maschen herum (Abb. 112). Die Maschen werden auf die LN zurückgelegt und entsprechend der Musterbeschreibung abgestrickt.

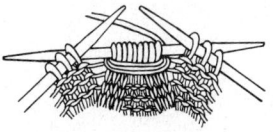

Abb. 112

Knotenmuster

(siehe Muster Nr. 124 und 175)
r, li, r, li, r und li – in der Anleitung geschrieben RLRLRL – aus der ersten Masche stricken (Abb. 113). Mit der LN zieht man die vorletzte über die letzte Masche (Abb. 114). Dann zieht man ebenso die nächsten Maschen über, bis alle fünf Maschen überzogen sind. Zurück bleibt die letzte linke Masche auf der RN (Abb. 115).

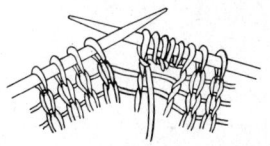

Abb. 113

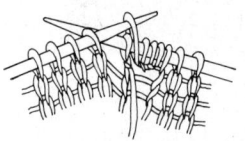

Abb. 114

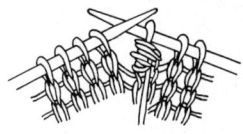

Abb. 115

Rosettenmuster
(siehe Muster Nr. 120)
r, li, r, li, r, li, r und li (in der Anleitung geschrieben RLRLRLRL, 8 M) aus einer Masche stricken (Abb. 116). Mit der LN zieht man die erste Masche der Gruppe über die 7 übrigen Maschen (Abb. 117), darauf folgend werden ebenso die übrigen Maschen überzogen, bis nur noch eine Masche übrig ist (Abb. 118).

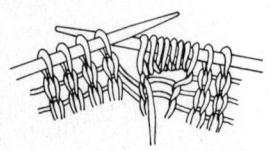

Abb. 116

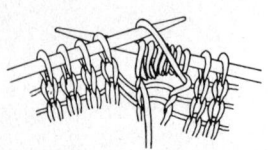

Abb. 117

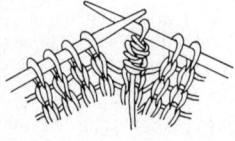

Abb. 118

Schmetterlingsmuster
(siehe Muster Nr. 119)
Ein Fadenende wird auf der rechten Seite der Arbeit über eine bestimmte Anzahl von Gleitmaschen geführt (Abb. 119). Nachdem man eine gewisse Zahl von Reihen gestrickt hat, holt man diese Fäden in eine bestimmte Reihe herauf (Abb. 120), so daß sie einen Bogen bilden.

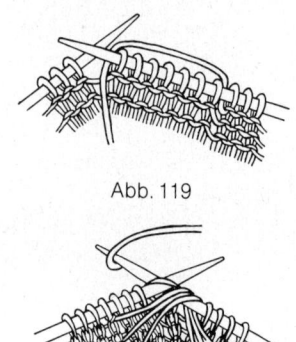

Abb. 119

Abb. 120

Rosenknospe
(siehe Muster Nr. 126)
Für dieses Muster benötigt man einen Häkelhaken. Man hält den Faden wie zum Häkeln in der linken Hand und führt den Häkelhaken in die vorgesehene Masche ein (Abb. 121) und zieht den Faden etwa 1½ cm durch. * Faden mit dem Häkelhaken einholen und nochmals in dieselbe Masche einste-

chen, Schlaufe durchziehen (Abb. 122). Ab * zweimal wiederholen (auf der Häkelnadel sind dann sieben Schlaufen, Abb. 123). Faden einholen und durch alle sieben ziehen und damit die Masche von der Häkelnadel auf die RN übernehmen (Abb. 124).

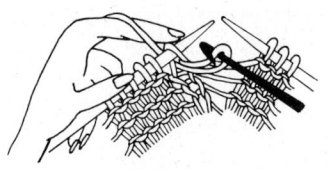

Abb. 121

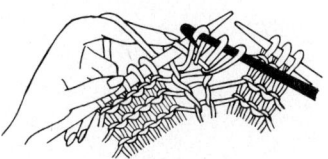

Abb. 122

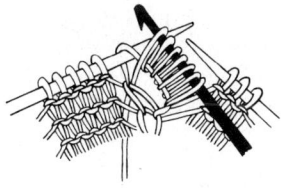

Abb. 123

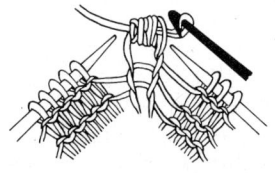

Abb. 124

Popcornmuster

Aus ein und derselben Masche strickt man 1 r, locker anziehen, 1 Umschl, 1 r, Umschl, 1 r (Abb. 125). Dann dreht man die Arbeit ganz herum und strickt jede dieser 5 Maschen links ab. Die Arbeit wird wieder ganz herumgedreht. 1 abh, 4 r. Wieder herumdrehen, 2 li zusstr, 1 li, 2 li zusstr. Herumdrehen, 1 abh, 2 r zusstr, überz (A2zrÜ). Fertig ist das Popcorn (Abb. 126).

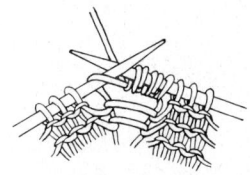

Abb. 125

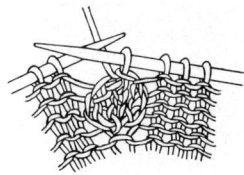

Abb. 126

Blattmuster

(siehe Muster Nr. 126)
Für dieses Muster braucht man den Häkelhaken. Sechs Reihen unterhalb einer markierten »Stamm-Masche« wird der Häkelhaken zwischen zwei Maschen eingeführt (Abb. 127), und es wird eine Schlaufe locker zur Ar-

Das Aufnehmen von Maschen

beitshöhe hochgezogen. * Man schlingt den Faden um den Häkelhaken und sticht an derselben Stelle nochmals ein und zieht hoch. Ab * einmal wiederholen (Abb. 128). Dann wird der Faden durch die so entstandenen fünf Schlaufen gezogen und wieder auf die RN gelegt (Abb. 129). Das zweite Blatt macht man in gleicher Weise durch die Stamm-Masche, sieben Reihen unterhalb, wie in der Anleitung angegeben.

Gleichgültig, in welchem Muster ein Stück gestrickt ist, die Anzahl der Maschen, die an dem betreffenden Rand gestrickt werden müssen, hängt von Form oder Kontur ab, die dieser Rand am Ende haben soll, vom Maschenmuster und dem *Maschenmaß*. Wenn die entsprechende Maschenzahl in der Anleitung nicht angegeben ist, sollte man folgenden Ratschlägen folgen:

Nehmen Sie nicht zu dicht am Rand auf. Die Vorderseite des Strickstücks schaut nach oben. Man befestigt den Faden am Beginn und sticht die Nadel *mindestens 2 Fäden vom Rand einwärts* ein, schlingt den Faden um die Nadel und zieht die Schlaufe durch, genauso, als stricke man eine Masche von einer Nadel ab (Abb. 130). Dann führt man die Nadel in den linksgelegenen nächsten Zwischenraum ein und wiederholt den Vorgang den ganzen Rand entlang, wobei man folgenden Abstand hält: 1. M im 1. Zwischenraum aufnehmen, dann im nächsten Zwischenraum 1 M, 3. M im 3. Zwischenraum, der 4. Zwischenraum wird übersprungen (Abb. 130). Sollen Maschen von einem geformten

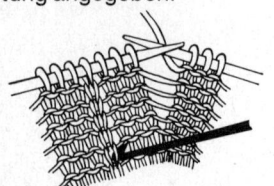

Abb. 127

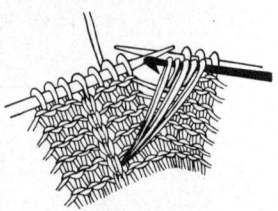

Abb. 128

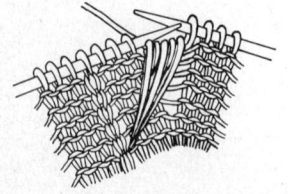

Abb. 129

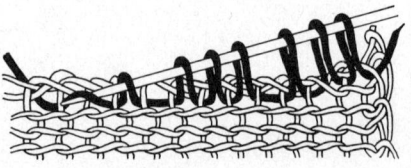

Abb. 130

Stricknaht

Rand aufgenommen werden, muß natürlich eine Ausnahme gemacht werden. In diesem Fall sollte man große Schlaufen möglichst meiden und lieber die festeren wählen.

Das Aufnehmen von Maschen auf der linken – oder krausen – Seite eines Strickstücks ist etwas schwieriger. Wir führen die Nadel *wie zum Linksstricken* in die Randmasche ein, die links abgestrickt wird (Abb. 131).

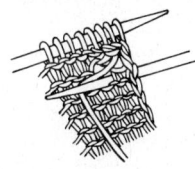

Abb. 131

Man kann den Rand auch mit der Maschine säumen und strickt dann direkt aus dem Saum auf. Auch lassen sich die Abschlüsse für sich stricken und anschließend an das Modell anfügen. Man kann auch an gewebtes Material anstricken, das aus Wolle oder ähnlichen Fasern besteht. Am Anfang nimmt man die Maschen mit dem Häkelhaken auf, deshalb sollte das Gewebe locker genug gewebt sein, damit die Fasern nicht verletzt werden. Man häkelt 1 Reihe feste Maschen direkt über den Saum und strickt dann die Häkelmaschen auf.

Stricknaht von 2 Nadeln
(Kitchenerstich)
Maschenanzahl teilen und gleichmäßig nach entsprechender Anweisung auf 2 Nadeln verteilen. Faden abreißen und in eine Stopfnadel einziehen. Man hält beide Nadeln in der linken Hand, so daß die Nadelspitzen nach rechts zeigen. Die Stopfnadel mit dem Faden hält man in der rechten Hand. Zum leichteren Arbeiten liegen die Maschen beider Nadeln nahe den Nadelspitzen.

* Man führt die Stopfnadel in den *vorderen* Teil der Masche der vorderen Nadel wie zum Rechtsstricken (Abb. 132) und zieht sie durch, indem man die Masche von der Nadel gleiten läßt. Dann führt man die Stopfnadel in die nächste Masche derselben Nadel wie zum Linksstricken (Abb. 133). Diese Masche läßt man *nicht* von der Nadel gleiten, sondern zieht den Faden durch, wobei die Masche auf der Nadel bleibt (Abb. 134).

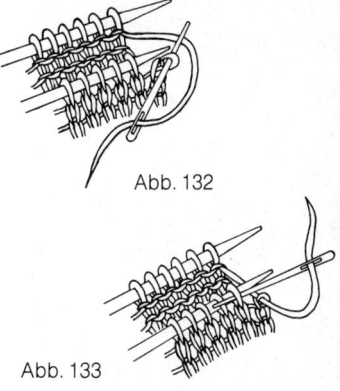

Abb. 132

Abb. 133

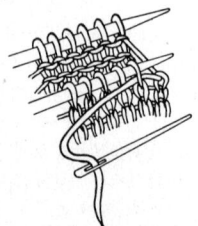

Abb. 134

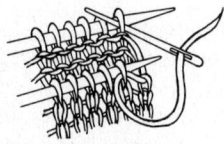

Abb. 135

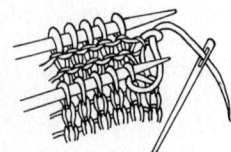

Abb. 136

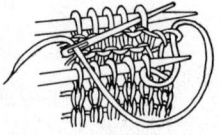

Abb. 137

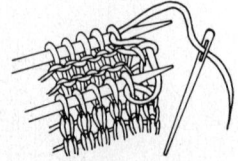

Abb. 138

Nun führt man die Stopfnadel in den vorderen Teil der Masche auf der hinteren Nadel von *hinten nach vorn* wie zum Linksstricken (Abb. 135). Faden durchziehen und Masche zugleich von der Nadel gleiten lassen (Abb. 136), Stopfnadel in die nächste Masche derselben Nadel einführen wie zum Rechtsstricken (Abb. 137). Diese Masche *nicht* von der Nadel holen, sondern Faden durchziehen, wobei die Masche auf der Nadel bleibt (Abb. 138). Ab * wdh, bis auf jeder Nadel nur noch eine Masche übrig ist. Diese Methode ist eine Möglichkeit, um eine gute Verbindung glatter Maschen zu erreichen.

Horizontale Stricknaht
(bei abgeketteten Maschen)
Die Zusammensetzung sieht aus wie eine gestrickte Reihe, besonders bei glattem Muster. Die Vorderseiten beider Teile sehen nach vorn, und man hält beide Teile zusammen, so daß sich die Ränder berühren.
An den äußersten Enden verlaufen *Ketten von einem weg* und an den nahen Seiten *Ketten zu einem hin*. Jedes Kettenglied ist eine Masche. Man befestigt den Faden am rechten Rand und führt die Stopfnadel unter der ersten Kette, die auf einen zukommt, direkt unter den abgeketteten Maschen ein (Abb. 139).
Die Nadel sollte *horizontal von rechts nach links* eingeführt und der Faden durchgezogen werden (Abb. 140). Dann führt man die Nadel unter der

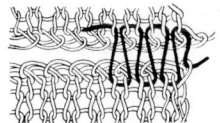

Abb. 139

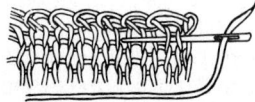

Abb. 140

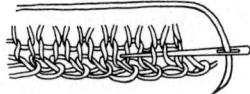

Abb. 141

Gegenkette, die *von einem weg führt*, auf der gegenüberliegenden Seite in gleicher Weise (horizontal von rechts nach links) und zieht den Faden durch (Abb. 141). Bei den folgenden Maschen sticht die Nadel an derselben Stelle ein, wo der Faden aus der Vormasche herauskommt. Nadel und Faden werden *immer* unter jedem Kettenglied *von rechts nach links horizontal* geführt.

Senkrechte Stricknaht
Man benutzt eine *rechts gestrickte Reihe als Leitfaden.*
Wenn die Rechtsreihen zahlenmäßig zusammenpassen, ist der Vorgang folgender: Man hält die beiden Strickstücke mit den rechten Seiten nach vorn zeigend zusammen, wobei die unteren Ränder einander berühren.

Man fädelt in eine Stopfnadel den passenden Faden und befestigt ihn am rechten Rand. Die Nadel wird in eine Masche an der äußersten Seite eingestochen und *2 Reihen darunter* mindestens *2 Fäden vom Rand einwärts* geführt (Abb. 142). Die Nadel soll horizontal von rechts nach links geführt und der Faden so durchgezogen werden.
Dann führt man die Nadel unter die beiden entsprechenden Reihen des Strickwerks auf der nahegelegenen Seite (von rechts horizontal nach links) und zieht den Faden durch (Abb. 143). Die Nadel wird in derselben Reihe eingestochen, wo der Faden aus der vorherigen Masche herauskommt.
Wo die Zahl der Reihen in jedem Stück *nicht gleich sind*, muß man ein wenig mogeln; anstatt *jedesmal* unter der zweiten Reihe hindurchzugehen, führt man bei dem kürzeren Stück ab und zu in jede Reihe ein, so daß beide Teile zusammenkommen.

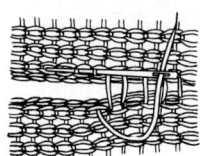

Abb. 142

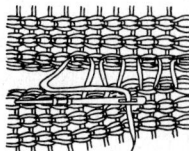

Abb. 143

Wenden und Formen

Will man eine Schrägung ohne Abketten erzielen, muß man die Arbeit unter dem Stricken »wenden«. Die meistverbreitete Anwendung dieser Methode haben wir beim Stricken der Ferse eines Sockens oder Strumpfes. Schulterschrägungen können durch abschnittweises Wenden geformt und dann mit Kitchenerstich zusammengefügt werden.

Angenommen, die Schulter hat 30 Maschen und wird in Abschnitten von je 6 Maschen geschrägt. Man strickt 24 Maschen r, holt den Faden vor die Arbeit und hebt die folgende Masche *wie beim Linksstricken ab* (Abb. 144). Dann führt man den Faden von vorn nach hinten um diese abgenommene Masche herum (Abb. 145), legt diese Masche auf die LN zurück, ohne sie zu stricken (Abb. 146). Die Arbeit wird nun ganz umgewendet, und man strickt alle übrigen Maschen li zurück. Dasselbe nochmals. 18 Maschen r, nächste Masche abh wie oben; Arbeit umwenden und übrige Maschen li zurückstricken. Man hat jetzt entweder die *linke Schulter* eines *Vorderteils* oder die *rechte Schulter* eines *Rükkenteils* gestrickt.

Für die andere Schulter arbeitet man wie folgt: Mit einer Reihe li beginnend, strickt man 24 Maschen li, nächste Masche von LN auf RN heben, wobei der Faden vor der Arbeit liegt (Abb. 147). Dann Faden hinter die Arbeit legen und die Masche von der RN auf die LN zurückholen (Abb. 148). Nun wird die Arbeit ganz umgewendet, der Faden wird nach hinten gelegt, und man strickt die übrigen 24 Maschen r.

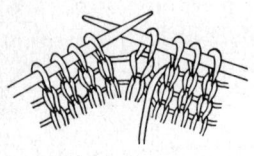

Abb. 144

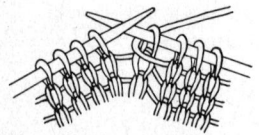

Abb. 145

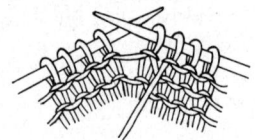

Abb. 147

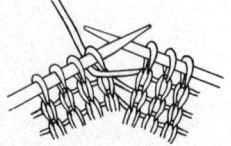

Abb. 146

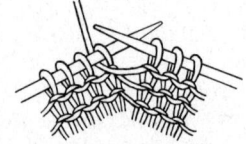

Abb. 148

Berechnung des Maschenmaßes (Maschenprobe)

Das Wichtigste beim Stricken und Anpassen von Kleidungsstücken ist, *das korrekte Maschenmaß* mit den *korrekten Maßen* zu multiplizieren. Die *einzige* Möglichkeit, das *eigene* Maschenmaß festzustellen, ist, eine Maschenprobe anzufertigen, wobei man *dieselbe Maschenart, dieselbe Farbe, dasselbe Garn und dieselbe Nadelstärke* verwendet wie für das geplante Strickstück. Die Zahl der Maschen von rechts nach links ist das Maschenmaß, und die Zahl der Reihen ergibt das Reihenmaß. Wenn es sich um Strukturmuster handelt, nimmt man das Gestrick von der Nadel. Beim Durchbruchmuster wird *locker* abgekettet.

Man glättet das Gestrickte oder dämpft es leicht, ohne es zu strecken (je nach Anweisung beim Muster) und legt den Maschenzähler oder ein kleines durchsichtiges Lineal *in die Mitte* der Arbeit. Dann zählt man die Maschen über *10 volle Zentimeter*. Benutzen Sie *niemals* ein Zentimetermaß zum Abmessen des Maschenmaßes. Halten Sie das Strickstück *niemals* hoch während des Messens – legen Sie es flach auf. Arbeiten Sie *niemals* eine Maschenprobe für jemand anderen, denn jeder hat seine eigene Strickweise. In nahezu allen Mustern ergeben sich *mehr Reihen pro Zentimeter als Maschen pro Zentimeter*.

In Anleitungen findet man nicht nur das Maschenmaß pro Zentimeter, sondern auch eine *entsprechende Nadelstärke* angegeben, die das Maschenmaß bewirkt. Es kann sein, daß die *angegebene Nadelstärke* nicht *für Sie* das erforderliche Maschenmaß ergibt. Wenn Sie mehr Maschen brauchen als angegeben, stricken Sie fester als der »Durchschnitt« und sollten daher *dickere Nadeln* benutzen. Umgekehrt sollten Sie *dünnere Nadeln* benutzen.

Jedes Muster hat ein anderes Verhältnis von Masche zu Zentimeter, deshalb muß die Maschenprobe *in dem jeweiligen Muster* erfolgen. Kommen mehrere Muster in einem Strickstück vor, sollte *für jedes* eine Maschenprobe gemacht werden.

Für die Maschenprobe sollte dieselbe *Garnfarbe* benutzt werden. Das gleiche Garn in einer anderen Farbe kann in der Stärke entscheidend anders sein, was ausreicht, um im Strickstück einen merkbaren Unterschied zu bewirken.

Beobachten Sie sehr genau jeden Unterschied im Maschenmaß zwischen dem Probestück und dem eigentlichen Strickstück. Oftmals macht eine beträchtliche Maschenzahl auf einer Nadel einen Unterschied aus zwischen dem Probestück und dem größeren Strickstück.

Gehäkelter Abschluß

Die Stärke der verwendeten Stricknadeln ist fast immer bestimmend für die erforderliche Stärke der Häkelnadel. Zum Aufheben heruntergefallener Maschen benutzt man am besten eine Häkelnadel von derselben Stärke wie die der Stricknadeln. Die Zeichnung zeigt eine über 6 Reihen gefallene Masche. Man sticht die Häkelnadel in die unterste Schlaufe ein (Abb. 149).
Dann wird der Haken unter den geraden Faden über der Schlaufe geführt (Abb. 150) und die Schlaufe durchgezogen. So fährt man fort bis zum Ende der Leiter, mit dem Haken immer *unter* dem Faden durchgehend. Somit bleibt die Masche immer in der richtigen Position, wie beim Stricken, und liegt am Ende so auf der LN, daß sie abgestrickt werden kann (Abb. 151). Liegt die letzte Masche am Ende falsch auf dem Haken, so wird das im fertigen Strickstück sichtbar oder man muß sie beim Abstricken mit der RN verdrehen.

Luftmasche
Eine Luftmasche entsteht, indem man einen Zugknoten macht (Abb. 152) und, den Faden in der linken Hand haltend, mit dem Haken durch diesen eine Schlaufe hindurchzieht – schon ist eine Luftmasche fertig (Abb. 153).

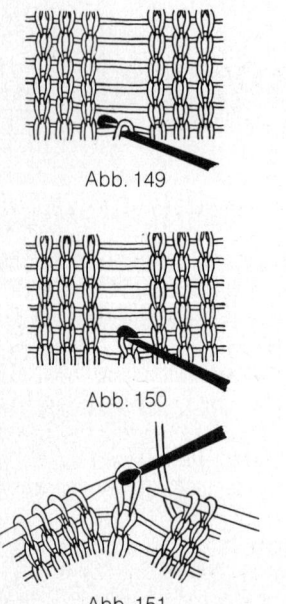

Abb. 149

Abb. 150

Abb. 151

Abb. 152

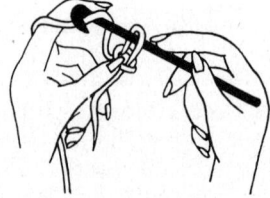

Abb. 153

Kettenmasche

Eine Kettenmasche (KM) entsteht, indem man die Häkelnadel durch eine Masche führt und die Schlaufe durch diese Masche *und* die Masche auf der Nadel zieht (Abb. 154).

Abb. 154

Diese Masche eignet sich am besten, wenn man zwei Teile zusammensetzen möchte. *Niemals* sollte man beim Zusammensetzen zweier Teile feste Maschen anwenden.

Feste Masche

Da ein glattes Muster dazu neigt, sich am oberen und unteren Rand oder an den Seiten zu *rollen*, benutzt man die feste Masche, um dem entgegenzuwirken.

Man sticht mit der Häkelnadel in den Rand unter 2 Fäden durch (Abb. 155), egal, ob der Rand oben, unten oder seitlich ist. Dadurch zieht man eine Schlaufe, sticht mit der Nadel nochmals unter den Fäden durch (Abb. 156) und zieht durch die beiden auf der Nadel liegenden Maschen eine Schlaufe (Abb. 157).

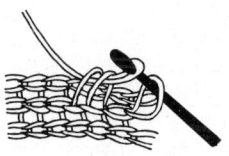

Abb. 155

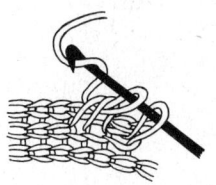

Abb. 156

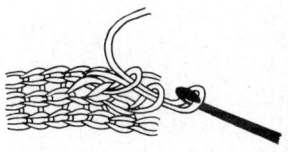

Abb. 157

Beim Arbeiten der ersten Reihe fester Maschen *muß* die *rechte Seite* zur Strickerin schauen, außer in ganz ungewöhnlichen Situationen. Gewöhnlich arbeitet man am oberen und unteren Rand in jede Masche. An den Seitenrändern ist dies jedoch anders. Wie beim Aufnehmen von Maschen (s. S. 46) wird folgendermaßen gearbeitet: * Man macht je 1 FM in 3 aufeinanderfolgende Randmaschen, wobei man den Haken stets unter 2 Fäden hindurchführt (Abb. 155), dann läßt man die nächste Masche aus (die vierte). Ab * wdh. Vor dem

Umwenden 1 LM (mitunter auch 2 LM). Auf der Rückseite macht man die erste FM in die Masche direkt unter derjenigen auf der Häkelnadel (Abb. 158) und dann in jede Masche der 1. Reihe.

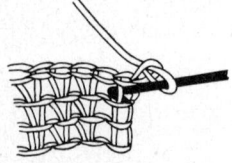

Abb. 158

Stäbchenmasche
Man holt von unten mit der Häkelnadel den Faden ein (Abb. 159), sticht in die Masche ein und zieht eine Schlaufe durch (Abb. 160). Somit hat man 3 Schlaufen auf der Nadel. Man holt wieder von unten den Faden ein und zieht ihn durch 2 Schlaufen (Abb. 161), holt nochmals den Faden von unten ein und zieht ihn durch die übrigen 2 Schlaufen – die Stäbchenmasche ist fertig (Abb. 162). Stäbchenmaschen werden sehr oft für den Taillenbund des Rockes benutzt. Entweder macht man 1 oder 2 Reihen fester Maschen und anschließend das Bündchen oder ein 3 bis 4 cm breites Band aus Rippenmuster oder FM. Der Bund sollte ein paar Zentimeter als Zugabe enthalten.

Auf der *Innenseite* des Rockes befestigt man den Faden 1 Masche unter-

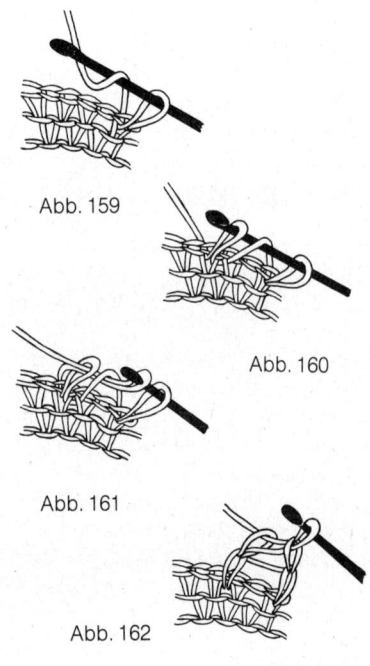

Abb. 159

Abb. 160

Abb. 161

Abb. 162

halb des Randes und macht so viele LM, daß die Kette etwa 2½ cm herunterreicht. Mit einer Kettenmasche befestigt man diese am Taillenband. Dann macht man nochmals so viele LM und befestigt sie genauso am oberen Rand (Abb. 163).

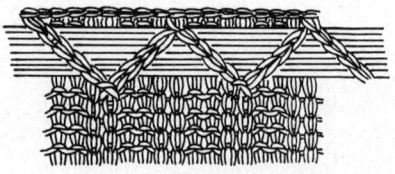

Abb. 163

Das richtige Maßnehmen

Brustweite (Frauen): Das Maßband wird um die höchste Stelle der Brust gelegt, dabei darf das Band nicht zu fest angelegt werden. Man mißt gleichzeitig im Rücken von Seitennaht zu Seitennaht. Mitunter – besonders bei älteren Frauen – ist das Rückenmaß gleich dem Brustmaß.
Oberweite (Männer und Kinder): Man mißt den gedehnten Brustkorb an der weitesten Stelle.
Armausschnitt: Man mißt vom Ende des Oberarmknochens (Abb. 164) *gerade herunter* bis etwa 2 cm unter die Achsel. *Ganz gerade messen, nicht abbeugen!*
Achsel bis Taille: An der Nahtseite mißt man unter dem Arm, etwa 2 cm unter der Achsel, *genau* bis zur Taille und von diesem Punkt hinunter bis zur gewünschten Länge.

Schulterbreite: Vom Halsansatz bis zum Oberarmknochen.
Von Schulter bis Taille vorne (für volle Büste): Man mißt von der Schultermitte schräg über den höchsten Teil der Büste bis zur *genauen* Taillenlinie.
Von Nacken bis Taille hinten: Vom Halswirbel senkrecht herunter zur *genauen* Taillenlinie (Abb. 165).

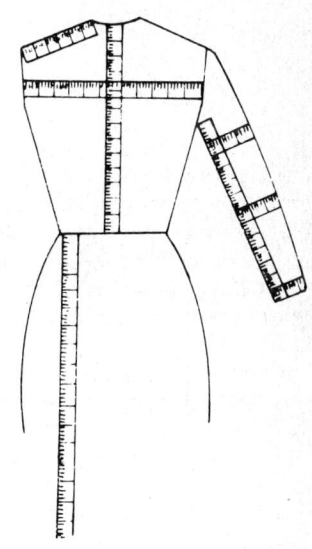

Abb. 165

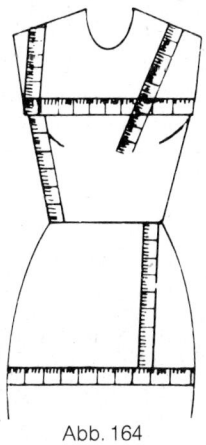

Abb. 164

Ärmellänge: Man mißt entlang der Innenseite des Armes etwa 2 cm unter der Achsel bis zum Handgelenkknochen. Dies entspricht langen Ärmeln, für kürzere Längen mißt man entsprechend.
Armweite: Sie wird über dem Oberarm, Unterarm und Handgelenk gemessen. Das Handgelenk mißt man genau, die anderen recht locker, es sei denn, man wünscht die Ärmel engsitzend.
Rücken von Schulter bis Schulter: Von der *höchsten Stelle* des rechten Schulterknochens (nicht dem Rand) zur gleichen Stelle des linken Schulterknochens (Abb. 165).
Rocklänge: Man legt das Maßband in der exakten Taillenlinie an und mißt von hier an der Seite der Figur hinunter bis auf die gewünschte Länge. Bei großen Figuren und starkem Gesäß mißt man *vorne von der Taillenlinie* zum unteren Rand und *hinten ebenso.* Die beiden Maße können sich merklich unterscheiden.
Hüfte: Die Hüfte wird *an der stärksten Stelle des Körpers unterhalb der Taille* gemessen. Bei starken Menschen nimmt man dies Maß am besten, wenn sie sitzen. Dann mißt man den Abstand von der Taillenlinie zur Hüfte.

Zusammensetzen und Abschlußarbeiten

Pullover

Es gibt grundsätzlich drei Möglichkeiten für das Zusammennähen von Strickkleidung.
Man kann eine Naht mit Nadel und Faden im Steppstich nähen (Abb. 166). Die Stiche dürfen nicht zu fest gezogen werden, denn jede Naht muß genauso elastisch sein wie das Strickstück selbst.

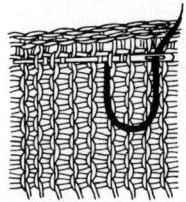

Abb. 166

Man kann zwei Strickteile durch die Stricknaht mit dem Maschenstich zusammenfügen, wie es auf S. 47 gezeigt wurde.
Oder man legt die beiden Teile mit den rechten Seiten nach innen aufeinander. Mit demselben Garn, womit das Kleidungsstück gestrickt wurde (außer wenn es ungewöhnlich dick ist), und einem Häkelhaken entsprechender Stärke fügt man sie mit Hilfe der gehäkelten Kettenmasche zusammen: Der Häkelhaken wird *eine Masche vom Rand entfernt* durch eine Masche der Vorderseite geführt (Abb. 167) und genauso durch die gegenüberliegende Masche des Gegenstückes (Abb. 168). Man muß in beiden Teilen immer durch die zueinan-

Frontleisten bei Strickjacken

dergehörigen Reihen arbeiten. Der Faden wird mit dem Haken eingeholt, durch die beiden Teile und die Schlaufe gezogen (Abb. 169). Es ist keineswegs erforderlich, dabei so dicht am Rand wie möglich vorzugehen.

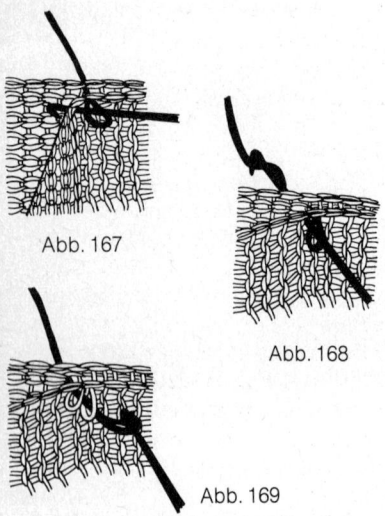

Abb. 167

Abb. 168

Abb. 169

In dieser Weise sollte man *alle Seitennähte*, also vom Armloch zur Taille und die Ärmel, arbeiten. Und zwar arbeitet man, wenn nicht zwingende Gründe etwas anderes erfordern, alle diese Nähte *vom unteren Rand zum oberen Rand*; man arbeitet stets zu *einem Punkt hinauf, nicht hinunter*. Alle *abgeketteten* Ränder, wie etwa Schulternähte, sollte man mit einer Stricknaht im Maschenstich verbinden (s. S. 47), außer bei Zopf-, Rippen- oder ähnlichen Mustern.

Vertikalrippe

Nachdem das Taillenbündchen fertig ist, nimmt man mindestens die Maschen von 2 bis 3 cm Rippe am Vorderrand auf einen Maschenhalter. Die Rippe ist gewöhnlich mit dünneren Nadeln gestrickt worden. Man hält die Maschen zurück, so daß sie später mit denselben dünnen Nadeln gearbeitet werden können. Wenn der Halsausschnitt gerippt werden soll, sollte die Frontleiste *vor* dem Halsrand gemacht werden. Es ist vorteilhaft, zuerst die Knopfleiste zu stricken, so daß die Knopflöcher auf der Gegenseite gleichmäßig verteilt werden können. Der Randstreifen sollte mindestens 1½ bis 2½ cm kürzer sein als die Vorderteile der Jacke, damit die Vorderseiten nicht herunterhängen. Man strickt für den Randstreifen dieselbe Anzahl von Reihen wie beim Vorderteil. Da man dünnere Nadeln benutzt, wird der Randstreifen ganz von selbst etwas kürzer als die Vorderteile. Zugleich ist das Zusammenfügen im Maschenstich bei gleicher Reihenzahl leichter.

Horizontalrippe

Viele Strickjacken erfordern einen Rand, bei dem die Maschen entlang der beiden Frontlinien und um den Halsausschnitt in einem Fortgang aufgenommen werden.
Der Faden wird am unteren Rand des rechten Vorderteils befestigt und die erforderliche Maschenzahl mit einer dünneren Nadel entlang dieses Teiles

Einsetzen von Reißverschlüssen

aufgenommen (s. S. 46). Man zählt die Maschen, vom unteren Rand angefangen, bis zu dem Punkt, wo der Halsausschnitt beginnt, und setzt dort einen Markierungsring. Dann werden die Maschen rund um den Hals aufgenommen bis zum linken Vorderteil. Am Anfang des linken Vorderteils setzt man einen weiteren Markierungsring. Entlang des linken Vorderteils nimmt man nun genauso viele Maschen auf, wie man am linken Rand gezählt hat. An beiden Seiten jedes Markierungsringes in jeder zweiten Reihe nimmt man eine Masche für die Ecken zu. Die Knopflöcher werden auf der entsprechenden Seite im Fortgang eingearbeitet.

Gehäkelte Leisten
Diese Art Leisten sind dichter und fester als gestrickte und erfordern nur selten einen Bandbesatz. Will man einen gestrickten Rand behäkeln, muß *das Maschenmaß stimmen.* Auch die Stärke der Häkelnadel ist wichtig. Die Ränder müssen flach und eben aufliegen und dürfen sich nicht werfen.
Mit der *rechten Seite* der Arbeit nach oben häkelt man eine Reihe fester Maschen und *mißt die Arbeit* genau wie beim Aufnehmen der Maschen beim Stricken – man arbeitet eine Masche in jede von drei Reihen und überspringt die vierte Reihe. Am Anfang jeder neuen Reihe muß man zwei Luftmaschen machen und dann in jede vorausgegangene Masche eine feste Masche häkeln.

In Anleitungen wird oft für zusätzliche Maschen an den Nahträndern plädiert, damit diese eingeschlagen werden können, so daß der Reißverschluß verdeckt wird. Im allgemeinen genügen ein oder zwei Reihen fester Häkelmaschen rund um die Öffnung oder auf einer Seite. Man achte darauf, daß diese Umhäkelung nicht zu locker ist; sie darf das Strickwerk nicht strecken. Man steckt den Reißverschluß an, heftet ihn ein und näht ihn mit passendem Garn fest. Ich rate entschieden dazu, daß man ihn *mit der Hand* einnäht und nicht mit der Nähmaschine, und daß die Strickränder leicht gegen den Reißverschluß geschoben werden, um ihn glatt zu halten. Zieht man das Strickstück zu stark, legt sich die Kante in Wellen. Es ist ratsam, Stickwolle zu verwenden. Sie mag nicht ganz so haltbar sein, wird aber das Gestrick nicht beschädigen und kann immer nachgenäht werden.
Ist der Reißverschluß trotz der Einfassung sichtbar, häkelt man eine weitere Reihe fester Maschen entlang der überstehenden Kante und steckt die Enden ein. *Passen Sie niemals* das Strickstück dem Reißverschluß an, sondern *immer* den Reißverschluß dem Strickstück, und achten Sie darauf, daß die Ränder nicht gedehnt werden.

Nasses Spannen

Spannrahmen sehen so ähnlich aus wie Gazefenster und bestehen aus schwerer Kupfer- oder Aluminiumgaze auf einem Holzrahmen, der fest genug ist, die Gaze straff zu halten. Der Rahmen sollte so groß sein, daß man zwei oder mehrere Teile darauf gleichzeitig spannen kann. Mein Rahmen ist 90 × 180 cm groß und besteht aus Aluminiumgaze mit hölzernem Halterahmen (Abb. 170).

Man bedeckt den Rahmen mit einem dünnen Baumwollflanell. Nachdem man das Kleidungsstück gewaschen oder gefeuchtet hat, entfernt man soviel Feuchtigkeit wie möglich und spannt es wie beim trockenen Spannen. Damit es schneller trocknet, kann man es fönen und die Luft unter und über dem Rahmen gut zirkulieren lassen. *Niemals* sollte man im Freien spannen oder trocknen, es sei denn, *vollständig im Schatten.* Die Sonnenstrahlen können sogar das aufgelegte Tuch durchdringen und die Farben ausbleichen und unansehnlich machen.

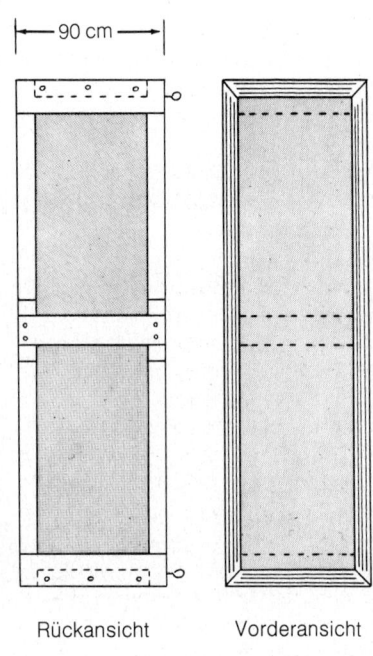

Abb. 170

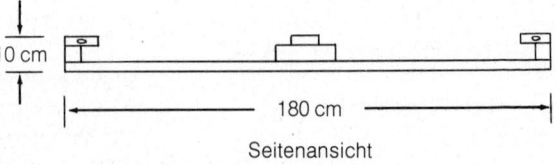

Seitenansicht

Trockenes Spannen

Es ergibt sich nur sehr selten die Notwendigkeit, Strickpullover oder ähnliche Kleidungsstücke zu spannen. Es genügt im allgemeinen, die Teile zusammenzusetzen und mit dem Dampfbügeleisen über die Nähte zu fahren (die gerippten Teile bitte unberührt lassen).

Trockenes Spannen eines Pullovers
Man legt ein sehr feuchtes, fast nasses Baumwolltuch auf eine flache Unterlage und darauf das Kleidungsstück. Man streicht es in die gewünschte Form, wobei man mit dem Maßband die richtigen Maße überprüft. Wenn es der Anleitung gemäß richtig ist, wird es nicht nötig sein, es mit Nadeln festzustecken. Man bedeckt die Arbeit mit einem weiteren nassen Tuch und drückt es mit den Händen an, so daß die Feuchtigkeit in das Strickwerk eindringen kann. Dann läßt man es liegen, bis es vollständig getrocknet ist. Danach wendet man das Kleidungsstück von innen nach außen und bügelt die Nähte an den Seiten und Schultern aus. Dadurch werden eventuelle Falten entfernt.

Trockenes Spannen eines Rockes
Alle erforderlichen Abschlußarbeiten müssen fertig sein, nur das Gummiband darf noch nicht eingezogen werden, bevor der Rock gespannt ist. Wenn man keinen Spannrahmen (s. S. 60) hat, ist ein Asbestschutz, den man mit Packpapier und einem Tuch bedeckt, ideal.
Man schneidet sich einen Stoffstreifen von halber Taillenlänge, einen von halber Hüftweite, einen von der Hälfte der gewünschten Rockweite (Unterrand) und fünf Streifen in der gewünschten Rocklänge:
1. Man drückt das Taillenband auf den Oberrand des Rockes und steckt es fest.
2. Man nimmt einen der fünf Streifen für die Rocklänge, befestigt ihn in der oberen Rockmitte und zieht ihn straff die Mittellinie herunter. Dieser Streifen wird auf der Mitte des unteren Rockendes befestigt.
3. An dieser Stelle befestigt man die Mitte des Streifens für die Rockweite und zieht ihn dann nach beiden Seiten aus, um die Rockweite festzulegen. Zunächst wird der Streifen an beiden Seiten befestigt.
4. Den Hüftstreifen legt man 7 cm unterhalb der Taille auf über die *weiteste Stelle der Hüfte*.
5. Zwei der Längsstreifen werden nun dicht am jeweiligen Rand aufgelegt und heruntergeführt zum Rocksaum.
6. Die beiden letzten Längsstreifen werden vom Oberrand des Rockes zum Saum geführt und befestigt.
7. Nachdem der Rock den Streifen entsprechend angepaßt wurde, drückt man im Abstand von zwei bis drei Zentimetern Stifte ein, bedeckt das Ganze mit einem feuchten Frotteetuch und läßt es so lange liegen, bis es gänzlich trocken ist (Abb. 171).

Fertigstellung von Kleidungsstücken

Danach wendet man den Rock mit der Innenseite nach außen und bügelt die notwendigen Stellen mit dem Dampfbügeleisen aus, ohne es dabei über die Oberfläche gleiten zu lassen.

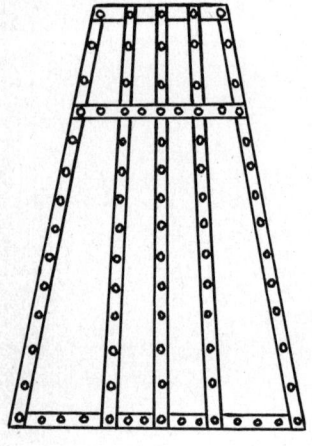

Abb. 171

Für ein ordentlich fertiggestelltes Kleidungsstück sollte jedes einzelne Teil für sich gespannt werden. Man näht die Teile dann mit *Wollgarn* zusammen. Man benutzt immer Garn derselben Farbe und Struktur, wenn aus irgendeinem Grunde nicht das Originalgarn dazu genommen wird. In den meisten Fällen ist es am besten, die Teile mit Kettenmaschen zusammenzuhäkeln (s. S. 53).

Wenn die Anleitung gut ist, sollte das Spannen keine Schwierigkeiten machen. Es genügt, wenn man ein Dampfbügeleisen oder ein einfaches Bügeleisen über einem feuchten Tuch benutzt. Das Rollen der Ränder der Strickteile muß beseitigt werden, und nur wenn die Mittelteile unschön geknittert sind, sollte man sie ausbügeln. Man *dämpft* alle Teile, ohne dabei das Gestrick zu dehnen, außer wenn dies in der Anleitung ausdrücklich gefordert wird (Spitzenblusen oder Kleider in Durchbruchmuster). Wenn alle Teile gut getrocknet sind, heftet man Rücken- und Vorderteil zusammen und probiert das Kleidungsstück von links an. Bei der Anprobe sollten alle notwendigen Anpassungen vorgenommen werden wie Umlegen, Faltenlegen, Abnäher einlegen. Wenn das Kleidungsstück nicht gefüttert werden soll, näht man die Teile zusammen (oder fügt sie mit Kettenmaschen zusammen). Alles Zuviel an Weite oder Länge an den Nähten schiebt man zurück.

Als nächstes werden die Ärmelnähte

und dann die Ärmel in die Armlöcher geheftet, wobei man am oberen Teil des Ärmels ca. 10 cm zum Ausgleichen offen läßt. Man probiert nochmals an und paßt diese Teile in die Armlöcher ein.

Wenn an den offenen Rändern keine Säume vorgesehen sind, häkelt man ein oder zwei Reihen feste Maschen um diese Ränder, damit sie sich nicht rollen.

Die Schulternähte und den hinteren Teil der Halsöffnung kann man mit einem schmalen Band unterlegen, damit die Form besser gehalten wird.

Wenn Knopflöcher eingestrickt wurden, ist es ratsam, sowohl die Knopfwie die Knopflochseite mit Band zu unterlegen. Ähnlich wie beim Taillenband muß das Band eingepaßt werden, bevor man es abschneidet, damit die Vorderkanten der Jacke z. B. nicht herunterhängen. Auf der Knopflochseite markiert man nach dem Einheften sorgfältig die Position der Knopflöcher und nimmt das Band dann nochmals heraus und arbeitet die Knopflöcher in der entsprechenden Größe mit der Maschine oder von Hand ein. Wenn an Jacke oder Mantel Säume erforderlich sind, sollte man erst alle Seitennähte schließen und ausbügeln, bevor man sie umschlägt. Man heftet die Säume *zunächst* an der Umschlagkante, erst dann an der Saumkante, und läßt die Heftnaht drin bis nach dem Abschlußbügeln. Beim Umnähen folgt man *einer Strickreihe* auf der linken Seite, nach der man den Saum ausrichtet, und benutzt entweder das Strickgarn oder eine Strickwolle in passender Farbe. Man achte darauf, daß die Nähnadel hinten jeweils *nur eine Seite der Masche* aufgreift, um zu verhindern, daß die Naht auf der Vorderseite sichtbar wird.

Futter und Futterstoffe

Wenn ein Kleidungsstück gefüttert werden muß, sollte man dafür Schnitte für jedes Teil anfertigen, nachdem die gestrickten Teile gebügelt sind. Man faltet das Rückenteil in der Mittellinie von oben nach unten und legt es auf einen Bogen Packpapier. Es wird mindestens 2 bis 3 cm von der Mittellinie abgerückt, dadurch erhält man die Zugabe für eine Falte. Man fährt mit dem Bleistift rund um das Strickstück herum und gibt an allen Nahtkanten 2 bis 3 cm für die Naht zu. Bei Fütterung eines *Mantels* muß man beim Futter für jedes Vorderteil an der Schulter einen Abnäher einplanen, auch bei Raglanärmeln.

Die Vorderteile und Ärmel zeichnet man genauso nach; wenn die Vorderteile eingefaßt werden, legt man die Einfassungsstreifen über das jeweilige Vorderteil und zieht den Umriß für den Futterschnitt an der inneren Randlinie nach. Entlang solcher Ränder gibt man beim Zuschneiden mindestens 2½ cm zu, die man später umlegt und unter die Einfassungsstreifen steckt. Sollen die Einfassungsstreifen unterlegt werden, schneidet man nun den Papierschnitt dafür. Man benötigt keine Saumzugabe, im Gegenteil, man schneidet eher etwas schmaler zu. Bei den Vorderteilen gibt man an den Seitennahträndern etwas zu, so daß man eventuell Abnäher für besseren Sitz einfügen kann. 4 cm unterhalb der Armhöhlung macht man einen Einschnitt von ca. 9 cm. Man kann so einen 2 cm breiten Abnäher machen, für Personen mit starker Büste einen breiteren. Der untere Rand muß entsprechend abgeschrägt zugeschnitten werden, damit genügend Stoff für den Abnäher bleibt. Wenn das Jackett oder der Mantel tailliert ist, muß auch in der Hüftlinie ein Abnäher vorgesehen werden.

Ärmelfutter sollten 3 bis 4 cm weiter als der gestrickte Ärmel sein, und man schneidet sie um 2 bis 3 cm länger zu, um unterhalb des Ellenbogens zwei schmale Abnäher setzen zu können. Alle Abschlußarbeiten am Jackett oder einer Bluse sollten beendet sein, *bevor* man das Futter einsetzt.

Alle Knopflöcher müssen in die Einfassung und ins Futter eingeschnitten sein und mit Knopflochstich an das Strickstück angefügt werden. Die Futterteile für ein Jackett werden zusammengesetzt und folgendermaßen eingepaßt:
1. Kehren Sie das Jackett (oder den Mantel) mit der Innenseite nach außen. 2. Ziehen Sie das *Probefutter* mit der rechten Seite nach außen über das Kleidungsstück. Alle Anpassungen, wie Abnäher und Fältelungen, sollte man an einem Probefutter probieren und es dann in das Kleidungsstück einheften. 3. Wenden Sie alles auf die rechte Seite, und probieren Sie an. 4. Wenn alles paßt, können Sie das Futter zusammenfügen und in das Jackett einsetzen. Das Futter wird an Halslinie und Vorderleiste entlang innerhalb der Randmaschen eingefügt,

die Schulternähte werden eingenäht und die Ärmel an die Armhöhlung geheftet. Die Futternähte werden locker an den Stricksäumen befestigt.

Hat das Jackett oder der Mantel einen Saum, säumt man das Futter ebenfalls und läßt es frei herunterhängen, aber das Futter muß mindestens 2 bis 3 cm kürzer sein als das Kleidungsstück selbst. Bei einer Strickjacke sollte das Futter in gleicher Länge zugeschnitten werden, so daß ein Saum am Oberrand des Rippenbündchens angefügt werden kann, wobei man *immer* etwas Bewegungsspielraum einkalkuliert.

Ärmel kann man füttern, aber der Unterrand des Futtersaumes sollte am oberen Rand des Ärmelsaumes angefügt werden oder an den Oberrand des Rippenbündchens.

Ein einteiliges Kleid wird in praktisch gleicher Weise gefüttert und an der linken Seitennaht mit dem Reißverschluß oder einem anderen Verschluß geschlossen. Man fügt das Futter mit der linken Seite gegen das Strickstück ein (die Abnäher an den Seiten nicht vergessen!) und setzt den Reißverschluß oder andere Verschlüsse in beide Teile zusammen ein. Manchmal ist es auch möglich, einen gekauften Unterrock in das Kleid einzupassen. Dann trennt man die linke Seitennaht des Unterrockes so weit auf, daß man den Reißverschluß einsetzen kann. Einen Rock aus zwei oder mehr Bahnen kann man genauso füttern wie einen Kleiderrock. Falten oder Abnäher im Rock müssen gleichermaßen und an gleicher Stelle im Futter gemacht werden. Wurde der Rock auf einer Rundnadel gestrickt, ist es am besten, einen Halbunterrock zu kaufen oder zu nähen und diesen mit dem Gummiband – wie auf S. 54 gezeigt – an dem Strickrock zu befestigen.

Wenn Haken und Ösen Verwendung finden sollen, macht man die Öse lieber mit Garn, da eine Metallöse zu sehr aufzeigt.

Strickmuster:

Wie man sie anwendet und aussucht

Wählen Sie Ihr Strickmuster mit großer Sorgfalt! Nicht alle Musterarten eignen sich für alle Artikel.
Die Muster in diesem Buch sind bei weitem nicht alles, was von einfallsreichen Strickern bisher erfunden wurde. Aber sie stellen eine umfassende Sammlung dar, die für praktisch jeden Zweck und jeden Bedarf etwas bringt. Gefällt einem das empfohlene Muster in einer Strickanleitung nicht, muß man das *Maschenmaß* in der Originalanleitung beachten und nach dem ausgewählten Muster eine Maschenprobe anfertigen. Wenn diese genau mit den angegebenen Maßen übereinstimmt oder sich mit anderer Nadelstärke übereinstimmend machen läßt, kann man sich mit ziemlicher Gewißheit an die gegebene Anleitung halten. Stimmt die Maschenprobe nicht überein, müssen für das gesamte Kleidungsstück die Maschenzahlen umgerechnet werden. Das nächste, worauf Sie achten müssen, ist die »Teilbarkeit« der Maschenzahl. Leider geben viele Musterhefte in ihren Anleitungen diese nicht an. Es ist nicht allzu schwierig, diese selber herauszufinden. Suchen Sie die beiden Sternchen – * * – eines am Anfang der Reihe oder nahe dabei und das zweite nahe dem Ende der Reihe und zählen Sie ab erstem * bis zum Gedankenstrich (–) oder dem zweiten *. Dann müssen Sie noch die Maschen am Beginn und am Ende der Reihe dazuzählen. Beim Zählen der Maschen für die Teilbarkeit darf man

jedoch die zuzunehmenden Maschen – zun, Umschl oder 1 M aufn – nicht dazurechnen. Diese Maschen werden ja beim Arbeiten erst hinzugefügt. Jedoch müssen für jedes abn 2 Maschen und für A2zrÜ 3 Maschen gerechnet werden.
Im folgenden Kapitel ist für jedes Muster die Teilbarkeit zuzüglich der Extramaschen, die zu arbeiten sind, errechnet worden. Alle Muster wurden ausprobiert und sind gut nachzuarbeiten. Beachten Sie die Ratschläge und Warnungen bei einigen Mustern. Wählen Sie das Muster nicht nur nach dem Foto, ohne ein Probestück zu stricken. Es kann anders ausfallen als erwartet, sei es, daß es sich dehnt, wo man ein festes Muster braucht oder umgekehrt. Auch kann mitunter das Garn, das Sie benutzen, dem Muster eine ganz andere Wirkung geben. Alle einfachen Rippenmuster wurden übergangen, denn alle Rippen sind eine Sache einfacher Multiplikation: 2 r, 2 li – diese Rippe hat eine Teilbarkeit von 4; oder 3 r, 3 li – diese Rippe hat eine Teilbarkeit von 6 usw. Jede ungleichmäßige Rippe wie z. B. 3 r, 1 li oder 4 r, 2 li läßt sich genauso leicht ausmachen.
Einige Musterbeschreibungen enthalten den Hinweis: »*Randreihe – nicht wiederholen*«. Diese »Randreihe« bildet die Voraussetzung für die erste eigentliche Musterreihe. Der begrenzte Raum erlaubt keine detaillierten Angaben für jeden Strickgang innerhalb der Musterbeschreibung. Wer das Kapitel über das Stricken der Grundmaschen sorgfältig studiert hat, ist auf die Ausführung der Muster vorbereitet.
Bitte lassen Sie sich nicht von einer Musterbeschreibung oder Einzelheiten im Bild abschrecken. Auf den ersten Blick scheinen viele dieser Muster so viele Musterreihen oder so viele Maschen zu haben, daß Sie glauben, sie seien zu kompliziert, um gelingen zu können. Haben Sie erst einmal ein Probestück und ein oder zwei Musterwiederholungen gearbeitet, verschwinden oft die vermeintlichen Schwierigkeiten.
Es ist unvermeidlich, daß beim Stricken von Kleidungsstücken Maschen zu- und abgenommen werden müssen, besonders in Teilen für Blusen oder Jacken. Hierbei erweist sich die Verwendung von Millimeterpapier als sehr nützlich. Man zeichnet auf das Millimeterpapier das Muster, *so wie es auf der rechten Seite* gearbeitet werden muß. Für die Abschrägung sollen Zu- und Abnahmen auf jeder Seite gemacht werden, daher beginnt man mit dem Diagramm *mindestens* 8 Maschen vom Rand einwärts. Man markiert sich 30 Kästchen – 14 Maschen für jedes Muster – zuzüglich 2 Extramaschen für die Ränder. Für die erste Musterreihe setzt man für jede linke Masche ein X in ein Kästchen. In der folgenden Reihe setzt man ein X für die *rechts gestrickten* Maschen und läßt für die *linken* Maschen die Kästchen frei, denn so er-

scheinen sie auf der *rechten* Seite der Arbeit. Eine weitere Vorsichtsmaßnahme muß hier erwähnt werden. Wenn in ein und demselben Strickstück zwei oder mehr Muster Anwendung finden, muß für jedes von ihnen das Maschenmaß festgestellt werden. Wahrscheinlich differieren sie voneinander, und man muß in den ersten Reihen jedes neuen Musters (oder in der Randreihe) Maschen zu- oder abnehmen.
Schließlich ist bei bestimmten Mustern folgendes zu erwarten:
1. Strukturmuster, in denen *abgehobene* Maschen *gestrickte* Maschen kreuzen, neigen beim Spannen und Tragen weniger zum Dehnen als solche, in denen *alle Maschen gestrickt* wurden. Muster Nr. 81, Nr. 95 und Nr. 96 sind gute Beispiele. Dieselbe Regel betrifft Muster, die viel »Kreuzen« oder »Überziehen« von Maschen erfordern, siehe Muster Nr. 85 und Nr. 105.
2. Viele »Umschläge« in einer Reihe, die in der darauffolgenden Reihe *aufgestrickt* werden, machen das Strickstück locker und dehnbar.
3. Jede Verzopfung zieht die Maschen (und das fertige Gestrick) erheblich zusammen, genauso wie jede feste Rippe.
Um das exakte Maschenmaß eines Musters zu ermitteln, wird das Probestück gespannt, bevor man das Maschenmaß nimmt. Dies ist besonders wichtig, wenn man zum Stricken mit dünnem oder mittelstarkem Garn mit stärkeren Nadeln arbeitet als solchen, die gewöhnlich dafür angezeigt sind. Das Ausmaß der Dehnung, dem ein Kleidungsstück beim Spannen unterliegt, kann dadurch ermittelt werden, daß man das Maschen- und Reihenmaß vom Probestück vor und nach dem Spannen nimmt und beides miteinander vergleicht.

Wenn linke und rechte Maschen in senkrechter Linie abwechseln, heben sich die Rechtsmaschen hervor und bleiben in der Struktur vorherrschend, während die Linksmaschen in den Hintergrund treten. Dies nennt man *Rippeneffekt.*

Wenn wenige Reihen von glattem Muster mit krausem Muster abwechseln, hebt sich das krause Muster hervor, und die glatte Seite tritt in den Hintergrund (Muster Nr. 2). Ein Strickwerk *nur aus Rechtsmaschen* oder *nur aus Linksmaschen* (krauses Muster) bleibt flach; wie alle Muster, die krauses Muster enthalten, dazu tendieren, flach zu wirken. Auch alle Muster, die Reismuster oder eine seiner Abwandlungen enthalten (Muster Nr. 3) tendieren dazu, flach zu wirken.

Etwas anderes ist es mit dem glatten Muster (1 R r, 1 R li). Es ist unausweichlich, daß sich dabei die Seitenränder nach innen und der Ober- und Unterrand nach außen rollen. Deshalb muß, wenn diese Ränder nicht durch Säume gehalten werden, zu Beginn, rundum oder als Einfassung ein Muster in Anwendung kommen, das flach bleibt – entweder Reismuster oder krauses Muster oder eine Kombination von diesen beiden. Viele der folgenden Muster kann man rundstrikken – entweder auf einem Nadelspiel oder einer Rundnadel – insbesondere einige der Spitzenmuster, wie Muster Nr. 165, Nr. 176 und Nr. 180. Das Muster entsteht nur auf der *Rechtsmaschenseite*, während die Rückreihe jeweils links gestrickt wird. Auf einer Rundnadel muß diese zweite Reihe (oder Runde) jeweils rechts gestrickt werden. Schwierigkeiten können beim Stricken dieser Muster am Anfang und am Ande der Runde auftreten, wo mitunter Umschläge vorkommen. Wenn diese Spitzenmuster für Kleider oder Röcke Anwendung finden, muß man noch einen sehr wichtigen Punkt beachten: das Anpassen. Zuerst nimmt man das *genaue Maschenmaß* von einem mit der *richtigen Nadelstärke* gestrickten Probestück, das *den* Teilen des Kleidungsstückes entspricht, die genau sitzen müssen – d. i. Taillenweite, Ärmellänge und Hüftweite. Für diese nimmt man die für das gewählte Garn entsprechende Nadelstärke; dann kann man, vom Unterrand *aufwärts* strickend, beim Anschlagen der Maschen und für die ersten paar Zentimeter um 2 bis 3 Nummern stärkere Nadeln verwenden als für das Probestück (s. S. 51). Die ersten Zentimeter sollten mit den stärkeren Nadeln gestrickt werden, die folgenden mit etwas dünneren und so fort bis hinunter zu der Nadelstärke, die für das Hauptprobestück benutzt wurde. Dabei ist es von größter Wichtigkeit, im Auge zu behalten, wie sich die Benutzung der verschiedenen Nadelstärken auf die Dehnbarkeit auswirkt, insbesondere in der Länge, damit die *richtige Länge* des Strickstückes gewährleistet ist. Darum sollte man für *jede* zu gebrauchende Nadelstärke ein Probestück im entsprechenden Muster stricken und diese spannen oder ausbügeln, um die äußerste Dehnung festzustellen und danach planen zu können.

Die verwendete Garnart wird immer die »Linie« und den »Fall« einer beendeten Arbeit mitbestimmen. Alles Strickwerk neigt dazu, am Unterrand etwas zu zipfeln, besonders, wenn in einer Reihe die meisten Maschen rechts und in der folgenden Reihe die meisten Maschen links gestrickt sind, vor allem beim Rundstricken. Dies trifft vor allem bei Baumwollgarnen zu. Daher sollte man bei Verwendung von Baumwollgarn in den meisten Fällen 2 r zusstr, ArÜ und A2zrÜ anwenden. Der häufige Gebrauch dieser drei Maschentypen verhindert das Verziehen der Arbeit. 2 r zusstr zieht die Arbeit nach rechts, ArÜ zieht sie nach links und A2zrÜ zieht sie gerade. Die Muster Nr. 176 und Nr. 180 sind dafür beispielhaft und können unbesorgt so gearbeitet werden, wie in der Anleitung angegeben ist, ohne die sonst für Baumwollgarn angezeigte Verschränkung der Maschen.

Abkürzungen und Fachausdrücke

R	Reihe
str	stricken
r	rechts stricken
li	links stricken
RL – LR	rechts und links oder links und rechts in eine Masche oder einen Umschlag stricken
rh	rechts stricken aus dem hinteren Teil der Masche
lih, lh	links stricken aus dem hinteren Teil der Masche
M	Masche
abh	abheben, d. h. eine Masche von der linken auf die rechte Nadel nehmen, ohne sie zu stricken
verschr	verschränkt
zusstr	zusammenstricken
2 r zusstr	2 Maschen rechts zusammenstricken
2 li zusstr	2 Maschen links zusammenstricken
Umschl, 0	Umschlag, d. h. Faden um die Nadel schlingen, was eine Masche ergibt (s. S. 31)
00 – 000 usw.	Faden so oft um die Nadel schlingen, wie Nullen angegeben sind
überz übz	abgehobene Masche überziehen
ArÜÜ	1 Masche abheben, 1 r stricken überz, überz
ArÜ	1 Masche abheben, 1 r stricken, die abgehobene Masche über die gestrickte ziehen – oder abheben, abstricken, überziehen (s. S. 29)
A2zrÜ	1 Masche abheben, 2 r zusstr und die abgehobene Masche über die zusammengestrickten ziehen
zun	1 Masche zunehmen
abn	1 Masche abnehmen
zun R	zunehmen nach *rechts*
zun L	zunehmen nach *links*
abn R	2 r zusstr
abn L	ArÜ
aufn	1 Masche aufnehmen
wdh	wiederholen
Fv	Faden vor die Arbeit legen
Fh	Faden hinter die Arbeit legen
RN	Nadel der rechten Hand
LN	Nadel der linken Hand
HN	Hilfsnadel oder Zopfhalter
* *	wiederholen, was zwischen den * * steht
FM	Feste Masche
LM	Luftmasche
KM	Kettenmasche
aufg	aufgenommen

200 Maschenmuster mit Bild und Anleitung

Liste der Maschenmuster

Doppelseitige Muster I
1 Krauses Muster
2 Waagerechte Rippe (Quäkermuster)
3 Moos- oder Reismuster
4 Diagonalrippe
5 Kleines Schachbrettmuster
6 Versetztes Rippenmuster I
7 Gebrochenes Schachbrettmuster
8 Gebrochenes Schachbrettmuster – versetzt
9 Versetztes Rippenmuster II
10 Gebrochene Rippe I
11 Gebrochene Rippe II
12 Gebrochene Rippe III
13 Patentmuster
14 Offenes Reismuster
15 Durchbrochenes Kreuzmuster
16 Korbmuster I
17 Unregelmäßiges Korbmuster
18 Gebrochene Rippe IV
19 Abgewandeltes Rippenmuster
20 Breites Winkelmuster
21 Großes Rhombenmuster I
22 Großes Rhombenmuster II
23 Rautenmuster

Doppelseitige Muster II
24 Großes Rhombenmuster III
25 Abgesetztes flaches Rhombenmuster
26 Senkrechtes Zickzackmuster
27 Große und kleine Rhomben
28 Horizontales Blattmuster
29 Kleines Kreuzmuster
30 Karostruktur
31 Webrippe
32 Knotenmuster

33 Tropfenmuster
34 Babyrippe
35 Gummizugrippe
36 Ösenmuster
37 Kreuzstreifen
38 Offenes Webmuster
39 Ohrenmuster
40 Kreuzstreifenzopf
41 Eichelmuster
42 Lochdreieckmuster

Rippenmuster
43 Ösenraute
44 Rhombenrippe
45 Offenes Blockmuster
46 Diagonaler Lochstreifen
47 Zickzackrippe
48 Herzmuscheln
49 Kreuzrippe I
50 Spinnwebmuster
51 Fersenmuster
52 Schmuckrippe
53 Babykreuzstreifen
54 Geflochtener Babykreuzstreifen
55 Kreuzrippe II
56 Flechtrippe
57 Kreuzrippe III
58 Pikeemuster I
59 Babyzickzackzopf
60 Blattrippe
61 Offene Zopfstreifen
62 Fischgrätenrippe
63 Tränentropfenrippe
64 Drehzopf
65 Fantasierippe
66 Babyzopfrippe

Strukturierte Muster
67 Glattes Muster
68 Faltenmuster glatt
69 Gebrochene Rippe V
70 Schräges Reismuster
71 Offenes Winkelmuster
72 Unterbrochenes Winkelmuster
73 Wellensaum
74 Reisblockmuster
75 Flaches Rautenmuster I
76 Dreiecke
77 Korbmuster II
78 Reismuster und glatte Rauten
79 Verändertes Reismuster
80 Doppeltes Reis- oder Moosmuster
81 Diagonalstrukturmuster
82 Vertikale Fischgrätenrippe
83 Strukturmuster I
84 Fischgrätenstreifen
85 Zickzackmuster glatt
86 Gestreiftes Strukturmuster
87 Falscher Strukturzopf
88 Schräge Kreuzstruktur
89 Verändertes Schiaparelli
90 Schiaparelli
91 Waffelstruktur
92 Englisches Doppelstrickmuster
93 Flechtmuster I
94 Strukturmuster II
95 Webstruktur I
96 Webstruktur II
97 Versetztes Schachbrettmuster I
98 Strukturblockmuster
99 Flechtmuster II
100 Flaches Rhombenmuster
101 Kreuzwebstruktur
102 Versetztes Schachbrettmuster II
103 Schachbrettmuster
104 Wellenmuster
105 Rippe mit schrägen Zugmaschen
106 Kreuzstreifenblockmuster
107 Zusammengefaßte Rippe
108 Waffelmuster
109 Palmblattmuster
110 Gekreuzte Rhombenstruktur I
111 Gekreuztes Rhombenmuster
112 Fortlaufende Rhomben und Rippen
113 Gesmokte Honigwaben
114 Knotengitter
115 Gekreuzte Rhombenstruktur II
116 Kreuzstruktur
117 Zopfknoten
118 Hochgezogene Kreuzstruktur
119 Schmetterlingsmuster
120 Rosetten
121 Blattstruktur
122 Blattrelief
123 Lazy Daisy
124 Schräges Knotenmuster

Einseitige Muster
125 Rippenrhombon
126 Kletterrose
127 Kletterwein und Streifen
128 Türmchen
129 Augen
130 Brautschleier
131 Drillingsrippe
132 Ösenzöpfchen
133 Offener Streifen
134 Tränentropfen
135 Einfaches Lochmuster
136 Krauses Strukturmuster
137 Pikeemuster II

138 Blättchenstruktur
139 Rhomben in Rhomben
140 Einfaches Blattmuster
141 Schmetterlings-Spitzenmuster

Zopfmuster
142 Zopf und Rippe im Wechsel
143 Wandernder gekreuzter Zopf
144 Fantasiezopf
145 Verschränkte Rippchen
146 Flache Zopfstruktur
147 Gespreizter Zopf
148 Geflochtener Zopf
149 Pferdehufstreifen
150 Versetzter Pferdehufstreifen
151 Offener Lochmusterzopf
152 Korbmusterzopf
153 Zopfstruktur
154 Geflochtener Kreuzstreifen
155 Schwerer Zopf
    mit krausem Muster
156 Gesmokte Rippe
157 Gesmokter Zopf

Durchbruchmuster
158 Gittermuster I
159 Gittermuster II
160 Fantasiestreifen
161 Offenes Gittermuster
162 Durchbruchstreifen
163 Kreuzstreifen
    mit Zickzackstreifen
164 Kreuzstreifen mit Zopfrippe
165 Fischgräten-Durchbruchmuster
166 Webzopf
167 Rosenknospen-
    Durchbruchmuster
168 Twinberry-Streifen
169 Baby-Farnmuster

170 Pfeilspitzenmuster
171 Weinstockmuster
172 Gittermuster
173 Babyfächer
174 Offenes
    Rhombendurchbruchmuster
175 Rhomben und Knoten
176 Blattmuster II
177 Fächer mit Rippen
178 Fächer mit Zopf
179 Einfaches
    Rhombendurchbruchmuster

Spitzenmuster
180 Baby-Blattspitzenmuster
181 Rhomben-Spitzenmuster
182 Großes Blattmuster
183 Spitzen-Blattmuster
184 Zweige und Blätter
185 Popcorn
186 Spitzenflügel
187 Glockenmuster I
188 Glockenmuster II
189 Glockenblumen
190 Ösenkrone
191 Ketten-Spitzenmuster
192 Sonnenstrahl
193 Blatt-Spitzenmuster
194 Farn
195 Lady Slipper
196 Ananas-Spitzenmuster
197 Blattmuscheln
198 Ananas-Blattmuster
199 Kreuzstreifen mit Doppelblatt
200 Außergewöhnliches
    Zickzackmuster

Doppelseitige Muster I

1 Krauses Muster
Jegliche Maschenzahl

Es werden in jeder Reihe alle Maschen rechts oder alle Maschen links gestrickt.
Möchte man ein Quadrat stricken, arbeitet man dieselbe Zahl von Rippen (2 Reihen ergeben eine Rippe), wie Maschen auf der Nadel sind. Es wird auf der *linken* Seite auf der letzten Reihe abgekettet.
Das krause Muster wird auf die verschiedenste Weise und in den verschiedensten Kombinationen angewendet. Viele der folgenden Muster sind aus dem krausen Muster mit einem oder mehreren anderen Mustern kombiniert.
Modelle, die – für Kinder z. B. – »mitwachsen« sollen, werden oft in krausem Muster gestrickt, weil es sich erheblich in der Länge dehnt. Es ist

1

2 Waagerechte Rippe

(Auch Quäkermuster genannt)
Jegliche Maschenzahl

Reihe 1:	r.
Reihe 2:	li.
Reihe 3:	r.
Reihe 4:	r.
Reihe 5:	li.
Reihe 6:	r.

Diese 6 Reihen werden wiederholt.

Wie man sieht, entsteht dieses Muster aus einer Anzahl von rechtsseitigen Reihen in glattem Muster im Wechsel mit den linksseitigen Reihen (kraus) desselben Musters. Es ist sehr attraktiv als Passe, Einfassung oder Besatz. Sehr hübsch macht es sich auch am Unterrand eines Ärmels, wenn dieser angeschoppt werden soll, und bei Dreiviertelärmeln, wenn das Garn nicht ganz für einen langen Ärmel reicht.

außerdem ein recht »warmes« Muster, egal, aus welcher Wollart es gestrickt wird, denn es hat eine Art doppelter Dicke und erzeugt daher mehr Wärme als andere, flache Strickarten. Beim Arbeiten von streifenförmigen Modellen – wie Schals oder lange schmale rechteckige Teile für eine Decke oder einen Schal – beginnt man jede Reihe mit einer abgehobenen Masche, die wie eine rechte Masche abgehoben werden muß. Sollen später Randmaschen zum Zusammenstricken oder zum Weiterstricken in einer anderen Richtung aufgenommen werden, sollte in jeder Reihe *die erste Masche* jeder Reihe abgehoben und *die letzte Masche* jeder Reihe *links* gestrickt werden. Dadurch entsteht an jedem Rand eine Kette, die sich leichter abstricken läßt. Man erhält auf diese Weise auch am besten das Maschenmaß, denn beim krausen Muster ist eine Randmasche gleich einer Rippe. Also ergibt sich bei einem angestrickten Stück genau die gleiche Größe und dasselbe Maschenmaß wie beim ersten Stück. Beim Zunehmen bedient man sich des Umschlags (rechtsgekreuzt), der praktisch unsichtbar ist.

2

3 Moos- oder Reismuster

Jegliche ungerade Maschenzahl

* 1 r, 1 li – ab * wdh, endend 1 r.
Diese Reihe wird fortlaufend wiederholt.

Dieses Muster ist eins der vielseitigsten aller glatten Muster. Es ist anstelle des krausen Musters anwendbar und dabei viel interessanter. Es läßt sich leicht mit jedem anderen Muster kombinieren und ergibt einen reizvollen Kontrast zusammen mit glattem Muster. Es wärmt genausogut wie das krause Muster, weil es ebenso doppelt dick ist. Es sieht auf beiden Seiten genau gleich aus und kann daher für alle zweiseitig zu tragenden Modelle verwendet werden. Bei der Anwendung für Mäntel oder Jacken braucht es nicht eingefaßt oder unterfüttert zu werden.

4 Diagonalrippe

Maschenzahl durch 8 teilbar.

Reihe 1: 2 r, * 4 li, 4 r – ab * wdh, endend 2 r.

Reihe 2: 1 li, * 4 r, 4 li – ab * wdh, endend 4 r, 3 li.

Reihe 3: * 4 r, 4 li – ab * wdh, genauso endend.

Reihe 4: 3 r, * 4 li, 4 r – ab * wdh, endend 4 li, 1 r.

Reihe 5: 2 li, * 4 r, 4 li – ab * wdh, endend 4 r, 2 li.

Reihe 6: 1 r, * 4 li, 4 r – ab * wdh, endend 4 li, 3 r.

Reihe 7: * 4 li, 4 r – ab * wdh, genauso endend.

Reihe 8: 3 li, * 4 r, 4 li – ab * wdh, endend 4 r, 1 li.

Diese 8 Reihen werden wiederholt.

3

4

5 Kleines Schachbrettmuster

Maschenzahl durch 6 teilbar + 3.

Dieses Muster findet vielfältige Anwendung. Man benutzt im allgemeinen ein dreifädiges Garn oder eine dickere Qualität. Bei feinerem Garn verliert das Muster etwas an Ausdruck. Das Muster läßt sich mit glattem Rechtsmuster oder mit Rippenmuster 2 r, 2 li oder 1 r, 1 li kombinieren.

Reihen 1 und 3:	* 3 r, 3 li – ab * wdh, endend 3 r.
Reihen 2 und 4:	* 3 li, 3 r – ab * wdh, endend 3 li.
Reihen 5 und 7:	wie Reihe 2.
Reihen 6 und 8:	wie Reihe 1.

Diese 8 Reihen werden wiederholt.

Dieses Muster eignet sich für Schals, Pullover und alle Artikel, bei denen beide Seiten gleich sein müssen. Man kann es auch für Decken und Plaids oder für deren Randeinfassung anwenden. Es lassen sich alle Garnarten verwenden. Das Muster zeigt jedoch bei starkem oder mittelstarkem Garn besser auf. Das Muster läßt sich gut mit Rippenmuster 1 r, 1 li kombinieren.

5

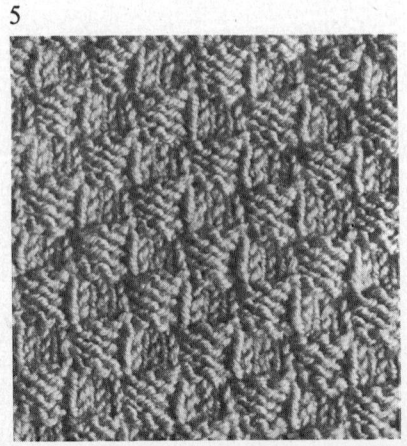

6 Versetztes Rippenmuster I

Maschenzahl durch 6 teilbar + 3.

Reihen 1 und 3: * 3 r, 3 li – ab * wdh, endend 3 r.

Reihe 2: * 3 li, 3 r – ab * wdh, endend 3 li.

Reihen 4 und 6: Alle M r.

Reihe 5: Alle M li.

Reihen 7 und 9: Wie Reihe 1.

Reihe 8: Wie Reihe 2.

Reihen 10 und 12: Alle M li.

Reihe 11: Alle M r.

Diese 12 Reihen werden wiederholt. Abketten entweder mit der 3. oder der 9. Reihe.

Anwendung wie Muster 5.

7 Gebrochenes Schachbrettmuster

Maschenzahl durch 8 teilbar.

Reihe 1: * 7 li, 1 r – ab * wdh.

Reihe 2: * 2 li, 6 r – ab * wdh.

Reihe 3: * 5 li, 3 r – ab * wdh.

Reihe 4: * 4 li, 4 r – ab * wdh.

Reihe 5: * 3 li, 5 r – ab * wdh.

Reihe 6: * 6 li, 2 r – ab * wdh.

Reihe 7: * 1 li, 7 r – ab * whd.

Reihe 8: Alle M li.

Diese 8 Reihen werden wiederholt. Abketten mit Reihe 8.

Anwendung wie Muster 5.

6

7

8 Gebrochenes Schachbrettmuster - versetzt

Maschenzahl durch 8 teilbar.

1. Reihe:	* 7 li, 1 r – ab * wdh.
2. Reihe:	* 2 li, 6 r – ab * wdh.
3. Reihe:	* 5 li, 3 r – ab * wdh.
4. Reihe:	* 4 li, 4 r – ab * wdh.
5. Reihe:	* 3 li, 5 r – ab * wdh.
6. Reihe:	* 6 li, 2 r – ab * wdh.
7. Reihe:	* 1 li, 7 r – ab * wdh.
8. Reihe:	Alle M li.
9. Reihe:	* 1 r, 7 li – ab * wdh.
10. Reihe:	* 6 r, 2 li – ab * wdh.
11. Reihe:	* 3 r, 5 li – ab * wdh.
12. Reihe:	* 4 r, 4 li – ab * wdh.
13. Reihe:	* 5 r, 3 li – ab * wdh.
14. Reihe:	* 2 r, 6 li – ab * wdh.
15. Reihe:	* 7 r, 1 li – ab * wdh.
16. Reihe:	Alle M li.

Diese 16 Reihen werden wiederholt.

9 Versetztes Rippenmuster II

Maschenzahl durch 10 teilbar + 5.

Reihe 1: (1 r, 1 li) × 2, * 7 r, 1 li, 1 r, 1 li – ab * wdh, endend (1 li, 1 r) × 2.

Reihe 2: * (1 li, 1 r) × 2, 1 li, 5 r – ab * wdh, endend (1 li, 1 r) × 2, 1 li.

Reihen 3 und 5: Wie Reihe 1.

Reihen 4 und 6: Wie Reihe 2.

Reihe 7: * 5 r, (1 li, 1 r) × 2, 1 li – ab * wdh, endend 5 r.

Reihe 8: 6 r, * 1 li, 1 r, 1 li, 7 r – ab * wdh, endend 1 li, 1 r, 1 li, 6 r.

Reihen 9 und 11: Wie Reihe 7.

Reihen 10 und 12: Wie Reihe 8.

Diese 12 Reihen werden wiederholt. Anwendung wie Muster 5.

8

9

10 Gebrochene Rippe I

Maschenzahl durch 12 teilbar.

Reihen 1 und 3: 2 r, * 2 li, 4 r – ab * wdh, endend 2 li, 2 r.
Reihen 2 und 4: 2 li, * 2 r, 4 li – ab * wdh, endend 2 r, 2 li.
Reihen 5 und 7: 1 r, * 4 li, 2 r – ab * wdh, endend 4 li, 1 r.
Reihen 6 und 8: 1 li, * 4 r, 2 li – ab * wdh, endend 4 r, 1 li.
Diese 8 Reihen werden wiederholt.

Dieses interessante Muster ist sehr wirkungsvoll in Jacken und Pullovern aller Größe und für alle Altersgruppen. Es ist jedoch unklug, es allein zu verwenden, es sollte mit einem anderen Muster kombiniert werden.
Kombinationsmöglichkeiten: glatt rechts oder Reismuster.
Passendes Rippenmuster:
1 r, 1 li oder 3 r, 3 li.

11 Gebrochene Rippe II

Maschenzahl durch 4 teilbar + 1.

* 2 r, 2 li – ab * wdh, endend 1 r.
Diese eine Reihe wird durchgehend wiederholt.

Dieses Muster eignet sich für alle Modelle, die von beiden Seiten getragen werden, z. B. Schals und Jacken. Kleidungsstücke, die gewisse Dehnbarkeit erfordern, wie Socken, Strümpfe oder Handschuhe, kann man sehr gut in diesem Muster stricken. Es dehnt sich gut, geht aber immer wieder in seine ursprüngliche Weite zurück, wenn es trocken ist. Dies ist sein Vorteil gegenüber anderen Rippenmustern.

10

11

12 Gebrochene Rippe III

Maschenzahl durch 6 teilbar + 1.

Reihe 1: * 1 r, 1 li – ab * wdh, endend 1 r.

Reihe 2: 2 li, * 3 r, 3 li – ab * wdh, endend 2 li.

Diese beiden Reihen werden wiederholt.
Anwendung wie Muster 11.

Kombinationsmöglichkeiten: Reismuster.
Passendes Rippenmuster: 2 r, 2 li oder 1 r, 1 li.

13 Patentmuster

Jede geradzahlige Maschenzahl.

Hinweis: Umschlag siehe S. 31.
Randreihe – nicht wiederholen! –:
* Umschl, 1 li abh, 1 r – ab * wdh.

Arbeitsreihe: * Umschl, 1 li abh, 2 r zusstr (M und Umschl) – ab * wdh.

Diese Arbeitsreihe wird durchgehend wiederholt. Sehr locker anschlagen und abketten!

Dieses Patentmuster hat eine sehr lockere, dehnbare Struktur, die auf beiden Seiten gleich aussieht. Es eignet sich für Stolen, Schals und Ähnliches. Aber Vorsicht! Es neigt dazu, sich in der Länge auszuweiten! Abketten wie folgt: * 1 r, 2 r zusstr und überz – ab * wdh.

14 Offenes Reismuster

Maschenzahl durch 12 teilbar + 8.

Reihen 1, 3, 5, 7 und 9: (1 r, 1 li)×3, 1 r, * (Umschl, 2 r zusstr)×3, (1 li, 1 r)×3 – ab * wdh, endend (1 li, 1 r)×3, 1 li.

Reihen 2, 4, 6, 8 und 10: * 1 li, 1 r – ab * wdh, endend genauso.

Reihen 11, 13, 15, 17 und 19; 1 r, * (Umschl, 2 r zusstr)×3, (1 li, 1 r)×3 – ab * wdh, endend (Umschl, 2 r zusstr)×3, 1 li.

Reihen 12, 14, 16, 18 und 20: Wie Reihe 2.

Diese 20 Reihen werden wiederholt.

Dieses Muster kann mit allen Garnqualitäten gestrickt werden, je nach Modell. Es bewirkt eine etwas leichtere Struktur als ein festes Muster. Als Ziermusterkombination eignet sich Reismuster.

15 Durchbrochenes Kreuzmuster

Maschenzahl durch 8 teilbar.

Zu Beginn: 4 R r.

Reihe 1: 1 r, danach jede M mit 3 Umschl r str.

Reihe 2: * die ersten 8 M von der LN auf RN hinüberholen und dabei die Umschl fallenlassen. Mit LN über die ersten 4 M der RN hinüber die 4 folgenden M auf LN holen. Die 4 übersprungenen M wieder auf LN nehmen und nun diese 8 M r str. Ab * wdh bis zum Ende der Reihe. Man achte darauf, daß die M beim Kreuzen und Abstricken nicht verdreht werden!

Reihen 3, 4, 5 und 6: alle M r.

Reihe 7: Wie Reihe 1.

14

15

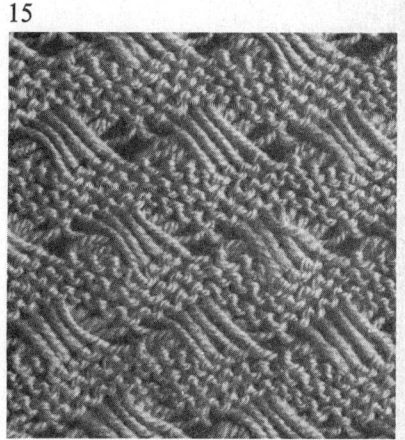

16 Korbmuster I

Maschenzahl durch 6 teilbar + 2.

Reihen 1 und 3: * 2 r, 4 li – ab * wdh, endend 2 r.

Reihen 2 und 4: * 2 li, 4 r – ab * wdh, endend 2 li.

Reihe 5: Alle M r.

Reihe 6: Alle M li.

Reihen 7 und 9: 3 li, * 2 r, 4 li – ab * wdh, endend 2 r, 3 li.

Reihen 8 und 10: 3 r, * 2 li, 4 r – ab * wdh, endend 2 li, 3 r.

Reihe 11: Alle M r.

Reihe 12: Alle M li.

Reihe 8: Wie Reihe 2, dabei am Anfang die ersten 4 M kreuzen, dann für den Rest der Reihe 8 M kreuzen, endend mit 4 M kreuzen.

Reihen 9, 10, 11 und 12: Alle M r.

Diese 12 Reihen werden wiederholt.

Dieses Muster ist auf beiden Seiten gleich und kann mit jedem Garn gestrickt werden. Am besten eignet sich ein glatt gesponnenes Garn, weil bei anderen Garnen die Struktur verlorengeht. Das Muster eignet sich ausgezeichnet für Decken, denn es ist warm und bleibt glatt, ohne daß es gespannt zu werden braucht.

Es ist schwerer, als man nach dem Foto vermuten würde. Als Einsatzmuster eignet es sich, wenn man das Muster einmal wiederholt und es dann vor und nach dem Kreuzen mit einer Rippe aus krausem Muster einfaßt.

Ziermusterkombination: Nur krauses Muster.

Diese 12 Reihen werden wiederholt. Anwendung wie Muster 5.
Bei Pullovern sollte jede Einfassungsrippe 2 r, 1 li sein, sie verläuft ohne Unterbrechung direkt in das Muster.

16

17 Unregelmäßiges Korbmuster

Maschenzahl durch 12 teilbar + 6.

Reihe 1: * 6 r, 6 li – ab * wdh, endend 6 r.
Reihe 2: * 6 li, 6 r – ab * wdh, endend 6 li.
Reihe 3: Alle M r.
Reihe 4: Alle M li.
Reihe 5: Wie Reihe 1.
Reihe 6: Wie Reihe 2.
Reihen 7, 9, 11 und 13: * 2 li, 2 r, 2 li, 6 r – ab * wdh, endend 2 li, 2 r, 2 li.
Reihen 8, 10, 12 und 14: * 2 r, 2 li, 2 r, 6 li – ab * wdh, endend 2 r, 2 li, 2 r.
Reihe 15: Wie Reihe 1.
Reihe 16: Wie Reihe 2.
Reihe 17: Alle M r.
Reihe 18: Alle M li.

Reihen 3–18 werden wiederholt. Anwendung wie Muster 5.

Auch dieses Muster ist auf beiden Seiten gleich. Es läßt sich gut mit krausem Muster, Reismuster und doppeltem Reismuster kombinieren (1, 3 und 80).
Passendes Rippenmuster: 1 r, 1 li – 2 r, 2 li oder Gebrochenes Rippenmuster I, Nr. 10 (auch für den unteren Rand).

17

18 Gebrochene Rippe IV

Maschenzahl durch 4 teilbar.

Reihe 1: 1 li, 1 r, * 1 li, 3 r – ab * wdh, endend 1 li, 1 r.

Reihe 2: * 1 li, 3 r – ab * wdh.

Reihe 3: * 1 r, 3 li – ab * wdh.

Reihe 4: 1 r, 1 li, * 3 r, 1 li – ab * wdh, endend 1 r, 1 li.

Diese 4 Reihen werden wiederholt.

Dieses Muster ist auf beiden Seiten gleich. Es ist leicht zu arbeiten und eignet sich für Jacken und Kleider. Besonders gut kommt es zur Wirkung mit weichem Garn; Noppen- oder Kreppgarn würde seine Struktur beeinträchtigen.
Ziermusterkombination:
Reismuster.
Passendes Rippenmuster: 1 r, 1 li.

19 Abgewandeltes Rippenmuster

Maschenzahl durch 5 teilbar + 2.

Reihe 1: 3 li, * 1 r, 4 li – ab * wdh, endend 1 r, 3 li.

Reihe 2: 2 r, * 1 li, 1 r, 1 li, 2 r – ab * wdh.

Reihe 3: 2 li, * 1 r, 1 li, 1 r, 2 li – ab * wdh.

Reihe 4: 3 r, * 1 li, 4 r – ab * wdh, endend 1 li, 3 r.

Diese 4 Reihen bilden das Muster.
Anwendung wie Muster 18
Ziermusterkombination:
Reismuster.
Passendes Rippenmuster: 1 r, 1 li.

18

19

20 Breites Winkelmuster

Maschenzahl durch 14 teilbar + 2.

Reihe 1: * 2 li, 5 r – ab * whd, endend 2 li.

Reihe 2: 3 r, * 10 li, 4 r – ab * wdh, endend 3 r.

Reihe 3: * 2 r, 2 li, 8 r, 2 li – ab * wdh, endend 2 r.

Reihe 4: 3 li, * 2 r, 6 li, 2 r, 4 li – ab * wdh, endend 3 li.

Reihe 5: 4 r, * 2 li, 4 r, 2 li, 6 r – ab * wdh, endend 4 r.

Reihe 6: 5 li, * 2 r, 2 li, 2 r, 8 li – ab * wdh, endend 5 li.

Reihe 7: 1 li, 5 r, * 4 li, 10 r – ab * wdh, endend 4 li, 5 r, 1 li.

Reihe 8: * 2 r, 5 li, – ab * wdh, endend 2 r.

Reihe 9: 3 li, * 10 r, 4 li – ab * wdh, endend 3 li.

Reihe 10: * 2 li, 2 r, 8 li, 2 r – ab * wdh, endend 2 li.

Reihe 11: 3 r, * 2 li, 6 r, 2 li, 4 r – ab * wdh, endend 3 r.

Reihe 12: 4 li, * 2 r, 4 li, 2 r, 6 li – ab * wdh, endend 4 li.

Reihe 13: 5 r, * 2 li, 2 r, 2 li, 8 r – ab * wdh, endend 5 r.

Reihe 14: 1 r, 5 li, * 4 r, 10 li – ab * wdh, endend 4 r, 5 li, 1 r.

Diese 14 Reihen bilden das Muster.

20

21 Großes Rhombenmuster I

Maschenzahl durch 10 teilbar + 1.

Reihe 1: 4 r, * 3 li, 7 r – ab * wdh, endend 3 li, 4 r.

Reihe 2: 4 li, * 3 r, 7 li – ab * wdh, endend 3 r, 4 li.

Reihe 3: 3 r, * 2 li, 1 r, 2 li, 5 r – ab * wdh, endend 2 li, 1 r, 2 li, 3 r.

Reihe 4: 3 li, * 2 r, 1 li, 2 r, 5 li – ab * wdh, endend 2 r, 1 li, 2 r, 3 li.

Reihe 5: 2 r, * 2 li, 3 r – ab * wdh, endend 2 li, 2 r.

Reihe 6: 2 li, * 2 r, 3 li – ab * wdh, endend 2 r, 2 li.

Reihe 7: * 1 r, 2 li, 5 r, 2 li – ab * wdh, endend 1 r.

Reihe 8: * 1 li, 2 r, 5 li, 2 r – ab * wdh, endend 1 li.

Reihe 9: 2 li, * 7 r, 3 li – ab * wdh, endend 7 r, 2 li.

Reihe 10: 2 r, * 7 li, 3 r – ab * wdh, endend 7 li, 2 r.

Reihe 11: Wie Reihe 7.
Reihe 12: Wie Reihe 8.
Reihe 13: Wie Reihe 5.
Reihe 14: Wie Reihe 6.
Reihe 15: Wie Reihe 3.
Reihe 16: Wie Reihe 4.

Diese 16 Reihen werden wiederholt. Anwendung wie Muster 5 und 4.

Das Muster eignet sich für eine Schal-Handschuh-Kombination, dabei wird nur die Rückseite des Handschuhs im Muster gestrickt. Auch Pullover aller Art und Größe lassen sich gut nach diesem Muster stricken.
Ziermusterkombinationen: Glattes Muster oder Reismuster.
Passendes Rippenmuster: 1 r, 1 li.

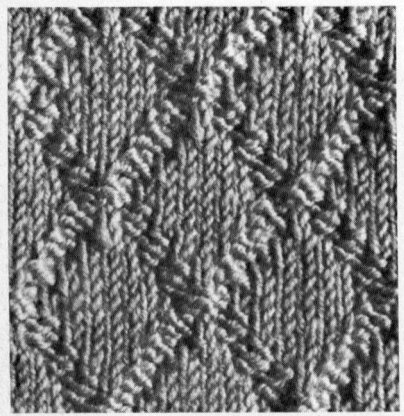

22 Großes Rhombenmuster II
Maschenzahl durch 8 teilbar + 7.

Alle geradzahligen Reihen: Alle M li.
Reihe 1: 3 r, * 1 li, 7 r – ab * wdh, endend 1 li, 3 r.
Reihe 3: 2 r, * 1 li, 1 r, 1 li, 5 r – ab * wdh, endend 1 li, 1 r, 1 li, 2 r.
Reihe 5: 1 r, * 1 li, 3 r – ab * wdh, endend 1 l, 1 r.
Reihe 7: 1 li, * 5 r, 1 li, 1 r, 1 li – ab * wdh, endend 5 r, 1 li.
Reihe 9: * 7 r, 1 li – ab * wdh, endend 7 r.
Reihe 11: Wie Reihe 7.
Reihe 13: Wie Reihe 5.
Reihe 15: Wie Reihe 3.
Diese 16 Reihen werden wiederholt. Anwendung wie Muster 21.

23 Rautenmuster
Maschenzahl durch 8 teilbar + 1.

Reihe 1: 3 r, * 1 li, 1 r, 1 li, 5 r – ab * wdh, endend 3 r.
Reihe 2: 3 li, * 1 r, 1 li, 1 r, 5 li – ab * wdh, endend 3 li.
Reihe 3: Wie Reihe 1.
Reihe 4: Wie Reihe 2.
Reihe 5: 2 r, * 1 li, 3 r – ab * wdh, endend 2 r.
Reihe 6: 2 li, * 1 r, 3 li – ab * wdh, endend 2 li.
Reihe 7: 1 r, 1 li, * 5 r, 1 li, 1 r, 1 li – ab * wdh, endend 1 li, 1 r.
Reihe 8: 1 li, 1 r, * 5 li, 1 r, 1 li, 1 r – ab * wdh, endend 1 r, 1 li.
Reihe 9: Wie Reihe 7.
Reihe 10: Wie Reihe 8.
Reihe 11: Wie Reihe 5.
Reihe 12: Wie Reihe 6.
Diese 12 Reihen werden wiederholt.

22

23
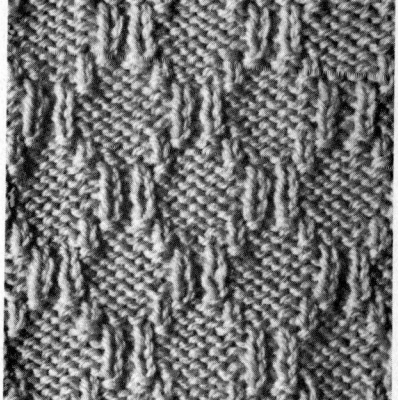

Doppelseitige Muster II

24 Großes Rhombenmuster III

Maschenzahl durch 14 teilbar + 9.

Reihe 1: (1 r, 1 li)×4, * 7 r, (1 li, 1 r)×3, 1 li, ab * wdh, endend (1 li, 1 r)×4.
Reihe 2: (1 li, 1 r)×4, * 7 li, (1 r, 1 li)×3, 1 r – ab * wdh, endend (1 r, 1 li)×4.
Reihe 3: 2 r, * (1 li, 1 r)×2 (1 li, 4 r)×2, – ab * wdh, endend (1 li, 1 r)×2, 1 li, 2 r.
Reihe 4: 2 li, * (1 r, 1 li)×2, (1 r, 4 li)×2 – ab * wdh, endend (1 r, 1 li)×2, 1 r, 2 li.
Reihe 5: 3 r, * 1 li, 1 r, 1 li, 4 r – ab * wdh, endend 1 li, 1 r, 1 li, 3 r.
Reihe 6: 3 li, * 1 r, 1 li, 1 r, 4 li – ab * wdh, endend 1 r, 1 li, 1 r, 3 li.
Reihe 7: * 4 r, 1 li, 4 r, (1 li, 1 r)×2, 1 li – ab * wdh, endend 4 r, 1 li, 4 r.

24

25 Abgesetztes flaches Rhombenmuster

Maschenzahl durch 10 teilbar + 1.

Reihe 1: 4 r, * 3 li, 7 r – ab * wdh, endend 3 li, 4 r.

Reihe 2: 3 li, * 2 r, 1 li, 2 r, 5 li – ab * wdh, endend 2 r, 1 li, 2 r, 3 li.

Reihe 3: 2 r, * 2 li, 3 r – ab * wdh, endend 2 li, 2 r.

Reihe 4: 1 li, * 2 r, 5 li, 2 r, 1 li – ab * wdh, endend 2 r, 1 li.

Reihe 5: 2 li, * 7 r, 3 li – ab * wdh, endend 7 r, 2 li.

Reihe 6: Wie Reihe 4.

Reihe 7: Wie Reihe 3.

Reihe 8: Wie Reihe 2.

Diese 8 Reihen werden wiederholt. Anwendung wie Muster 5 und 21.

Reihe 8: * 4 li, 1 r, 4 li, (1 r, 1 li)×2, 1 r – ab * wdh, endend 4 li, 1 r, 4 li.

Reihe 9: 1 li, * 7 r, (1 li, 1 r)×3, 1 li – ab * wdh, endend 7 r, 1 li.

Reihe 10: 1 r, * 7 li, (1 r, 1 li)×3, 1 r – ab * wdh, endend 7 li, 1 r.

Reihe 11: Wie Reihe 7.

Reihe 12: Wie Reihe 8.

Reihe 13: Wie Reihe 5.

Reihe 14: Wie Reihe 6.

Reihe 15: Wie Reihe 3.

Reihe 16: Wie Reihe 4.

Diese 16 Reihen werden wiederholt.
Anwendung wie Muster 5 und 21.
Ziermusterkombination:
Reismuster.
Passendes Rippenmuster: 1 r, 1 li.

25

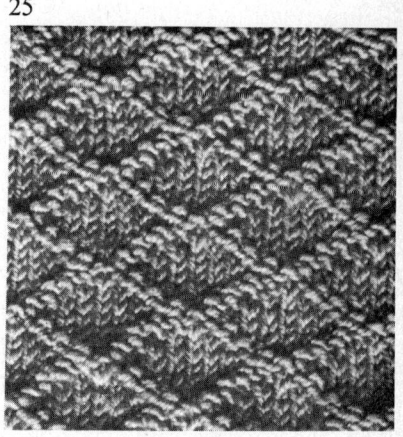

26 Senkrechtes Zickzackmuster

Maschenzahl durch 6 teilbar + 2.

Alle geradzahligen Reihen: Alle M li.
Reihe 1: 4 r, * 3 li, 3 r – ab * wdh, endend 4 li.
Reihe 3: 1 r, 1 li, * 3 r, 3 li – ab * wdh, endend 3 r, 2 li, 1 r.
Reihe 5: 1 r, 2 li, * 3 r, 3 li – ab * wdh, endend 3 r, 1 li, 1 r.
Reihe 7: 1 r, * 3 li, 3 r – ab * wdh, endend 4 r.
Reihe 9: Wie Reihe 5.
Reihe 11: Wie Reihe 3.
Diese 12 Reihen werden wiederholt.
Anwendung wie Muster 5, 19 und 21.
Ziermusterkombinationen: Kraus oder Reismuster.
Passendes Rippenmuster: 1 r, 1 li.

27 Große und kleine Rhomben

Maschenzahl durch 15 teilbar + 2.

Reihe 1: * 2 r, 13 li – ab * wdh, endend 2 r.
Reihe 2: 3 li, * 11 r, 4 li – ab * wdh, endend 3 li.
Reihe 3: 4 r, * 9 li, 6 r – ab * wdh, endend 9 li, 4 r.
Reihe 4: 5 li, * 7 r, 8 li – ab * wdh, endend 7 r, 5 li.
Reihe 5: 6 r, * 5 li, 10 r – ab * wdh, endend 5 li, 6 r.
Reihe 6: * 2 r, 5 li, 3 r, 5 li – ab * wdh, endend 2 r.
Reihe 7: 3 li, * 5 r, 1 li, 5 r, 4 li – ab * wdh, endend 5 r, 3 li.
Reihe 8: Wie Reihe 3.
Reihe 9: Wie Reihe 7.
Reihe 10: Wie Reihe 6.

26

27

28 Horizontales Blattmuster

Maschenzahl durch 10 teilbar.

Reihen 1 und 3: Alle M li.

Reihen 2 und 4: Alle M r.

Reihe 5: Alle M r.

Reihe 6: * 5 r, 5 li ab – ab * wdh, genauso endend.

Reihe 7: 4 r, * 5 li, 5 r – ab * wdh, endend 1 r.

Reihe 8: 2 li, * 5 r, 5 li – ab * wdh, endend 3 li.

Reihe 9: 2 r, * 5 li, 5 r – ab * wdh, endend 3 r.

Reihe 10: Alle M r.

Reihe 11: 1 li, * 5 r, 5 li – ab * wdh, endend 4 li.

Reihe 12: 3 r, * 5 li, 5 r – ab * wdh, endend 2 r.

Reihe 11: Wie Reihe 5.
Reihe 12: Wie Reihe 4.
Reihe 13: Wie Reihe 3.
Reihe 14: Wie Reihe 2.
Diese 14 Reihen werden wiederholt.

Dieses Muster ist nicht auf beiden Seiten gleich, aber es wirkt gleich. Es eignet sich für Herrenschals oder Pullover, auch läßt sich eine Mustereinheit für eine Kostümjacke verwenden. Mit weichem Garn kommt das Muster besser heraus.
Ziermusterkombination: Linksseitiges glattes Muster.
Passendes Rippenmuster: 1 r, 1 li.

28

29 Kleines Kreuzmuster

Maschenzahl durch 6 teilbar.

Hinweis:
Anleitung für Kreuzen R und Kreuzen s. S. 35.

Reihe 1: 2 li, * 2 r, 4 li – ab * wdh, endend 2 r, 2 li.

Reihe 2: 2 r, * 2 li, 4 r – ab * wdh, endend 2 li, 2 r.

Reihe 3: 1 li, * kreuzen R, kreuzen L, 2 li – ab * wdh, endend 1 li.

Reihe 4: 1 r, 1 li, * 2 r, 1 li – ab * wdh, endend 1 r.

Reihe 5: * kreuzen R, 2 li, kreuzen L – ab * wdh, endend genauso.

Reihe 6: 1 li, * 4 r, 2 li – ab * wdh, endend 1 li.

Reihe 7: 1 r, * 4 li, 2 r – ab * wdh, endend 1 r.

Reihe 8: Wie Reihe 6.

Reihe 13: 3 li, * 5 r, 5 li – ab * wdh, endend 2 li.

Reihe 14: 1 r, * 5 li, 5 r – ab * wdh, endend 4 r.

Reihe 15: Alle M r.

Reihe 16: Alle M li.

Diese 16 Reihen werden wiederholt.

Anwendung wie Muster 27 mit der Ausnahme, daß es für Damenkleidung – nicht für Herrenkleidung geeignet ist. Sehr hübsch wirkt auch ein Einsatz von ein oder zwei Musterwiederholungen in einer Bluse.
Ziermusterkombinationen: Linksseitiges glattes Muster oder Querrippe (Muster 2).
Passendes Rippenmuster: Nicht geeignet.

30 Karostruktur

Maschenzahl durch 4 teilbar + 2.

Reihe 1: 2 li, * 2 r, 2 li   ab * wdh, genauso endend.

Reihe 2: 2 r, * 2 li, 2 r – ab * wdh, genauso endend.

Reihe 3: 2 li, * 2 r zusstr und erste M nochmals r str vor dem Abziehen, 2 li – ab * wdh, genauso endend.

Reihe 4: Wie Reihe 2.

Reihe 5: Wie Reihe 2.

Reihe 6: Wie Reihe 1.

Reihe 7: * 2 r zusstr und erste M nochmals r str, 2 li – ab * wdh, endend 2 r zusstr und erste M nochmals r str.

Reihe 8: Wie Reihe 1.

Diese 8 Reihen werden wiederholt.

Reihe 9: * kreuzen L, 2 li, kreuzen R – ab * wdh, endend genauso.

Reihe 10: Wie Reihe 4.

Reihe 11: 1 li, * kreuzen L, kreuzen R, 2 li – ab * wdh, endend 1 li.

Reihe 12: Wie Reihe 2.

Diese 12 Reihen werden wiederholt.

Dieses Muster ist sehr dehnbar, aber fest. Es eignet sich ausgezeichnet für Kontraste. Man kann es aber auch durchgehend für Pullover oder Jacken verwenden. Wenn man ein dickeres Garn benutzt, ergibt es ein sehr warmes Gewebe. Es erfordert nur wenig Spannen und sollte *nicht* gebügelt werden.

Ziermusterkombination: Glattes Muster, beide Seiten.

Als Ziermuster eignet sich das Muster selber für Blusen, Jacken, Taschen, Ärmel oder Ärmelteile.

Passendes Rippenmuster: 1 r, 1 li.

30

31 Webrippe

Maschenzahl durch 18 teilbar + 1.

Bei diesem Muster muß man sehr aufpassen! Es erfordert große Aufmerksamkeit bei den ersten Mustern.
Anwendung wie Muster 29.
Ziermusterkombinationen: Glattes Muster, beide Seiten, oder Reismuster.
Passendes Rippenmuster: 2 r, 2 li – oder 1 r, 1 li.

Hinweis:
Im folgenden Muster werden alle zuzunehmenden M (zun) li abgestrickt (s. S. 32).

Reihe 1: * 1 li, 3 r, 11 li, 3 r – ab * wdh, endend 1 li.
Reihe 2: * 1 r, 3 li, 11 r, 3 li – ab * wdh, endend 1 r.
Reihe 3: * 1 li, 1 zun, 3 r, 2 li zusstr, 7 li, 2 verschr li zusstr 3 r, 1 zun – ab * wdh, endend 1 zun, 1 li.
Reihe 4: 2 r, * 3 li, 9 r, 3 li, 3 r – ab * wdh, endend 2 r.
Reihe 5: 2 li, * 1 zun, 3 r, 2 li zusstr, 5 li, 2 li verschr zusstr, 3 r, 1 zun, 3 li – ab * wdh, endend 1 zun, 2 li.
Reihe 6: 3 r, * 3 li, 7 r, 3 li, 5 r – ab * wdh, endend 3 r.

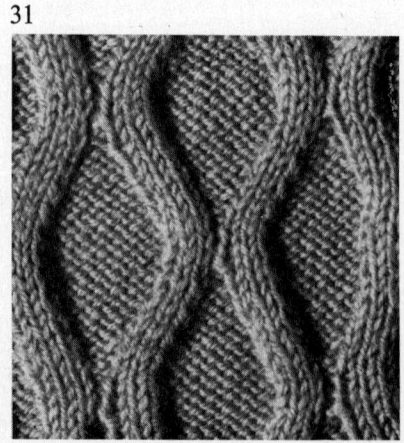

31

Reihe 7: 3 li, * 1 zun, 3 r, 2 li zusstr, 3 li, 2 li verschr zusstr, 3 r, 1 zun, 5 li – ab * wdh, endend 1 zun, 3 li.

Reihe 8: 4 r, * 3 li, 5 r, 3 li, 7 r – ab * wdh, endend 4 r.

Reihe 9: 4 li, * 1 zun, 3 r, 2 li zusstr, 1 li, 2 li verschr zusstr, 3 r, 1 zun, 7 li – ab * wdh, endend 1 zun, 4 li.

Reihe 10: 5 r, * 3 li, 3 r, 3 li, 9 r – ab * wdh, endend 5 r.

Reihe 11: 5 li, * 1 zun, 3 r, 3 li zusstr, 3 r, 1 zun, 9 li – ab * wdh, endend 1 zun, 5 li.

Reihe 12: 6 r, * 3 li, 1 r, 3 li, 11 r – ab * wdh, endend 6 r.

Reihe 13: 6 li, * 3 r, 1 li, 3 r, 11 li – ab * wdh, endend 6 li.

Reihe 14: Wie Reihe 12.

Reihe 15: 4 li, * 2 li verschr zusstr, 3 r, 1 zun, 1 li, 1 zun, 3 r, 2 li zusstr, 7 li – ab * wdh, endend 4 li.

Reihe 16: 5 r, * 3 li, 3 r, 3 li, 9 r – ab * wdh, endend 5 r.

Reihe 17: 3 li, * 2 li verschr zusstr, 3 r, 1 zun, 3 li, 1 zun, 3 r, 2 li zusstr, 5 li – ab * wdh, endend 3 li.

Reihe 18: 4 r, * 3 li, 5 r, 3 li, 7 r – ab * wdh, endend 4 r.

Reihe 19: 2 li, * 2 li verschr zusstr, 3 r, 1 zun, 5 li, 1 zun, 3 r, 2 li zusstr, 3 li – ab * wdh, endend 2 li.

Reihe 20: 3 r, * 3 li, 7 r, 3 li, 5 r – ab * wdh, endend 3 r.

Reihe 21: * 1 li, 2 li verschr zusstr, 3 r, 1 zun, 7 li, 1 zun, 3 r, 2 li zusstr – ab * wdh, endend 1 li.

Reihe 22: 2 r, * 3 li, 9 r, 3 li, 3 r – ab * wdh, endend 2 r.

Reihe 23: 2 li verschr zusstr, * 3 r, 1 zun, 9 li, 1 zun, 3 r, 2 li zusstr – ab * wdh, endend 2 li zus str.

Reihe 24: 1 r, * 3 li, 11 r, 3 li, 1 r – ab * wdh, genauso endend.

Diese 24 Reihen werden wiederholt.

Die Webrippe ist sehr hübsch für Sportpullover und Jacken, die man beidseitig tragen kann. Die Vorder- und Rückseiten sind völlig verschieden, aber beide sehr attraktiv.

Ein Musterstreifen ergibt eine hübsche Verzierung für eine Jacke oder einen Pullover.

Ziermusterkombination: Glattes Muster, beide Seiten.

Passendes Rippenmuster: 1 li, 3 r; pro Webrippe über 18 M + 1 schlägt man bei der Rippeneinfassung 16 M + 1 an und strickt in folgender Weise ab:

Reihe 1: * 1 li, 3 r – ab * wdh, endend 1 li.

Reihe 2: * 1 r, 3 li – ab wdh, endend 1 r.

In der letzten Rippenreihe (Reihe 2) nimmt man folgendermaßen zu: 1 r, 3 li, * (1 r, 3 li, zun) × 2 (1 r, 3 li) × 2 – ab * wdh, endend 1 r, 3 li, 1 r.

Hiernach sind die Maschen für die erste Reihe der Webrippe passend angeordnet.

32 Knotenmuster

Maschenzahl durch 8 teilbar + 6.

Hinweis:
Für die Reihen 7 und 19 siehe S. 43.

Reihen 1 und 3: Alle M r.

Reihen 2 und 4: Alle M li.

Reihe 5: Alle M li.

Reihe 6: Alle M r.

Reihe 7: * 6 li (RLRL in 1 M str) × 2 – ab * wdh, endend 6 li.

Reihe 8: * 6 r, (4 li zus str) × 2 – ab * wdh, endend 6 r.

Reihe 9: Wie Reihe 7.

Reihe 10: Wie Reihe 8.

Reihe 11: Alle M li.

Reihe 12: Alle M r.

Reihe 13 bis Reihe 18: Wiederhole Reihe 1 bis 6.

Reihe 19: * 2 li (RLRL, in 1 M str) × 2 – ab * bis * wie Reihe 7 endend (RLRL in 1 M str) × 2, 2 li.

Reihe 20: 2 li, * (4 li zusstr) × 2, 6 r – ab * wdh, endend (4 li zusstr) × 2, 2 r.

Reihe 21: Wie Reihe 19.

Reihe 22: Wie Reihe 20.

Reihe 23: Alle M li.

Reihe 24: Alle M r.

Diese 24 Reihen werden wiederholt.

Das Muster läßt sich mit jeder Art von Garn, von zweifädigem dünnen bis zu den dicksten Garnen arbeiten und kann quer oder senkrecht genommen werden.
Es ist ein ausgezeichnetes Muster für Jacken und, bei der Verwendung von feinem Garn, für Blusen und Pullover. Es kann anstelle von waagerechter Rippe (Nr. 2) Verwendung finden; die Knötchen machen es etwas interessanter.
Ziermusterkombination: Beide Seiten des glatten Musters.
Passendes Rippenmuster: 2 r, 2 li.

32

33 Tropfenmuster

Maschenzahl durch 10 teilbar + 4.
Randreihe – nicht wiederholen:
* Umschl, 10 r – ab * wdh, endend Umschl, 2 r.

| Reihen 1, 3 und 5: Alle M li. |
| Reihen 2 und 4: Alle M r. |
| Reihe 6: 2 r, * 1 M fallenlassen, 5 r, Umschl, 5 r – ab * wdh, endend 1 M fallenlassen, 2 r. |
| Reihen 7, 9 und 11: Alle M li. |
| Reihen 8 und 10: Alle M r. |
| Reihe 12: 2 r, * Umschl, 5 r, 1 M fallenlassen, 5 r – ab * wdh, endend Umschl, 2 r. |
| Diese 12 Reihen werden wiederholt. |

Dieses Muster kann wie glattes Muster verwendet werden. Es eignet sich besonders als Kontrast zu glattem Muster. Man kann entweder die glatte oder die krause Seite als rechte Seite nehmen.

34 Babyrippe

Maschenzahl durch 4 teilbar + 3.

| Reihe 1: 1 li, * 3 r, 1 li – ab * wdh, endend 2 r. |
| Reihe 2: 2 li, * 1 r, 3 li – ab * wdh, endend 1 r. |
| Reihe 3: Wie Reihe 1. |
| Reihe 4: 2 li zusstr, * Umschl, 1 r, Umschl, 3 li zusstr – ab * wdh, endend Umschl, 1 r. |
| Reihe 5: 2 r, * 1 li, 3 r – ab * wdh, endend 1 li. |
| Reihe 6: 1 r, * 3 li, 1 r – ab * wdh, endend 2 li. |
| Reihe 7: Wie Reihe 5. |
| Reihe 8: 1 r, Umschl, * 3 li zusstr, Umschl, 1 r, Umschl – ab * wdh, endend 2 li zusstr. |
| Diese 8 Reihen werden wiederholt. |

33

34

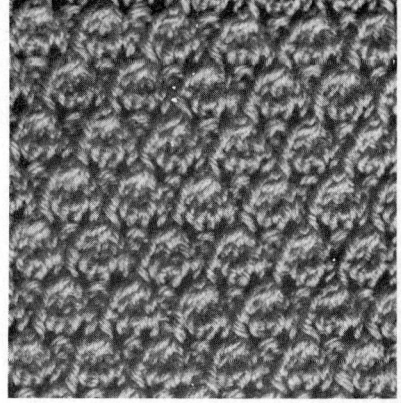

35 Gummizugrippe

Maschenzahl durch 8 teilbar + 3.

Die beiden Seiten dieses Musters sind völlig verschieden, aber beide sind sehr ansprechend. Die gerippte Seite eignet sich für leichte Jacken – man benutzt mittelstarkes oder dickes Garn, weil das Muster selbst ein offenes ist. Die andere Seite ist ausgezeichnet für Blusen oder Babypullover geeignet, besonders bei Verwendung von feinem Garn oder Baumwolle.
Ziermusterkombination: Die linke Seite von glattem Muster.
Passendes Rippenmuster: 1 r, 3 li oder 1 r, 1 li.
Beim Spannen soll man recht vorsichtig sein!

Hinweis:
Technik 1 aufg M li, siehe S. 34.

Reihe 1: 3 li, * 5 r, 3 li – ab * wdh, endend genauso.

Reihe 2: 3 r, * 5 li, 3 r – ab * wdh, endend genauso.

Reihe 3: 3 li, * 1 aufg M li, 1 r, 3 li zusstr, 1 r, 1 aufg M li, 3 li – ab * wdh, endend genauso.

Reihe 4: Wie Reihe 2.

Diese 4 Reihen werden wiederholt.

36 Ösenmuster

Maschenzahl durch 4 teilbar + 3.

Dieses Muster eignet sich ausgezeichnet für Pullover. Auch als Ziermuster eignet es sich (wie Muster Nr. 29). Bei Verwendung von weichem Garn kommt das Muster besser zur Geltung, für Ziermuster eignet sich auch Noppengarn, vor allem solches aus Leinen oder Baumwolle.
Eine Mustereinheit ergibt ein attraktives Muster in Kleidern oder Röcken. Nicht zu stark spannen!
Ziermusterkombination: Die linke Seite von glattem Muster.
Passendes Rippenmuster: 1 r, 1 li.

Reihe 1: Alle M li.
Reihe 2: 2 r, * Umschl, 2 r zusstr, 2 r – ab * wdh, endend Umschl, 2 r zusstr, 3 r.
Reihe 3: Alle M li.
Reihe 4: 4 r * Umschl, 2 r zusstr, 2 r – ab * wdh, endend Umschl, 2 r zusstr, 1 r.
Diese 4 Reihen werden wiederholt.

Dieses offene Muster ist ideal für leichte Kleidung; Pullover aus feinem oder mittelstarkem Garn, Blusen, Ziermuster aus Leinen- oder Baumwollgarn und leichte Unterwäsche.
Ziermusterkombinationen: Beide Seiten von glattem Muster; Reismuster, jedes Ziermuster überhaupt.

36

37 Kreuzstreifen

Maschenzahl durch 8 teilbar + 4.

Reihe 1: * 4 li, 2 r zusstr, Umschl, 2 r – ab * wdh, endend 4 li.

Reihe 2: * 4 r, 2 li zusstr, Umschl, 2 li – ab * wdh, endend 4 r.

Diese beiden Reihen werden wiederholt.

Für dieses Muster eignet sich weiches Garn, auch Noppen- oder Kreppgarn. Es findet besonders Anwendung für durchgehende Kleider, wobei alle Zunahmen und Abnahmen in den glatten Musterabschnitten zwischen den Kreuzstreifen erfolgen. Eine Mustereinheit ergibt eine hübsche Verzierung. Auch als Einsatz in Stoffblusen, wo ein Spitzeneinsatz erwünscht ist, läßt es sich zierend und leicht verwenden. Passendes Rippenmuster: 2 r, 2 li – oder (sehr gut): Muster Nr. 52 oder Nr. 55. Nicht zu stark spannen!

38 Offenes Webmuster

Maschenzahl durch 10 teilbar.

Hinweis:
Für einen Umschl vor einer M am Anfang der Reihe s. S. 31.

Reihe 1: 5 r, * Umschl, 1 r, 00, 1 r, 000, 1 r, 00, 1 r, Umschl, 6 r – ab * wdh, endend Umschl, 1 r.

Reihe 2: durchgehend rechts, alle Umschl fallenlassen.

Reihe 3: Alle M r.

Reihe 4: Alle M r.

Reihe 5: * Umschl, 1 r, 00, 1 r, 000, 1 r 00 1 r, Umschl, 6 r – ab * wdh, endend genauso.

Reihe 6: Wie Reihe 2 (Aufpassen! Nicht letzten Umschlag stricken!).

Reihe 7: Alle M r.

Reihe 8: Alle M r.

Diese 8 Reihen werden wiederholt.

39 Ohrenmuster

Maschenzahl durch 8 teilbar + 4.

Dieses Durchbruchmuster kann mit dünnem, mittelstarkem oder schwerem Garn gestrickt werden, je nach Gewicht des Modells. Weiches Garn unterstreicht den Webcharakter. Beide Seiten sind genau gleich. Das Muster findet hauptsächlich für Bettjäckchen, Babysachen oder Schals Anwendung, für größere Kleidungsstücke ist es zu kompliziert. Ziermusterkombination: Nur krauses Muster.

Reihen 1, 3, 5 und 7:	4 li, * 2 r, Umschl, ArÜ, 4 li – ab * wdh, endend genauso.
Reihen 2, 4, 6 und 8:	4 r, * 2 li, Umschl, 2 li zusstr, 4 r – ab * wdh, endend genauso.
Reihen 9, 11, 13 und 15:	2 r, Umschl, ArÜ, * 4 li, 2 r, Umschl, ArÜ – ab * wdh, endend genauso.
Reihen 10, 12, 14 und 16:	2 li, Umschl, 2 li zusstr, * 4 r, 2 li, Umschl, 2 li zusstr – ab * wdh, endend genauso.

Diese 16 Reihen werden wiederholt.

Dieses kleine Muster, geeignet sowohl als Ziermuster wie auch als durchgehendes Muster für Pullover und Bettjäckchen, ist auf beiden

39

40 Kreuzstreifenzopf

Maschenzahl durch **6** teilbar + 2.

Seiten völlig verschieden – die krause Seite ist einem Ohrenmuster gleich, die glatte Seite mehr flachem Rhombenmuster.
Ziermusterkombinationen: Glattes Muster, beide Seiten, oder Reismuster.
Passendes Rippenmuster: 2 r, 2 li.

Reihe 1: 2 r, * 2 li zusstr, Umschl, 2 li, 2 r – ab * wdh, endend genauso.

Reihe 2: 2 li, * ArÜ, Umschl, 2 r, 2 li – ab * wdh, endend genauso.

Reihen 3, 5, 7, 9 und 11: Wie Reihe 1.

Reihen 4, 6, 8 und 10: Wie Reihe 2.

Reihe 12: 2 li, * 2 M auf HN vor die Arbeit legen, von der LN ArÜ, Umschl, 2 r von HN, 2 li – ab * wdh, endend genauso.

Diese 12 Reihen werden wiederholt.

Dieses echte Zopfmuster ist sehr elastisch und eignet sich sowohl als Ziermuster wie auch als durchgehendes Muster. Am besten benutzt man dünnes oder mittelstarkes Garn, in schwerem Garn ist das Muster nicht zweckmäßig.
Passendes Rippenmuster: 2 r, 2 li.
Nur ganz vorsichtig spannen.

40

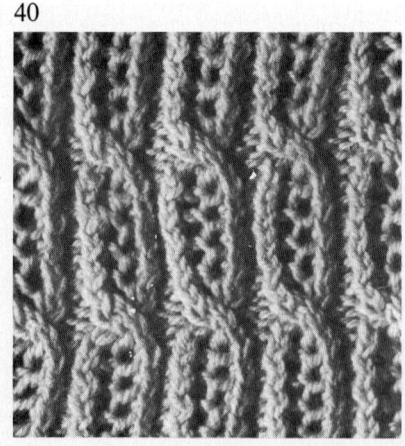

41 Eichelmuster

Maschenzahl durch 12 teilbar + 3.

Reihe 1: 2 r, * Umschl, 2 r, 7 li, 2 r, Umschl, 1 r – ab * wdh, endend Umschl, 2 r.

Reihe 2: 5 li, * 2 r, A2zrÜ, 2 r, 7 li – ab * wdh, endend 5 li.

Reihe 3: 3 r, * Umschl, 2 r, 5 li, 2 r, Umschl, 3 r, ab * wdh, endend genauso.

Reihe 4: 6 li, * 1 r, A2zrÜ, 1 r, 9 li – ab * wdh, endend 6 li.

Reihe 5: 4 r, * Umschl, 2 r, 3 li, 2 r, Umschl, 5 r – ab * wdh, endend Umschl, 4 r.

Reihe 6: 7 li, * A2zrÜ, 11 li – ab * wdh, endend 7 li.

Reihe 7: 5 li, * 2 r, Umschl, 1 r, Umschl, 2 r, 7 li – ab * wdh, endend 5 li.

Reihe 8: 1 r, 2 r zusstr, 2 r, * 7 li, 2 r, A2zrÜ, 2 r – ab * wdh, endend 2 r, ArÜ, 1 r.

Reihe 9: 4 li, * 2 r, Umschl, 3 r, Umschl, 2 r, 5 li – ab * wdh, endend 4 li.

Reihe 10: 1 r, 2 r zus str, 1 r, * 9 li, 1 r, A2zrÜ, 1 r – ab * wdh, endend 1 r, ArÜ, 1 r.

Reihe 11: 3 li, * 2 r, Umschl, 5 r, Umschl, 2 r, 3 li – ab * wdh, endend genauso.

Reihe 12: 1 r, 2 r zusstr, * 11 li, A2zrÜ – ab * wdh, endend ArÜ, 1 r.

Diese 12 Reihen werden wiederholt.

Dieses kleine dicke Muster hat ein rauh strukturiertes Aussehen, mit welchem Garn es auch gestrickt wird. Man sollte es mit Vorsicht verwenden. So hervorragend es sich als Ziermuster oder als Einsatz eignet, so sparsam sollte man damit bei ganzheitlicher Verwendung sein, ausgenommen bei Kinderwagen- oder Bettdecken. Wenn es nur leicht gespannt wird, bleibt es recht elastisch, bei intensiverem Spannen kommt das Eichelmuster besser zur Geltung. Bevor man dieses Muster verwendet, sollte man sich ein Musterkaro stricken und spannen, um die Wirkung zu sehen.

Ziermusterkombination: Linke Seite des glatten Musters.

Passendes Rippenmuster: 2 r, 2 li – am besten gar nicht.

41

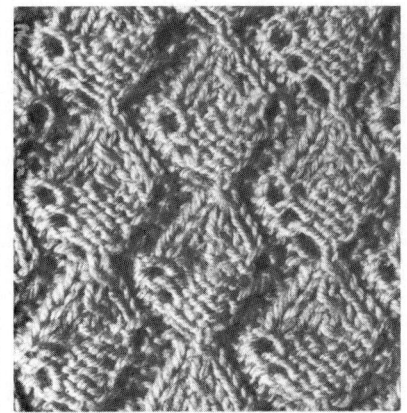

42 Loch-dreieckmuster

Maschenzahl durch 11 teilbar + 5.

Alle ungeradzahligen Reihen: Alle M li.

Reihe 2: * 3 r, (Umschl, ArÜ) × 4 – ab * wdh, endend 5 r.

Reihe 4: 4 r, * (Umschl, ArÜ) × 3, 5 r – ab * wdh, endend 6 r.

Reihe 6: 5 r, * (Umschl, ArÜ) × 2, 7 r – ab * wdh, endend genauso.

Reihe 8: 6 r, * Umschl, ArÜ, 9 r – ab * wdh, endend 8 r.

Reihe 10: 1 r (2 r zusstr, Umschl) × 2, * 3 r (2 r zusstr, Umschl) × 4 – ab * wdh, endend (2 r zus str, Umschl) × 3, 2 r.

Reihe 12: 2 r, 2 r zusstr, Umschl, * 5 r (2 r zusstr, Umschl) × 3 – ab * wdh, endend (2 r zusstr, Umschl) × 3, 1 r.

Reihe 14: 1 r, 2 r zusstr, Umschl, * 7 r (2 r zusstr, Umschl) × 2 – ab * wdh, endend (2 r zusstr, Umschl) × 2, 2 r.

Reihe 16: * 2 r zusstr, Umschl, 9 r – ab * wdh, endend 2 r zusstr, Umschl, 3 r.

Diese 16 Reihen werden wiederholt.

Dieses Kleinlochmuster eignet sich gut für viele Modelle; alle Anwendungen wie Muster Nr. 33. Es läßt sich gut mit glattem Muster kombinieren (rechte wie linke Seite). Ziermusterkombination: Glattes Muster, beide Seiten.
Passendes Rippenmuster: '2 r, 2 li – 1 r, 1 li – oder jede schmale Rippe.

40 Kreuzstreifenzopf

Maschenzahl durch **6** teilbar + 2.

Seiten völlig verschieden – die krause Seite ist einem Ohrenmuster gleich, die glatte Seite mehr flachem Rhombenmuster.
Ziermusterkombinationen: Glattes Muster, beide Seiten, oder Reismuster.
Passendes Rippenmuster: 2 r, 2 li.

Reihe 1: 2 r, * 2 li zusstr, Umschl, 2 li, 2 r – ab * wdh, endend genauso.
Reihe 2: 2 li, * ArÜ, Umschl, 2 r, 2 li – ab * wdh, endend genauso.
Reihen 3, 5, 7, 9 und 11: Wie Reihe 1.
Reihen 4, 6, 8 und 10: Wie Reihe 2.
Reihe 12: 2 li, * 2 M auf HN vor die Arbeit legen, von der LN ArÜ, Umschl, 2 r von HN, 2 li – ab * wdh, endend genauso.
Diese 12 Reihen werden wiederholt.

Dieses echte Zopfmuster ist sehr elastisch und eignet sich sowohl als Ziermuster wie auch als durchgehendes Muster. Am besten benutzt man dünnes oder mittelstarkes Garn, in schwerem Garn ist das Muster nicht zweckmäßig.
Passendes Rippenmuster: 2 r, 2 li.
Nur ganz vorsichtig spannen.

40

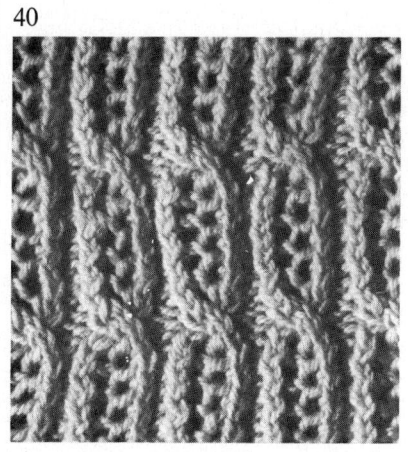

39 Ohrenmuster

Maschenzahl durch 8 teilbar + 4.

Dieses Durchbruchmuster kann mit dünnem, mittelstarkem oder schwerem Garn gestrickt werden, je nach Gewicht des Modells. Weiches Garn unterstreicht den Webcharakter. Beide Seiten sind genau gleich. Das Muster findet hauptsächlich für Bettjäckchen, Babysachen oder Schals Anwendung, für größere Kleidungsstücke ist es zu kompliziert. Ziermusterkombination: Nur krauses Muster.

Reihen 1, 3, 5 und 7: 4 li, * 2 r, Umschl, ArÜ, 4 li – ab * wdh, endend genauso.

Reihen 2, 4, 6 und 8: 4 r, * 2 li, Umschl, 2 li zusstr, 4 r – ab * wdh, endend genauso.

Reihen 9, 11, 13 und 15: 2 r, Umschl, ArÜ, * 4 li, 2 r, Umschl, ArÜ – ab * wdh, endend genauso.

Reihen 10, 12, 14 und 16: 2 li, Umschl, 2 li zusstr, * 4 r, 2 li, Umschl, 2 li zusstr – ab * wdh, endend genauso.

Diese 16 Reihen werden wiederholt.

Dieses kleine Muster, geeignet sowohl als Ziermuster wie auch als durchgehendes Muster für Pullover und Bettjäckchen, ist auf beiden

39

Rippenmuster

43 Ösenraute

Maschenzahl durch 28 teilbar + 4.

Hinweis:
In dem folgenden Muster werden in *jeder zweiten* L Reihe die zweifachen Umschläge (00) der Vorreihe rechts und links abgestrickt.
Alle übrigen geradzahligen Reihen: Alle Maschen li.

Reihen 1, 5, 9, 13, 17, 21, 25, 29, 33: Alle Maschen r.

Reihe 3: 2 r (2 r zusstr, 00, ArÜ)×2, * 4 r, 2 r zusstr, 00, ArÜ, 4 r, (2 r zusstr, 00, ArÜ)×4 – ab * wdh, endend (2 r zusstr, 00, ArÜ)×2, 2 r.

Reihe 7: (2 r zusstr, 00, ArÜ)×2, * 4 r (2 r zusstr, 00, ArÜ)×2, 4 r, (2 r zusstr, 00, ArÜ)×3 – ab * wdh, endend (2 r zusstr, 00, ArÜ)×2.

43

Reihe 11: 2 r, 2 r zusstr, 00, ArÜ, * 4 r (2 r zusstr, 00, ArÜ) × 3, 4 r, (2 r zusstr, 00, ArÜ) × 2 – ab * wdh, endend 4 r, 2 r zusstr, 00, ArÜ, 2 r.

Reihe 15: 2 r zusstr, 00, ArÜ, * 4 r, (2 r zusstr, 00, ArÜ) × 4, 4 r, 2 r zusstr, 00, ArÜ – ab * wdh, endend 4 r, 2 r zusstr, 00, ArÜ.

Reihe 19: 6 r, * (2 r zusstr, 00, ArÜ) × 5, 8 r – ab * wdh, endend 6 r.

Reihe 23: Wie Reihe 15.

Reihe 27: Wie Reihe 11.

Reihe 31: Wie Reihe 7.

Reihe 35: (2 r zusstr, 00, ArÜ) × 3, * 8 r (2 r zusstr, 00, ArÜ) × 5 – ab * wdh, endend 8 r (2 r zusstr, 00, ArÜ) × 3.

Reihe 36: Alle Maschen li, in jeden doppelten Umschlag (00) r und li stricken.

Diese 36 Reihen werden wiederholt. Will man ein *Musterkaro* stricken, schlägt man 32 M an und folgt den Angaben am Beginn der obigen Anweisung:

Reihe 3: 2 r (2 r zusstr, 00, ArÜ) × 2, 4 r, 2 r zusstr, 00, ArÜ, 4 r, (2 r zusstr, 00, ArÜ) × 2, 2 r.

Reihe 7: * (2 r zusstr, 00, ArÜ) × 2, 4 r – ab * wdh, endend (2 r zusstr, 00, ArÜ) × 2.

Reihe 11: 2 r, 2 r zusstr, 00, ArÜ, 4 r (2 r zusstr, 00, ArÜ) × 3, 4 r, 2 r zusstr, 00, ArÜ, 2 r.

Reihe 15: 2 r zusstr, 00, ArÜ, 4 r, (2 r zusstr, 00, ArÜ) × 4, 4 r, 2 r zusstr, 00, ArÜ.

Reihe 19: 6 r (2 r zusstr, 00, ArÜ × 5, 6 r.

Reihe 23: Wie Reihe 15.

Reihe 27: Wie Reihe 11.

Reihe 31: Wie Reihe 7.

Reihe 35: (2 r zusstr, 00, ArÜ) × 3, 8 r (2 r zusstr, 00 ArÜ) × 3.

Diese 36 Reihen werden wiederholt.

Dieses große Muster eignet sich ausgezeichnet als Kontrast zu beiden Seiten eines glatten Musters. Durch die Ösen ist es nicht ganz so warm wie ein geschlossenes Muster. Es ist leicht zu arbeiten. Leichtes und mittelschweres Garn eignen sich gleichermaßen, besonders Leinen- oder Baumwollfaden ergeben eine schöne Wirkung, wenn man die Linksmaschenreihen in Umkehrmaschen arbeitet (s. S. 25). Ziermusterkombination: Beide Seiten vom glatten Muster. Passendes Rippenmuster: Keines. Dieses Muster kann flach gespannt werden.

44 Rhombenrippe

Maschenzahl durch 8 teilbar + 2.

Reihe 1: 4 li, * 2 r, 6 li – ab * wdh, endend 2 r, 4 li.

Reihe 2: 4 r, * 2 li, 6 r – ab * wdh, endend 2 li, 4 r.

Reihe 3: 3 li, * 2 r zusstr, Umschl, ArÜ, 4 li – ab * wdh, endend 3 li.

Reihe 4: 3 r, * 1 li, nächste M von von hinten und von vorn r str, 1 li, 4 r – ab * wdh, endend 3 r.

Reihe 5: 2 li, * 2 r zusstr, Umschl, 2 r, Umschl, ArÜ, 2 li – ab * wdh, endend genauso.

Reihe 6: 2 r, * 6 li, 2 r – ab * wdh, endend genauso.

Reihe 7: 1 r, * 2 r zusstr, Umschl, 2 r zusstr (Umschl, ArÜ) × 2 – ab * wdh, endend 1 r.

Reihe 8: 4 li, * Nächste M von hinten und von vorn r str, 6 li – ab * wdh, endend 4 li.

Reihe 9: 1 r, * (Umschl, ArÜ) × 2, 2 r zusstr, Umschl, 2 r zusstr – ab * wdh, endend Umschl, 1 r.

Reihe 10: 1 r, 1 rh, * Nächste M von hinten und vorn r str – ab * wdh, endend 1 rh, 1 r.

Reihe 11: 2 li, * Umschl, 3 rh zusstr, Umschl, 3 r zusstr, Umschl, 2 li – ab * wdh, endend genauso.

Reihe 12: 2 r, * 1 rh, 1 li, nächste M von hinten und vorn r str, 1 li, 1 rh, 2 r – ab * wdh, endend genauso.

Reihe 13: 3 li, * Umschl, ArÜ, 2 r zusstr, Umschl, 4 li – ab * wdh, endend Umschl, 3 li.

Reihe 14: 3 r, * 1 rh, 2 li, 1 rh, 4 r – ab * wdh, endend 3 r.

Diese 14 Reihen werden wiederholt.

Dieses Muster eignet sich als Gesamtmuster und als Kontrastmuster. Die Rhombenrippe wirkt besonders gut aus dünnem oder mittelstarkem Garn. Auch als Grundmuster mit Baumwollgarn gestrickt, eignet es sich ausgezeichnet, sollte dann *wie mit Wolle* gestrickt werden – nicht, wie sonst für dieses Material bevorzugt, mit verschränkten Maschen (s. S. 25).

Ziermusterkombination: Krause Seite von glattem Muster.

Passendes Rippenmuster: 1 r, 1 li. Nur sehr leicht spannen.

44

45 Offenes Blockmuster

Maschenzahl durch 10 teilbar + 8.

Reihen 1, 3, 5, 7 und 9: 7 r, * Umschl, ArÜ, 2 r zusstr, Umschl, 6 r – ab * wdh, endend 7 r.

Reihen 2, 4, 6, 8 und 10: Alle M li.

Reihen 11, 13, 15, 17 und 19: 2 r, * Umschl, ArÜ, 2 r zusstr, Umschl, 6 r – ab * wdh, endend Umschl, ArÜ, 2 r zusstr, Umschl, 2 r.

Reihen 12, 14, 16, 18 und 20: Alle M li.

Diese 20 Reihen werden wiederholt.

Dieses Muster ist genauso wie Muster 14, außer daß die Grundmasche glatt rechts und nicht Moosmuster ist. Es hat dieselbe Anwendung. Ziermusterkombination: Glattes Muster, beide Seiten.
Passendes Rippenmuster: 2 r, 2 li – oder 1 r, 1 li.

46 Diagonaler Lochstreifen I

Maschenzahl durch 10 teilbar + 3.

Reihe 1: * 3 li, Umschl, ArÜ, 5 r – ab * wdh, endend 3 li.

Reihe 2: * 3 r, 4 li, 2 verschr li zusstr, Umschl, 1 li – ab * wdh, endend 3 r.

Reihe 3: * 3 li, 2 r, Umschl, ArÜ, 3 r – ab * wdh, endend 3 li.

Reihe 4: * 3 r, 2 li, 2 verschr li zusstr, Umschl, 3 li – ab * wdh, endend 3 r.

Reihe 5: * 3 li, 4 r, Umschl, ArÜ, 1 r – ab * wdh, endend 3 li.

Reihe 6: * 3 r, 2 verschr li zusstr, Umschl, 5 li – ab * wdh, endend 3 r.

Reihe 7: * 3 li, 7 r – ab * wdh, endend 3 li.

Reihe 8: * 3 r, 7 li – ab * wdh, endend 3 r.

Diese 8 Reihen werden wiederholt.

47 Zickzackrippe
Maschenzahl durch 13 teilbar.

Dieses Muster eignet sich gut für Pullover für kaltes Wetter und als Ziermuster. Es läßt sich gut mit glattem Muster kombinieren und bei einmaliger Anwendung als Ziermuster verwenden.
Ziermusterkombination: Glattes Muster, beide Seiten.
Passendes Rippenmuster: 1 r, 1 li.
Nicht zu sehr spannen.

Alle ungeradzahligen Reihen: 3 r, * 7 li, 6 r – ab * wdh, endend 7 li, 3 r.

Reihe 2: 3 li, * 4 r, 2 r zus str, Umschl, 1 r, 6 li – ab * wdh, endend 3 li.

Reihe 4: 3 li, * 3 r, 2 r zusstr, Umschl, 2 r, 6 li – ab * wdh, endend 3 li.

Reihe 6: 3 li, * 2 r, 2 r zusstr, Umschl, 3 r, 6 li – ab * wdh, endend 3 li.

Reihe 8: 3 li, * 1 r, 2 r zusstr, Umschl, 4 r, 6 li – ab * wdh, endend 3 li.

Reihe 10: 3 li, * 2 r zusstr, Umschl, 5 r, 6 li – ab * wdh, endend 3 li.

Reihe 12: 3 li, * 1 r, Umschl, ArÜ, 4 r, 6 li – ab * wdh, endend 3 li.

47

48 Herzmuscheln

Maschenzahl durch 19 teilbar.

Die Maschenzahl nimmt in der 10. Reihe zu. In Reihe 11 jedoch ergibt sich wieder die ursprüngliche Maschenzahl.

Reihe 1: Alle M r.

Reihe 2: 1 r, * 00, 2 r zusstr, 13 r, 2 r zusstr, 00, 2 r – ab * wdh, endend 00, 1 r.

Reihe 3: 1 r, * RL, 15 r, RL, 2 r – ab * wdh, endend RL, 1 r.

Reihe 4: Alle M r.

Reihe 5: Alle M r.

Reihe 6: 1 r, * (00, 2 r zusstr) × 2, 11 r (2 r zusstr, 00) × 2, 2 r – ab * wdh, endend 00, 1 r.

Reihe 7: * (1 r, RL) × 2, 13 r, (RL, 1 r) × 2 – ab * wdh, endend genauso.

Reihe 14: 3 li, * 2 r, Umschl, ArÜ, 3 r, 6 li – ab * wdh, endend 3 li.

Reihe 16: 3 li, * 3 li, Umschl, ArÜ, 2 r, 6 li – ab * wdh, endend 3 li.

Reihe 18: 3 li, * 4 r, Umschl, ArÜ, 1 r, 6 li – ab * wdh, endend 3 li.

Reihe 20: 3 li, * 5 r, Umschl, ArÜ, 6 li – ab * wdh, endend 3 li.

Diese 20 Reihen werden wiederholt. Anwendung dieselbe wie Nr. 46

48

49 Kreuzrippe I

Maschenzahl durch 2 teilbar + 1.

Reihe 1: * 1 li, 1 rh – ab * wdh, endend 1 li.

Reihe 2: * 1 r, 1 li – ab * wdh, endend 1 r.

Diese 2 Reihen werden wiederholt.

Dies ist eine einfache Variation der 1 r, 1 li-Rippe, aber es wirkt etwas fester und hält mehr Elastizität als beim einfachen Abstricken. Die feinsten Wollartikel aus Italien und der Schweiz sind meist in dieser Weise gestrickt, nicht nur, weil das Muster attraktiv ist, sondern auch, weil es die Form gut hält und dennoch dehnbar bleibt.

Man wendet es genauso an wie ähnliche Rippenmuster.

Reihe 8: Alle M r.

Reihe 9: 6 r, * (00, 1 r) × 14, 11 r – ab * wdh, endend 5 r.

Reihe 10: 1 r, * (00, 2 r zusstr) × 2, 00 wie vorher li, nächste 15 M von der LN auf die RN holen, dabei alle Umschl fallenlassen. LN wieder in diese 15 M einziehen, in den hinteren Teil der Schlaufen, Faden um die RN schlingen und durch alle 15 M ziehen, sie dabei li zusammenstrickend. Die Masche festziehen und die Muschel glätten. Dann: (00, 2 r zusstr) × 2, 00, 2 r – ab * wdh, endend 00, 1 r.

Reihe 11: * (1 r, RL) × 3, 1 r, (RL, 1 r) × 3 – ab * wdh, endend genauso.

Reihe 12: Alle M r.

Diese 12 Reihen werden wiederholt.

Dieses Muster – auf beiden Seiten fast gleich aussehend – sollte möglichst nur für Bettjäckchen, Babydecken oder Schals benutzt werden. Es arbeitet sich am besten mit weichem Garn.

Ziermusterkombination: Krauses Muster.

49

50 Spinnwebmuster

Maschenzahl durch 12 teilbar + 5.

Randreihe – nicht wiederholen: 2 r, * 1 li, 5 r, 000, ArÜ, 4 r – ab * wdh, endend 1 li, 2 r.

Reihe 1: 2 li, 1 r, * 3 li, 2 verschr li zusstr, 000, Umschl der vorherigen Reihe fallenlassen, 2 li zusstr, 3 li, 1 r – ab * wdh, endend 1 r, 2 li.

Reihe 2: 2 r, * 1 li, 2 r, 2 r zusstr, 000, Umschl der vorherigen Reihe fallenlassen, ArÜ, 2 r – ab * wdh, endend 1 li, 2 r.

Reihe 3: 2 li, 1 r, * 1 li, 2 verschr li zusstr, 000, Umschl fallenlassen, 2 li zusstr, 1 li, 1 r – ab * wdh, endend 1 r, 2 li.

Reihe 4: 2 r, * 1 li, 2 r zusstr, 000, Umschl fallenlassen, 2 li zusstr, ArÜ – ab * wdh, endend 1 li, 2 r.

Reihe 5: 2 li, 1 r, * 1 li, Umschl fallenlassen, 4 M anschlagen, unter den 5 fallengelassenen Schlaufen linksstricken (1 li M), 4 M anschlagen, 1 li, 1 r – ab * wdh, endend 1 r, 2 li.

Reihe 6: 2 r, * 1 li, 4 r, 2 r zusstr, 000, aus der letzten gestrickten Masche eine M von hinten aufnehmen und diese mit der nächsten Masche zusstr; 4 r – ab * wdh, endend 1 li, 2 r.

Diese 6 Reihen werden wiederholt.

Dieses Muster ist auf beiden Seiten gleich attraktiv. Trotz der offenen Struktur hält es gut Form und ist ziemlich elastisch. Es eignet sich als ganzheitliches Muster. Ein oder zwei Wiederholungen des Musters ergeben ein hübsches Ziermuster. Es läßt sich dazu praktisch jede Garnstärke verwenden, ungeeignet sind Kreppfäden oder sehr weiche Garne.

Ziermusterkombination: Glattes Muster, beide Seiten.

Passendes Rippenmuster: 1 r, 1 li, passend zur R-Rippe der letzten Reihe.

51 Fersenmuster
Jede ungerade Maschenzahl.

Reihe 1: * 1 r, 1 abh – ab * wdh, endend 1 r.

Reihe 2: Alle M li.

Diese beiden Reihen werden wiederholt.

Dieses Muster findet man meist bei Strumpffersen, die stark beansprucht werden. Besonders geeignet ist es zum Zusammenziehen für Taillen und Schultern, denn es verringert um etwa $1/3$ die Weite.

52 Schmuckrippe
Maschenzahl durch 4 teilbar + 3.

Reihe 1: 1 r, 1 lih, * 3 r, 1 lih – ab * wdh, endend 1 r.

Reihe 2: 1 li, * 1 rh, 1 li, 1 r, 1 li – ab * wdh, endend 1 rh, 1 li.

Diese beiden Reihen werden wiederholt.

Dieses Muster ist in der Ausführung ähnlich wie Nr. 50, aber es ist nicht ganz so fest und auch nicht so elastisch. Es eignet sich als ganzheitliches Muster und als Ziermuster.

Man kann das Muster leicht spannen, daß es flacher wird, es braucht aber als Rippenmuster auch gar nicht gespannt zu werden.

51

52

53 Babykreuzstreifen

Maschenzahl durch 7 teilbar + 5.

Reihe 1: 1 li, * 3 r, 1 li, Kreuzen R, 1 li – ab * wdh, endend 3 r, 1 li.

Reihe 2: 1 r, * 3 li, 1 r, 2 li, 1 r – ab * wdh, endend 3 li, 1 r.

Diese beiden Reihen werden wiederholt.

Dieses einfache Muster ergibt ein interessantes Streifendesign. Es ist gut elastisch und kann flach gespannt werden, ohne sein Erscheinungsbild zu verändern.
Für Pullover jeder Größe kann man jedes Garn dazu verwenden. Auch für ein ganzes Kleid läßt es sich verwenden, wobei das Zu- und Abnehmen in der glatten Partie erfolgt.
Ziermusterkombination: Glattes Muster, beide Seiten.
Passendes Rippenmuster: Irgendeine Kreuzrippe.

54 Geflochtener Babykreuzstreifen

Maschenzahl durch 8 teilbar + 3.

Reihe 1: * 3 r, 1 li, Kreuzen R, 1 r, 1 li – ab * wdh, endend 3 r.

Reihe 2: * 3 li, 1 r – ab * wdh, endend 3 li.

Reihe 3: * 3 r, 1 li, 1 r, Kreuzen R, 1 li – ab * wdh, endend 3 r.

Reihe 4: Wie Reihe 2.

Diese 4 Reihen werden wiederholt.
Anwendung wie Muster 53.
Passendes Rippenmuster: Nr. 55.

53

54

55 Kreuzrippe II
Maschenzahl durch 3 teilbar + 1.

Reihe 1: 1 li, * Kreuzen R, 1 li – ab * wdh, endend genauso.

Reihe 2: 1 r, * 2 li, 1 r – ab * wdh, endend genauso.

Diese beiden Reihen werden wiederholt.

Dieses elastische Muster behält seine Dehnbarkeit auch noch nach häufigem Waschen. Diese Rippe eignet sich gut für Baumwoll- und ähnliche Garne. Der Rippeneffekt bleibt ebenso wie die Elastizität auch nach langem Tragen besser erhalten als bei der einfachen Rippe.

56 Flechtrippe
Maschenzahl durch 5 teilbar + 2.

Randreihe – nicht wiederholen:
* 2 li, 2 r, 1 abh wie zum Linksstricken von hinten – ab * wdh, endend 2 li.

Reihe 1: * 2 r, Fv, 1 abh, 2 li – ab * wdh, endend 2 r.

Reihe 2: * 2 li, Fh, 2 M auf HN nach hinten legen, nächste M r, von HN 1 r, 1 abh, ab * wdh, endend 2 li.

Diese beiden Reihen werden wiederholt.

Für dieses Muster gilt dasselbe wie für Muster 55. Die Anwendung ist dieselbe.

55

56

57 Kreuzrippe III

Maschenzahl durch 12 teilbar + 2.

Reihen 1, 3, 7 und 9: * 2 r, 2 li – ab * wdh, endend 2 r.

Reihen 2, 4, 8 und 10: * 2 li, 2 r – ab * wdh, endend 2 li.

Reihe 5: * 2 r, 4 li – ab * wdh, endend 2 r.

Reihe 6: * 2 li, 4 r – ab * wdh, endend 2 li.

Reihe 11: 3 li, * 2 r, 4 li – ab * wdh, endend 2 r, 3 li.

Reihe 12: 3 r, * 2 li, 4 r – ab * wdh, endend 2 li, 3 r.

Diese 12 Reihen werden wiederholt.

Dies ist ein dankbares ganzheitliches Muster mit Rippeneffekt. Es ist ziemlich elastisch und eignet sich gut für Kleidungsstücke, die dehnbar sein müssen. Man benutzt weiches Garn oder Kreppgarn. Noppengarne vertragen sich nicht mit dem Muster. Ziermusterkombination: Glattes Muster, beide Seiten oder Reismuster.
Passendes Rippenmuster: 2 r, 2 li. Nur leicht spannen.

57

58 Pikeemuster I

Maschenzahl durch 10 teilbar.

Reihen 1 und 3: * 3 li, 1 r, 3 li, 3 r – ab * wdh, endend genauso.

Reihe 2: * 3 li, 3 r, 1 li, 3 r – ab * wdh, endend genauso.

Reihe 4: Alle Maschen r.

Diese 4 Reihen werden wiederholt. Anwendung wie Nr. 57. Ziermusterkombinationen: Glattes Muster, beide Seiten oder Reismuster.

Passendes Rippenmuster: 1 r, 1 li.

59 Baby-zickzackzopf

Maschenzahl durch 8 teilbar + 1.

Hinweis:
Das Verzopfen bei ungerader Maschenzahl s. S. 41.

Reihe 1: 1 r, * 2 li, 3 r, 2 li, 1 r – ab * wdh, endend genauso.

Reihe 2 und alle geradzahligen Reihen: 1 li, * 2 r, 3 li, 2 r, 1 li – ab * wdh, endend genauso.

Reihe 3: 1 r, * 2 li, Zopf über 2 R, 2 li, 1 r – ab * wdh, endend genauso.

Reihe 5: Wie Reihe 1.

Reihe 7: 1 r, * 2 li, Zopf über 2 L, 2 li, 1 r – ab * wdh, endend genauso.

Diese 8 Reihen werden wiederholt.

Dieses ganzheitliche Muster verwendet man für sich. Es eignet sich aber auch als reizvolle Verzierung oder Einfassung.

58

59

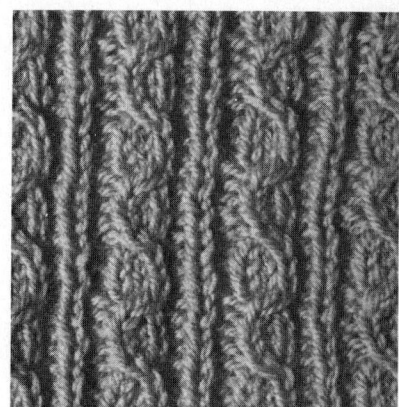

60 Blattrippe

Maschenzahl durch 12 teilbar + 1.

Ziermusterkombination: Glattes Muster, beide Seiten.
Passendes Rippenmuster: Jedes Rippenmuster, das zu diesem Muster in Anwendung kommt, sollte man vorsichtig handhaben, denn dieses Muster zieht selber zusammen. Am besten eignet sich folgende Rippe: Für jedes Muster (Maschenzahl durch 8 teilbar + 1) schlägt man für die Rippe 7 Maschen + 1 an. Dann:

Reihe 1: * 1 r, 2 li, 2 r, 2 li – ab * wdh, endend 1 r.

Reihe 2: * 1 li, 2 r, 2 li, 2 r – ab * wdh, endend 1 li.

Mit diesen beiden Reihen fährt man fort, bis der gewünschte Rippenstreifen gestrickt ist, und nimmt in der letzten Reihe (Reihe 2) 1 M zu wie folgt:
* 1 li, 2 r, 2 li, zun, 1 r – ab * wdh, endend 1 li.
Jetzt befindet sich die richtige Maschenzahl für das Muster auf der Nadel.

Reihe 1: * 1 r, 1 li, (1 r, 3 li)×2, 1 r, 1 li – ab * wdh, endend 1 r.

Reihe 2: * 1 li, 1 r, (1 li, 3 r)×2, 1 li, 1 r – ab * wdh, endend 1 li.

Reihe 3: * 1 r, 1 li, 2 r, 2 li, 1 r, 2 li, 2 r, 1 li – ab * wdh, endend 1 r.

Reihe 4: * 1 li, 1 r, 2 li, 2 r, 1 li, 2 r, 2 li, 1 r – ab * wdh, endend 1 li.

Reihe 5: * 1 r, 1 li, 3 r, 1 li, 1 r, 1 li, 3 r, 1 li – ab * wdh, endend 1 r.

Reihe 6: * 1 li, 1 r, 3 li, 1 r, 1 li, 1 r, 3 li, 1 r – ab * wdh, endend 1 li.

Reihe 7: * 1 r, 2 li, 2 r, 1 li, 1 r, 1 li, 2 r, 2 li – ab * wdh, endend 1 r.

Reihe 8: * 1 li, 2 r, 2 li, 1 r, 1 li, 1 r, 2 li, 2 r – ab * wdh, endend 1 li.

60

61 Offene Zopfstreifen

Maschenzahl durch 23 teilbar + 9.

Reihe 9: * 1 r, 3 li, (1 r, 1 li)×2, 1 r, 3 li – ab * wdh, endend 1 r.	Reihe 1: * (1 r, 1 li)×4, 1 r, 6 li, 2 r, 6 li – ab * wdh, endend (1 r, 1 li)×4, 1 r.
Reihe 10: * 1 li, 3 r, (1 li, 1 r)×2, 1 li, 3 r – ab * wdh, endend 1 li.	Reihe 2: * (1 li, 1 r)×4, 1 li, 6 r, 2 li, 6 r – ab * wdh, endend (1 li, 1 r)×4, 1 li.
Diese 10 Reihen werden wiederholt.	Reihe 3: Wie Reihe 1.
	Reihe 4: Wie Reihe 2.
Dies ist wiederum ein ganzheitliches Muster mit gewisser Elastizität. Es verliert, wenn man nicht weiches Garn verwendet. Es ist auf beiden Seiten gleich ansprechend, so daß es für umkehrbare Modelle sehr günstig ist.	Reihe 5: * (1 r, 1 li)×4, 1 r, 6 li, Kreuzen R, 6 li – ab * wdh, endend (1 r, 1 li)×4, 1 r.
	Reihe 6: Wie Reihe 2.
	Reihe 7: * (1 r, 1 li)×4, 1 r, 5 li, Kreuzen R, Kreuzen L, 5 li – ab * wdh, endend (1 li, 1 r)×4, 1 r.
Ziermusterkombinationen: Glattes Muster, beide Seiten, oder Krauses oder Reismuster.	Reihe 8: * (1 li, 1 r)×4, 1 li, 5 r, 1 li, 2 r, 1 li, 5 r – ab * wdh, endend (1 li, 1 r)×4, 1 li.
Passendes Rippenmuster: 1 r, 1 li.	

61

Reihe 9: * (1 r, 1 li)×4, 1 r, 4 li, Kreuzen R, 2 li, Kreuzen L, 4 li – ab * wdh, endend (1 r, 1 li)×4, 1 r.

Reihe 10: * (1 li, 1 r)×4, (1 li, 4 r)×3 – ab * wdh, endend (1 li, 1 r)×4, 1 li.

Reihe 11: * (1 r, 1 li)×4, 1 r, 3 li, Kreuzen R, 4 li, Kreuzen L, 3 li, ab * wdh, endend (1 r, 1 li)×4, 1 r.

Reihe 12: * (1 li, 1 r)×4, 1 li, 3 r, 1 li, 6 r, 1 li, 3 r – ab * wdh, endend (1 li, 1 r)×4, 1 li.

Reihe 13: * (1 r, 1 li)×4, 1 r, 2 li, Kreuzen R, 6 li, Kreuzen L, 2 li – ab * wdh, endend (1 r, 1 li)×4, 1 r.

Reihe 14: * (1 li, 1 r)×4, 1 li, 2 r, 1 li, 8 r, 1 li, 2 r – ab * wdh, endend (1 li, 1 r)×4, 1 li.

Reihe 15: * (1 r, 1 li)×5, Kreuzen R, 8 li, Kreuzen L, 1 li – ab * wdh, endend (1 r, 1 li)×4, 1 r.

Reihe 16: * (1 li, 1 r)×5, 1 li, 10 r, 1 li, 1 r – ab * wdh, endend (1 li, 1 r)×4, 1 li.

Reihe 17: * (1 li, 1 r)×5, 1 li, 10 r, 1 li, 1 r – ab * wdh, endend (1 r, 1 li)×4, 1 r.

Reihe 18, 20, 22 und 24: Wie Reihe 16.

Reihe 19, 21 und 23: Wie Reihe 17.

Reihe 25: * (1 r, 1 li)×5, Kreuzen L, 8 li, Kreuzen R – ab * wdh, endend (1 r, 1 li)×4, 1 r.

Reihe 26: * (1 li, 1 r)×4, 1 li, 2 r, 1 li, 8 r, 1 li, 2 r – ab * wdh, endend (1 li, 1 r)×4, 1 li.

Reihe 27: * (1 r, 1 li)×4, 1 r, 2 li, Kreuzen L, 6 li, Kreuzen R, 2 li – ab * wdh, endend (1 r, 1 li)×4, 1 r.

Reihe 28: * (1 li, 1 r)×4, 1 li, 3 r, 1 li, 6 r, 1 li, 3 r – ab * wdh, endend (1 li, 1 r)×4, 1 li.

Reihe 29: * (1 r, 1 li)×4, 1 r, 3 li, Kreuzen L, 4 li, Kreuzen R, 3 li – ab * wdh, endend (1 r, 1 li)×4, 1 r.

Reihe 30: * (1 li, 1 r)×4, (1 li, 4 r) × 3 – ab * wdh, endend (1 li, 1 r)×4, 1 li.

Reihe 31: * (1 r, 1 li)×4, 1 r, 4 li, Kreuzen L, 2 li, Kreuzen R, 4 li – ab * wdh, endend (1 r, 1 li)×4, 1 r.

Reihe 32: * (1 li, 1 r)×4, 1 li, 5 r, 1 li, 2 r, 1 li, 5 r – ab * wdh, endend (1 li, 1 r)×4, 1 li.

Reihe 33: * (1 r, 1 li)×4, 1 r, 5 li, Kreuzen L, Kreuzen R, 5 li – ab * wdh, endend (1 r, 1 li)×4, 1 r.

Reihe 34: Wie Reihe 2.

Reihe 35: Wie Reihe 5.

Reihe 36: Wie Reihe 2.

Diese 36 Reihen werden wiederholt.

Dies ist ein exzellentes Muster für Sportpullover, besonders für Erwachsene.

Passendes Rippenmuster: 1 r, 1 li-Rippe, dafür jeweils 22 Maschen + 9 anschlagen für jeweils 23 M + 9 aus dem Muster. Zugenommen wird nach der Rippe und der ersten Musterreihe nach folgender Anweisung: * (1 r, 1 li)×4, 1 r, 5 li, zun, 1 r, 2 r zusstr, 5 li, zun, ab * wdh, endend (1 r, 1 li)×4, 1 r, Man fährt im Muster fort, beginnend mit Reihe 2.

62 Fisch-grätenrippe

Maschenzahl durch 9 teilbar + 3.

Hinweis:
Die Anleitung für Kreuzen durch zwei Maschen s. S. 37.

Reihe 1: * 3 li, Kreuzen durch 2 M R, 3× – ab * wdh, endend 3 li.

Reihe 2: * 3 r, 6 li – ab * wdh, endend 3 r.

Reihe 3: * 3 li, 1 r, Kreuzen durch 2 M R, 2×, 1 r – ab * wdh, endend 3 li.

Reihe 4: Wie Reihe 2.

Diese 4 Reihen werden wiederholt.

Für dieses Muster eignet sich Garn von natürlicher Elastizität wie Kamelhaar oder Kaschmir – also alle weichen Garne –, denn das Muster ist sehr gut dehnbar und zieht sich gut zusammen, wo es nötig ist. Man sollte es nicht spannen, damit es gut aufzeigt. Es läßt sich ausgezeichnet mit anderen Mustern kombinieren. Das einzelne Muster, eingefaßt von 3 linken Maschen, ergibt hübsche Einsätze in Jacken oder Röcken.
Ziermusterkombination: Glattes Muster, beide Seiten.
Passendes Rippenmuster: 1 r, 1 li. Dabei für jede gekreuzte Rippe 1 M zun in der letzten Reihe wie folgt: Jeweils 8 M + 3 für jeweils 9 M + 3 des Musters anschlagen. 1 r, 1 li-Rippe arbeiten und in der letzten Reihe folgendermaßen zunehmen: * (1 r, 1 li) × 4, 1 r, zun – ab * wdh, endend 1 r, 1 li, 1 r.

62

63 Tränentropfenrippe

Maschenzahl durch 7 teilbar + 1.

Reihen 1, 3, 5 und 7: * 1 r, 2 li, 2 r, 2 li – ab * wdh, endend 1 r.

Reihen 2, 4, 6 und 8: * 1 li, 2 r, 2 li, 2 r – ab * wdh, endend 1 li.

Reihe 9: * 1 r, 2 li, Nadel in die nächsten 2 M einstechen, als wollte man 2 r zusstr, jedoch strickt man wie aus einer M RLRL und R (5 Maschen bildend), 2 li – ab * wdh, endend 1 r.

Reihe 10: * 1 li, 2 r, 5 li, 2 r – ab * wdh, endend 1 li.

Reihe 11: * 1 r, 2 li, ArÜ, 3 r zusstr, 2 li – ab * wdh, endend 1 r.

Reihe 12: Wie Reihe 2.

Diese 12 Reihen werden wiederholt.

Dieses Muster hat etwa dieselben Eigenschaften wie Muster 62. Die Anwendung ist fast gleich, auch wenn das Muster etwas kleiner ist. Es eignet sich auch für ganzheitliche Muster. Ziermusterkombination: Glattes Muster, beide Seiten.
Passendes Rippenmuster: 2 r, 1 li, 1 r, 1 li – oder: Man schlägt ein Mehrfaches von 7 + 1 M an und arbeitet in 1 r, 2 li-Rippe. In der letzten Reihe nimmt man wie folgt zu: * 1 li, 2 r, 1 li, zun, 2 r – ab * wdh, endend 1 li.

64 Drehzopf

Maschenzahl durch 5 teilbar + 2.

Reihe 1: 2 li, * Kreuzen R, 1 r, 2 li – ab * wdh, endend genauso.

Reihe 2: 2 r, * 3 li, 2 r – ab * wdh, endend genauso.

Reihe 3: 2 li, * 1 r, Kreuzen R, 2 li – ab * wdh, endend genauso.

Reihe 4: Wie Reihe 2.

Diese 4 Reihen werden wiederholt. Anwendung wie Nr. 62.
Passendes Rippenmuster: 2 r, 2 li-Rippe, für jeweils 5 M + 1 des Musters schlägt man 4 M + 1 an und nimmt in der letzten gerippten Reihe in jedes 2 li 1 M zu.

65 Fantasierippe

Maschenzahl durch 8 teilbar + 3.

Reihe 1: 4 r, * 3 li, 5 r – ab * wdh, endend 3 li, 4 r (linke Seite).

Reihe 2: 4 li, * 3 r, 5 li – ab * wdh, endend 3 r, 4 li.

Reihe 3: 3 r, * 5 li, 3 r – ab * wdh, endend genauso.

Reihe 4: 3 li, * 1 M anschl, 1 r, A2zrÜ, 1 r, 1 M anschl, 3 li – ab * wdh, endend genauso.

Diese 4 Reihen werden wiederholt. Anwendung wie Nr. 62. Auch für Badeanzüge geeignet.
Ziermusterkombination: Glattes Muster, beide Seiten, oder Reismuster.
Passendes Rippenmuster: 1 r, 1 li.

64

65

66 Babyzopfrippe

Maschenzahl durch 8 teilbar + 3.

Reihen 1, 3 und 5: * 3 r, 5 li – ab * wdh, endend 3 r (linke Seite).

Reihen 2 und 4: * 3 li, 5 r – ab * wdh, endend 3 li.

Reihe 6: * 3 li, 4 M auf HN hinter die Arbeit legen, nächste M r, 3 M auf LN zurückheben und übrige M auf der HN nach vorn holen, die 3 M von LN r stricken, dann 1 M von HN r stricken – ab * wdh, endend 3 li.

Diese 6 Reihen werden wiederholt.

Dieses Muster ist wie Nr. 62 sehr vielseitig. Es ist ansprechend, und man kann es als ganzheitliches Muster oder als Ziermuster verwenden. Es eignet sich jede Garnart.
Ziermusterkombination: Glattes Muster, beide Seiten.
Passendes Rippenmuster: 1 r, 1 li.

Strukturierte Muster

67 Glattes Muster

Jede Maschenzahl.

| Reihe 1: Alle Maschen r. |
| Reihe 2: Alle Maschen li. |

Diese beiden Reihen werden wiederholt.

Dieses glatte Muster ist das Grundmuster jeglicher Strickerei. Es wird variiert durch Umschläge, Abnahmen, Zunahmen, in welcher Form auch immer, wodurch die verschiedenen Muster entstehen. Es gibt nur *ein* Muster, das nicht sowohl rechte wie linke Maschen erfordert, das ist das krause Muster, das entweder durchgehend r oder durchgehend li gestrickt wird.

67

68 Faltenmuster glatt

Jede Maschenzahl.

Man arbeitet 6 Reihen in glattem Muster.

Reihe 7 (Rechtsreihe): In jede M der Reihe zun, unter Anwendung der unsichtbaren Zunahme Nr. 1 und Nr. 2 abwechselnd.

Diese Zunahmereihe als erste Reihe zählend, arbeitet man 6 Reihen glatt.

Reihe 13 (Rechtsreihe): * 2 r zusstr, ArÜ – ab * wdh bis zum Ende der Reihe.

Diese Abnahmereihe als erste Reihe zählend, beginnt man von Anfang.

Dieses Muster läßt sich natürlich mit jeglicher Anzahl von Reihen sowohl für die Falten wie zwischen den Falten arbeiten. Es eignet sich als ganzheitliches Muster oder als Ziermuster.

69 Gebrochene Rippe V

Maschenzahl durch 2 teilbar + 2.

Reihe 1: Alle Maschen r.
Reihe 2: Alle Maschen li.
Reihe 3: * 1 r, 1 li – ab * wdh, endend 1 r.
Reihe 4: * 1 li, 1 r – ab * wdh, endend 1 li.

Diese 4 Reihen werden wiederholt.

Dieses kleine Muster ergibt eine ansprechende Struktur. Es sollte nicht gespannt werden, denn es spannt sich praktisch selber. Es eignen sich weiche, mittelstarke Wollgarne, auch Baumwolle.
Ziermusterkombinationen: Glattes Muster, beide Seiten. Krauses Muster oder Reismuster.
Passendes Rippenmuster: 1 r, 1 li.

70 Schräges Reismuster I

Maschenzahl durch 10 teilbar + 1.

Reihe 1: 2 r, * (1 li, 1 r)×3, 1 li, 3 r – ab * wdh, endend 2 r.

Reihe 2: * 3 li, (1 r, 1 li)×3, 1 r – ab * wdh, endend 1 r, 1 li.

Reihe 3: * (1 li, 1 r)×3, 1 li, 3 r – – ab * wdh, endend 1 li.

Reihe 4: 1 li, 1 r, * 3 li, (1 r, 1 li)×3, 1 r – ab * wdh, endend (1 r, 1 li)×3.

Reihe 5: (1 li, 1 r)×2, 1 li, * 3 r, (1 li, 1 r)×3, 1 li – ab * wdh, endend 3 r, 1 li, 1 r, 1 li.

Reihe 6: (1 li, 1 r)×2, * 3 li, (1 r, 1 li)×3, 1 r – ab * wdh, endend 3 li, (1 r, 1 li)×2.

Reihe 7: 1 li, 1 r, 1 li, * 3 r, (1 li, 1 r)×3, 1 li – ab * wdh, endend 3 r (1 li, 1 r)×2, 1 li.

Reihe 8: (1 li, 1 r)×3, * 3 li, (1 r, 1 li)×3, 1 r – ab * wdh, endend 3 li, 1 r, 1 li.

Reihe 9: 1 li, * 3 r (1 li, 1 r)×3, 1 li – ab * wdh, endend genauso.

Reihe 10: 1 li, * (1 r, 1 li)×3, 1 r, 3 li – ab * wdh, endend genauso.

Diese 10 Reihen werden wiederholt.

Dieses Muster wird genauso angewendet wie Nr. 4. Es eignet sich jede Garnstärke.
Ziermusterkombination: Reismuster.

70

71 Offenes Winkelmuster

Maschenzahl durch 8 teilbar + 1.

Reihe 1: * 1 li, 3 r – ab * wdh, endend 1 li.
Reihe 2: * 1 li, 1 r, 5 li, 1 r – ab * wdh, endend 1 li.
Reihe 3: 2 r, * 1 li, 3 r – ab * wdh, endend 2 r.
Reihe 4: 3 li, * 1 r, 1 li, 1 r, 5 li – ab * wdh, endend 3 li.
Diese 4 Reihen werden wiederholt.

Dieses rauh strukturierte Muster arbeitet sich gut mit weichem Garn und eignet sich für Pullover, Kostüme, Handschuhe – jegliche Modelle –, die flachstrukturierte Muster erlauben.
Ziermusterkombination: Reismuster.
Passendes Rippenmuster: 1 r, 1 li – 2 r, 2 li – oder jede andere schmale Rippe.
Nur wenig spannen!

72 Unterbrochenes Winkelmuster

Maschenzahl durch 14 teilbar + 1.

Reihe 1: 2 li, * 2 r, 2 li, 1 r, 1 li, 1 r, 2 li, 2 r, 3 li – ab * wdh, endend 2 li.
Reihe 2: 3 r, * 2 li, 5 r – ab * wdh, endend 2 li, 3 r.
Reihe 3: * 1 li, 1 r, 2 li, 2 r, 3 li, 2 r, 2 li, 1 r – ab * wdh, endend 1 li.
Reihe 4: * 1 r, 2 li, 2 r, 2 li – ab * wdh, endend 1 r.
Diese 4 Reihen werden wiederholt.

Dieses Muster eignet sich gut für Kleidungsstücke oder Modelle, die von beiden Seiten gleich gut aussehen sollen. Es braucht keine Einfassung oder Säumung. Das Muster kommt gut bei Verwendung von kräftigem Garn oder Baumwolle zur Wirkung.
Ziermusterkombination: Reismuster.
Passendes Rippenmuster: 1 r, 1 li.

71

72

73 Wellensaum

Maschenzahl durch 8 teilbar + 1.

Reihe 1: * 1 li, 7 r – ab * wdh, endend 1 li.
Reihe 2: 2 r, * 5 li, 3 r – ab * wdh, endend 5 li, 2 r.
Reihe 3: 3 li, * 3 r, 5 li – ab * wdh, endend 3 r, 3 li.
Reihe 4: 4 r, * 1 li, 7 r – ab * wdh, endend 1 li, 4 r.
Reihe 5: * 1 r, 7 li – ab * wdh, endend 1 r.
Reihe 6: 2 li, * 5 r, 3 li – ab * wdh, endend 5 r, 2 li.
Reihe 7: 3 r, * 3 li, 5 r – ab * wdh, endend 3 li, 3 r.
Reihe 8: 4 li, * 1 r, 7 li – ab * wdh, endend 1 r, 4 li.
Diese 8 Reihen werden wiederholt.

Dieses Muster ist auf beiden Seiten gleich – ein Vorteil, den man für verschiedene Modelle in Betracht ziehen muß. Auch muß man beachten, daß es ein breites Muster ist, das breit wirkt. Es läßt sich dazu jedes Garn verwenden. Man kann es spannen, daß es glatt wirkt, oder es ungespannt belassen, wie eine Querrippe oder Welle (Nr. 2). Die Anwendung ist ähnlich wie Nr. 2.

Ziermusterkombinationen: Glattes Muster, beide Seiten, oder Reismuster.

Passendes Rippenmuster: Praktisch jede Rippe, passend zum Modell.

73

74 Reis-blockmuster

Maschenzahl durch 10 teilbar + 5.

Reihen 1, 3, 5 und 7: * (1 li, 1 r)×2, 1 li, 5 r – ab * wdh, endend (1 li, 1 r)×2, 1 li.

Reihen 2, 4 und 6: (1 li, 1 r)×2, * 7 li, 1 r, 1 li, 1 r – ab * wdh, endend (1 r, 1 li)×2.

Reihen 8, 10, 12 und 14: * 5 li, (1 r, 1 li)×2, 1 r – ab * wdh, endend 5 li.

Reihen 9, 11 und 13: 6 r, * 1 li, 1 r, 1 li, 7 r – ab * wdh, endend 6 r.

Diese 14 Reihen werden wiederholt.

Dieses Muster findet Anwendung in allen Fällen, wo einfaches Moosmuster erforderlich ist, außer als Einfassung.

75 Flaches Rautenmuster I

Maschenzahl durch 10 teilbar + 3.

Reihe 1: * 1 li, 1 r, 1 li, 7 r – ab * wdh, endend 1 li, 1 r, 1 li.

Reihe 2: (1 li, 1 r)×2, * 5 li, (1 r, 1 li)×2, 1 r – ab * wdh, endend (1 r, 1 li)×2.

Reihe 3: (1 li, 1 r)×2, 1 li, * 3 r, (1 li, 1 r)×3, 1 li – ab * wdh, endend (1 li, 1 r)×2, 1 li.

Reihe 4: * 3 li, (1 r, 1 li)×3, 1 r – ab * wdh, endend 3 li.

Reihe 5: 4 r, * (1 li, 1 r)×2, 1 li, 5 r – ab * wdh, endend (1 li, 1 r)×2, 1 li, 4 r.

Reihe 6: 5 li, * 1 r, 1 li, 1 r, 7 li – ab * wdh, endend 1 r, 1 li, 1 r, 5 li.

Reihe 7: Wie Reihe 5.

Reihe 8: Wie Reihe 4.

Reihe 9: Wie Reihe 3.

Reihe 10: Wie Reihe 2.

Diese 10 Reihen werden wiederholt.

74

75

76 Dreiecke

Maschenzahl durch 12 teilbar + 1.

Reihe 1: Alle Maschen r.
Reihe 2: Alle Maschen li.
Reihe 3: * 1 li, 11 r – ab * wdh, endend 1 li.
Reihe 4: 2 r, * 9 li, 3 r – ab * wdh, endend 2 r.
Reihe 5: 3 li, * 7 r, 5 li – ab * wdh, endend 3 li.
Reihe 6: 4 r, * 5 li, 7 r – ab * wdh, endend 4 r.
Reihe 7: 5 li, * 3 r, 9 li – ab * wdh, endend 5 li.
Reihe 8: Alle Maschen li.
Reihe 9: Alle Maschen r.
Reihe 10: 6 li, * 1 r, 11 li – ab * wdh, endend 6 li.
Reihe 11: 5 r, * 3 li, 9 r – ab * wdh, endend 5 r.
Reihe 12: 4 li, * 5 r, 7 li – ab * wdh, endend 4 li.
Reihe 13: 3 r, * 7 li, 5 r – ab * wdh, endend 3 r.
Reihe 14: 2 li, * 9 r, 3 li – ab * wdh, endend 2 li.
Diese 14 Reihen werden wiederholt.

Diese Abwandlung des glatten Musters kann man gut mit diesem kombinieren. Es eignet sich als ganzheitliches Muster und als Zier- oder Kontrastmuster. Das Muster zeigt auf beiden Seiten sehr gut auf. Ziermusterkombinationen: Glattes Muster, beide Seiten, oder Reismuster.
Passendes Rippenmuster: Praktisch jede schmale Rippe.

76

77 Korbmuster II

Maschenzahl durch 8 teilbar.

Reihe 1: 3 r, * 2 li, 6 r – ab * wdh, endend 2 li, 3 r (linke Seite).
Reihe 2: 3 li, * 2 r, 6 li – ab * wdh, endend 2 r, 3 li.
Reihe 3: Wie Reihe 1.
Reihe 4: Alle Maschen r.
Reihe 5: 7 r, * 2 li, 6 r – ab * wdh, endend 7 r.
Reihe 6: 7 li, * 2 r, 6 li – ab * wdh, endend 7 li.
Reihe 7: Wie Reihe 5.
Reihe 8: Alle Maschen r.
Diese 8 Reihen werden wiederholt.

Dieses Muster eignet sich als ganzheitliches Muster und als Ziermuster oder Kontrastmuster. Man arbeitet mit weichem Garn. Krepp- oder Noppenwolle läßt das Muster verschwinden und eignet sich daher nicht. Das Muster ergibt auch eine hübsche Verzierung für Decken.
Ziermusterkombination: Glattes Muster, beide Seiten.
Passendes Rippenmuster: 2 r, 2 li – kein anderes. Spannen ist nicht erforderlich.

77

78 Reis- und glatte Rauten

Maschenzahl durch 28 teilbar + 1.

Reihe 1: * 1 li, 13 r – ab * wdh, endend 1 li.

Reihe 2: 1 li, * 1 r, 11 li, 1 r, 1 li – ab * wdh, endend genauso.

Reihe 3: 2 r, 1 li, * 9 r, (1 li, 1r) × 2, 1 li, 9 r, 1 li, 3 r, 1 li – ab * wdh, endend 9 r, 1 li, 2 r.

Reihe 4: 3 li, 1 r, * 7 li, (1 r, 1 li) × 3, 1 r, 7 li, 1 r, 5 li, 1 r – ab * wdh, endend 7 li, 1 r, 3 li.

Reihe 5: 4 r, 1 li, * 5 r, (1 li, 1 r) × 4, 1 li, 5 r, 1 li, 7 r, 1 li – ab * wdh, endend 5 r, 1 li, 4 r.

Reihe 6: 5 li, 1 r, * 3 li, (1 r, 1 li) × 5, 1 r, 3 li, 1 r, 9 li, 1 r – ab * wdh, endend 3 li, 1 r, 5 li.

Reihe 7: 6 r, * (1 li, 1 r) × 8, 1 li, 11 r – ab * wdh, endend 6 r.

Reihe 8: 7 li, * (1 r, 1 li) × 7, 1 r, 13 li – ab * wdh, endend 7 li.

Reihe 9: Wie Reihe 7.

Reihe 10: Wie Reihe 6.

Reihe 11: Wie Reihe 5.

Reihe 12: Wie Reihe 4.

Reihe 13: Wie Reihe 3.

Reihe 14: Wie Reihe 2.

Reihe 15: Wie Reihe 1.

Reihe 16: * 1 li, 1 r, 11 li, 1 r – ab * wdh, endend 1 r, 1 li.

Reihe 17: 1 li, 1 r, 1 li, * 9 r, 1 li, 3 r, 1 li, 9 r, (1 li, 1 r) × 2, 1 li – ab * wdh, endend 1 li, 1 r, 1 li.

Reihe 18: (1 li, 1 r) × 2, * 7 li, 1 r, 5 li, 1 r, 7 li, (1 r, 1 li) × 3, 1 r – ab* wdh, endend (1 r, 1 li) × 2.

Reihe 19: (1 li, 1 r) × 2, 1 li, * 5 r, 1 li, 7 r, 1 li, 5 r (1 li, 1 r) × 4, 1 li – ab * wdh, endend (1 li, 1 r) × 2, 1 li.

Reihe 20: (1 li, 1r) × 3, * 3 li, 1 r, 9 li, 1 r, 3 li, (1 r, 1 li) × 5, 1 r – ab * wdh, endend (1 r, 1 li) × 3.

Reihe 21: (1 li, 1 r) × 4, 1 li, * 11 r, (1 li, 1 r) × 8, 1 li – ab * wdh, endend (1 li, 1 r) × 4, 1 li.

Reihe 22: (1 li, 1 r) × 4, * 13 li, (1 r, 1 li) × 7, 1 r – ab * wdh, endend (1 r, 1 li) × 4.

Reihe 23: Wie Reihe 21.

Reihe 24: Wie Reihe 20.

Reihe 25: Wie Reihe 19.

Reihe 26: Wie Reihe 18.

Reihe 27: Wie Reihe 17.

Reihe 28: Wie Reihe 16.

Diese 28 Reihen werden wiederholt.

79 Verändertes Reismuster

Jede ungerade Maschenzahl.

Reihe 1 und 3: Alle Maschen r.
Reihe 2: * 1 r, 1 li – ab * wdh, endend genauso.
Reihe 4: * 1 li, 1 r – ab * wdh, endend genauso.
Diese 4 Reihen werden wiederholt.

Dieses Muster kann anstelle des Reismusters angewendet werden mit einer Einschränkung: Es ist nicht auf beiden Seiten gleich.
Ziermusterkombination: Reismuster.
Passendes Rippenmuster: 1 r, 1 li, nichts anderes!

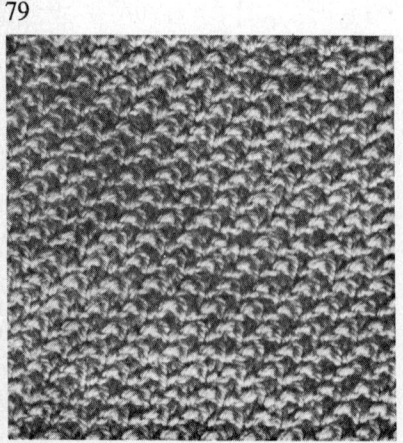

80 Doppeltes Reis- oder Moosmuster

Maschenzahl durch 4 teilbar + 2.

Reihe 1: * 2 r, 2 li – ab * wdh, endend 2 r.
Reihe 2: * 2 li, 2 r – ab * wdh, endend 2 li.
Reihe 3: Wie Reihe 2.
Reihe 4: Wie Reihe 1.

Diese 4 Reihen werden wiederholt.

Dieses Muster kann ausnahmslos anstelle des Reismusters angewendet werden. Der einzige Unterschied besteht in der etwas stärkeren Struktur des doppelten Reismusters. Es wirkt besonders gut in mittlerer oder starker Wolle oder Baumwolle für Jacken und ist auf beiden Seiten ganz gleich.
Passendes Rippenmuster: 2 r, 2 li, keine andere Rippe.
Nur sehr leicht spannen.

81 Diagonal-strukturmuster

Maschenzahl durch 3 teilbar.

Reihe 1: * 2 li, Fh, 1 abh, Fv – ab * wdh, endend Fv, 1 abh.
Reihe 2: * Fv, 1 abh, 2 li – ab * wdh, endend genauso.
Reihe 3: * Fh, 1 abh, Fv, 2 li – ab * wdh, endend genauso.
Reihe 4: * 2 li, Fv, 1 abh – ab * wdh, endend genauso.
Reihe 5: 1 li, * Fh, 1 abh, Fv, 2 li – ab * wdh, endend 1 li.
Reihe 6: 1 li, * Fv, 1 abh, 2 li – ab * wdh, endend 1 li.
Diese 6 Reihen werden wiederholt.

Durch die abgehobenen Maschen hat das Muster wenig Elastizität und dehnt sich wenig beim Spannen und Tragen. Da es gut Form hält, eignet es sich ausgezeichnet für Jacken und Kostüme.
Ziermusterkombinationen: Glattes Muster oder Reismuster.
Passendes Rippenmuster: Keine.
Dieses Muster kann gut gespannt werden.

81

82 Vertikale Fischgrätenrippe

Maschenzahl durch 9 teilbar + 1.

Hinweis:
In der folgenden Anleitung werden alle zun Maschen rechts aufgenommen.

Reihe 1: Alle Maschen li.

Reihe 2: * 2 r zusstr, 3 r, 1 zun, 4 r – ab * wdh, endend 5 r.

Reihe 3: Alle Maschen li.

Reihe 4: 4 r, * 1 zun, 4 r, 2 r zusstr, 3 r – ab * wdh, endend 4 r, 2 r zusstr.

Diese 4 Reihen werden wiederholt.

Dieses Muster dehnt sich nach oben und unten, geht aber immer in die Form zurück. Es eignet sich sehr gut für Kostüme und Kleider. Beim Stricken von Röcken in einzelnen Bahnen nimmt man am besten an den Rändern zu. Will man das Muster auf einer Rundnadel stricken, kann man nach Belieben zunehmen.
Bei Verwendung von Baumwollgarn muß die entgegengesetzte Abnahme angewendet werden, wie auf S. 25 für dieses Material gezeigt. Es steht dann also für jeweils »2 r zusstr« im Muster »ArÜ«.

82

83 Strukturmuster I

Maschenzahl durch 4 teilbar + 3.

Reihe 1: * 3 r, 1 abh – ab * wdh, endend 3 r.

Reihe 2: * 3 r, Fv, 1 abh, Fh – ab * wdh, endend 3 r.

Reihe 3: 1 r, 1 abh, * 3 r, 1 abh – ab * wdh, endend 1 r.

Reihe 4: 1 r, Fv, 1 abh, Fh, * 3 r, Fv, 1 abh, Fh – ab * wdh, endend 1 r.

Diese 4 Reihen werden wiederholt.

Dieses Muster sieht aus wie Nr. 79 und hat dieselbe Anwendung. Es ist jedoch fester und weniger dehnbar wegen der abgehobenen Maschen. Es eignet sich ausgezeichnet für Jacken aus Wolle oder starker Baumwolle.

84 Fischgrätenstreifen

Maschenzahl durch 18 teilbar + 5.

Reihe 1: Alle Maschen li.

Reihe 2: * 5 r, 1 zun, 2 r, ArÜ, 5 r, 2 r zusstr, 2 r, 1 zun – ab * wdh, endend 5 r.

Diese beiden Reihen werden wiederholt.

Dieses Muster ist Nr. 82 sehr ähnlich und hat die gleiche Anwendung. Es arbeitet sich ziemlich fest und eignet sich ausgezeichnet für Kostüme und Röcke. Alle Zu- und Abnahmen sollten in dem glatten Musterabschnitt erfolgen.

85 Zickzackmuster glatt

Maschenzahl durch 9 teilbar + 6.

Alle ungeradzahligen Reihen: Alle Maschen li.

Reihe 2: 4 r, * (Kreuzen L)×3, 3 r – ab * wdh, endend Kreuzen L.

Reihe 4: Kreuzen L, 3 r, * (Kreuzen L)×3, 3 r – ab * wdh, endend 4 r.

Reihe 6: 1 r, Kreuzen L, 3 r, * (Kreuzen L)×3, 3 r – ab * wdh, endend genauso.

Reihe 8: (Kreuzen L)×2, 3 r, * (Kreuzen L)×3, 3 r – ab * wdh, endend 2 r.

Reihe 10: (Kreuzen R)×2, 3 r, * (Kreuzen R)×3, 3 r – ab * wdh, endend 2 r.

Reihe 12: 1 r, Kreuzen R, 3 r, * (Kreuzen R)×3, 3 r – ab * wdh, endend genauso.

Reihe 14: Kreuzen R, 3 r, * (Kreuzen R)×3, 3 r – ab * wdh, endend 4 r.

Reihe 16: 4 r, * (Kreuzen R)×3, 3 r – ab * wdh, endend Kreuzen R.

Diese 16 Reihen werden wiederholt.

Dieses Muster ist sehr wirkungsvoll für Jacken und Pullover. Es kann als ganzheitliches Muster oder als Einfassung oder in Kombination mit glattem Muster oder als Musterstreifen in Decken verwendet werden. Geeignet sind Krepp- wie auch Noppengarne, aber am besten zeigt das Muster mit weichem, normalem Garn auf.
Ziermusterkombination: Glattes Muster, rechte Seite.
Passendes Rippenmuster: 1 r, 1 li, wobei die Rechtsmasche mit den Rechtsmaschen des Musters gleich laufen sollte.

86 Gestreiftes Strukturmuster

Maschenzahl durch 22 teilbar + 8.

Randreihe – nicht wiederholen:
* (1 r, 1 li)×4, 2 r, 1 abh Faden hinten, (1 r, 1 li)×4, 1 abh Faden hinten, 2 r – ab * wdh, endend (1 r, 1 li)×4.

Reihe 1: 10 li, * 1 abh Faden vorn, 8 li, 1 abh Faden vorn, 12 li – ab * wdh, endend 10 li.

Reihe 2: * (1 li, 1 r)×4, Kreuzen dritte M der LN vor erste 2 M, wobei diese beiden Maschen 1 r, 1 abh gestrickt werden, (1 li, 1 r)×4, Kreuzen erste M auf LN vor nächste 2 M, wobei diese 1 abh, 1 r gestrickt werden – ab * wdh, endend (1 li, 1 r)×4.

Reihe 3: Wie Reihe 1.

Reihe 4: * (1 r, 1 li)×4, Kreuzen dritte M über zwei wie zuvor, (1 r, 1 li)×4, Kreuzen erste M über zwei wie zuvor – ab * wdh, endend (1 r, 1 li)×4.

Diese 4 Reihen werden wiederholt.

Die Grundlage dieses Musters entspricht Nr. 79; beide lassen sich kombinieren und sind für zweiteilige Modelle geeignet. Zunahmen lassen sich leicht in den mittleren Streifen arbeiten. Ganz besonders geeignet ist das Muster für taillierte Modelle. Ziermusterkombination: Nr. 79. Passendes Rippenmuster: Entweder Wiederholung der gekreuzten Linie mit einer Linksmasche dazwischen oder gar keine Rippe.

87 Falscher Strukturzopf

Maschenzahl durch 4 teilbar + 2.

Reihe 1: Alle Maschen li.
Reihe 2: 1 r, * Kreuzen L, 2 r – ab * wdh, endend 3 r.
Reihe 3: Alle Maschen li.
Reihe 4: 3 r, * Kreuzen R, 2 r – ab * wdh, endend 1 r.
Diese 4 Reihen werden wiederholt.

Dieses sehr dehnbare Muster behält immer Fasson. Es ist eine interessante Variation zum glatten Muster und kann an seiner Stelle verwendet werden. Zunahmen sollten an den Seitenrändern gemacht werden. Das Muster sollte nur mit weichem Garn, entweder aus Wolle oder Baumwolle, gestrickt werden.

88 Schräge Kreuzstruktur

Maschenzahl durch 4 teilbar + 1.

Alle ungeradzahligen Reihen: Alle Maschen li.
Reihe 2: * 2 r, Kreuzen R – ab * wdh, endend 1 r.
Reihe 4: 1 r, * Kreuzen R, 2 r – ab * wdh, endend genauso.
Reihe 6: * Kreuzen R, 2 r – ab * wdh, endend 3 r.
Reihe 8: 3 r, * Kreuzen R, 2 r – ab * wdh, endend Kreuzen R.
Diese 8 Reihen werden wiederholt.

Dieses Muster läßt sich genauso wie Nr. 70 oder 81 verwenden. Es ist fester und elastischer. Die Anwendung ist die gleiche.

87
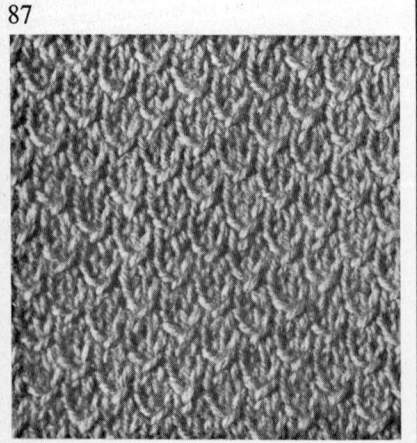

88

89 Verändertes Schiaparelli

Maschenzahl durch 4 teilbar + 2.

Hinweis:
Umschlag vor der ersten Masche s. S. 32.

Reihe 1: * 2 r, Umschl, 2 r und Umschl über die 2 M ziehen – ab * wdh, endend 2 r.

Reihe 2: Alle Maschen li.

Reihe 3: * Umschl, 2 r und Umschl über die 2 M ziehen, 2 r – ab * wdh, endend Umschl, 2 r und überziehen.

Reihe 4: Alle Maschen li.

Diese 4 Reihen werden wiederholt.

Dieses Muster eignet sich als ganzheitliches Muster oder als Ziermuster in Verbindung mit glattem Muster. Es ist hübsch für Jacken und Mäntel in mittel- bis starkem Garn. Man muß aber beachten, dieses Muster muß fest gespannt werden, um der Schrägdehnung entgegenzuwirken!

90 Schiaparelli

Jede gerade Maschenzahl.

Reihe 1: * Kreuzen R – ab * wiederholen.

Reihe 2: Alle Maschen li.

Reihe 3: 1 r, * Kreuzen R – ab * wdh, endend 1 r.

Reihe 4: Alle Maschen li.

Diese 4 Reihen werden wiederholt.

Dieses Muster dehnt sich beachtlich in der Länge, wenig in der Breite. Es ist elastisch und geht in die Form zurück. Daher eignet es sich vorzüglich für taillierte Jacken, Dreiviertelmäntel und ähnliche Kleidungsstücke, besonders, wenn diese aus weichem Garn gestrickt werden.

89

90

91 Waffelstruktur

Maschenzahl durch 2 teilbar + 1.

Reihe 1: Alle Maschen r.
Reihe 2: * 1 r, Masche unterhalb der nächsten Masche stricken und beide Maschen als eine von der LN nehmen – ab * wdh, endend 1 r.
Reihe 3: Alle Maschen r.
Reihe 4: 2 r, * Masche unterhalb der nächsten Masche stricken wie oben, 1 r – ab * wdh, endend 2 r.
Diese 4 Reihen werden wiederholt.

Diese elastische Variation des Waffelmusters eignet sich gut für Kurzmäntel und Jacken, denn es ist doppelt so dick. Durch seine Wärme ist es auch gut für Babykleidung und Decken geeignet. Am besten verwendet man weiches Garn.
Ziermusterkombination: Reismuster.
Passendes Rippenmuster: 1 r, 1 li.

92 Englisches Doppelstrickmuster

Jede gerade Maschenzahl.

Randreihe – nicht wiederholen:
* Umschl, 1 abh, 1 r – ab * wdh.
Reihe 1: * Fv, 1 abh, 2 li zusstr (M und Umschl) – ab * wdh, endend genauso.
Reihe 2: 1 li, * 1 abh (den Umschl), 2 li – ab * wdh, endend 1 abh, 1 li.
Reihe 3: * 2 li zusstr (M und Umschl), 1 abh, Umschl – ab * wdh, endend 2 li zusstr, 1 li.
Reihe 4: Umschl, 1 abh, 1 li, * 1 ab (den Umschl), 2 li – ab * wdh, endend genauso.
Diese 4 Reihen werden wiederholt.

93 Flechtmuster I

Jede gerade Maschenzahl.

Abgekettet wird entweder in Reihe 2 oder Reihe 4, wobei der Umschl mit der M davor zusammengestrickt wird. Dabei zählt dieses 2 r zusstr als 1 M.
Dieses Muster ähnelt Nr. 91, obgleich es völlig anders gearbeitet ist. Es ist viel dehnbarer und sollte daher mit Vorsicht angewendet werden. Es hat doppelte Dicke und ist daher ideal für Kaltwetterkleidung.
Ziermusterkombination: Glattes Muster.
Passendes Rippenmuster: 1 r, 1 li.

Hinweis:
Dieses Muster wird mit Nadeln von zweierlei Stärke gestrickt, wobei die Linksreihe mit Nadeln von zwei Nummern stärker gestrickt wird als die Rechtsreihe. Man schlägt mit der dünneren Nadel an.

Reihe 1: Alle Maschen mit der stärkeren Nadel li.

Reihe 2: (mit der dünneren Nadel): * Kreuzen R, dabei M erst herüberheben bevor sie gestrickt wird – ab * wdh.

Diese beiden Reihen werden wiederholt.

Dieses kleine Muster eignet sich für Kostüme und Jacken und macht sich gut als Kombination mit glattem Muster. Als Grundmuster arbeitet

93

94 Strukturmuster II

Jede gerade Maschenzahl.

es sich gut für Pullover aller Typen und Größen und mit jeder Garnstärke.
Ziermusterkombinationen: Glattes Muster, beide Seiten, oder Reismuster.
Passendes Rippenmuster: 1 r, 1 li – oder 2 r, 2 li.

Reihe 1:	* 1 r, Fv, 1 abh, Fh – ab * wdh, endend genauso.
Reihe 2:	Alle Maschen li.
Reihe 3:	* Fv, 1 abh, Fh, 1 r – ab * wdh, endend genauso.
Reihe 4:	Alle Maschen li.

Diese 4 Reihen werden wiederholt.

Dieses weiche, haltbare Muster eignet sich besonders für Röcke und Jacken. Es hat nur wenig Dehnbarkeit wegen der abgehobenen Maschen. Es wirkt gut in weichem Garn, ist aber auch recht attraktiv mit Noppen- oder Kreppgarn. Für Kinderkleidung, die mitwachsen soll, ist es nicht zu empfehlen.
Ziermusterkombination: Glattes Muster.

94

95 Webstruktur I

Maschenzahl durch 4 teilbar + 2.

Hinweis:
Wenn der Faden vor der Arbeit geführt wird, sollte man ihn ziemlich locker halten.

Reihen 1, 5 und 9: * 2 r, Fv, 2 abh, Fh – ab * wdh, endend 2 r.

Reihen 2, 6 und 10: 1 li, * Fh, 2 abh, Fv, 2 li – ab * wdh, endend 3 li.

Reihen 3, 7 und 11: * Fv, 2 abh, Fh, 2 r – ab * wdh, endend Fv, 2 abh.

Reihen 4, 8 und 12: 3 li, * Fh, 2 abh, Fv, 2 li – ab * wdh, endend 1 li.

Reihen 13, 17 und 21: * Fv, 2 abh, Fh, 2 r – ab * wdh, endend Fv, 2 abh.

Reihen 14, 18 und 22: 1 li, * Fh, 2 abh, Fv, 2 li – ab * wdh, endend 3 li.

Reihen 15, 19 und 23: 2 r, * Fv, 2 abh, Fh, 2 r – ab * wdh, endend genauso.

Reihen 16, 20 und 24: 3 li, * Fh, 2 abh, Fv, 2 li – ab * wdh, endend 1 li.

Diese 24 Reihen werden wiederholt.

Diese Webstruktur hat einen Köpereffekt und sollte von einer Seite zur anderen gearbeitet werden, nicht von oben nach unten, wenn Längsstreifen erwünscht sind. Wie man sieht, eignet es sich ausgezeichnet für Jacken und Mäntel. Bei Queranwendung, wobei der Streifen auf und ab verläuft, kann man es für taillierte Modelle, die gewöhnlich aus gewebtem Stoff gefertigt werden, verwenden.

96 Webstruktur II
Jede gerade Maschenzahl.

Hinweis:
Für dieses Muster sollte man Nadeln von 2 Nummern weniger stark als für die benutzte Wolle angegeben verwenden. Man sollte nicht große Dehnung zulassen. Für den Anschlag *muß* eine dünnere Nadel benutzt werden!

Reihe 1: * 1 r, Fv, 1 abh, Fh – ab * wdh, endend genauso.

Reihe 2: * 1 li, Fh, 1 abh, Fv – ab * wdh, endend genauso.

Diese beiden Reihen werden wiederholt.

Dies ist eines der feinsten Strukturmuster, die es gibt. Es kann mit allen Garnen außer sehr dünnen gestrickt werden. Mitunter läßt es sich kaum von gewobenem Material unterscheiden, außer auf der linken Seite. Das Muster eignet sich am besten für flache Stücke, d. h. man arbeitet die einzelnen Teile und setzt sie dann zusammen wie bei gewebtem Stoff. Röcke strickt man auf der Rundnadel mit einer besonderen Technik. Es muß eine *ungerade* Maschenzahl angeschlagen werden, und man arbeitet nur nach Anweisung der Reihe 1.
Der Rock auf der Rundstricknadel wird von der Taille abwärts gearbeitet, wobei die Weite zugenommen wird. Alle Zunahmen müssen folgendermaßen gemacht werden: mit einer ungeraden Reihenzahl zwischen den Zunahmen.
Man benutzt einen Markierungsring an der Stelle der Fasson. *Genau vor und hinter dem Ring* strickt man die M r von *vorn*, bringt den Faden nach vorne ohne die Masche abzuheben, dann strickt man die M von *hinten* und läßt sie von der Nadel gleiten. Das Muster spannt sich flach und muß gründlich gebügelt werden.

97 Versetztes Schachbrettmuster I

Maschenzahl durch 6 teilbar + 5.

Reihe 1: * (1 r, Fv, 1 abh, Fh) × 2, 1 r, 1 li – ab * wdh, endend (1 r, Fv, 1 abh, Fh) × 2, 1 r.

Reihe 2: Fh, * (1 abh, Fv, 1 li, Fh) × 2, 1 abh, 1 r, Fh – ab * wdh, endend (1 abh, Fv, 1 li, Fh) × 2, Fh, 1 abh.

Reihen 3, 5, 7, 9 und 11: Wie Reihe 1.

Reihen 4, 6, 8 und 10: Wie Reihe 2.

Reihe 12: Alle Maschen li.

Reihe 13: Fv, 1 abh, Fh, 1 r, 1 li – ab * bis * von Reihe 1, wdh, endend 1 r, Fv, 1 abh.

Reihe 14: 1 li, Fh, 1 abh, 1 r – ab * bis * von Reihe 2 wdh, endend 1 abh, Fv, 1 li.

Reihen 15, 17, 19, 21 und 23: Wie Reihe 13.

Reihen 16, 18, 20 und 22: Wie Reihe 14.

Reihe 24: Alle Maschen li.

Diese 24 Reihen werden wiederholt.

Die Grundlage dieses Musters ist dieselbe wie Nr. 95. Beide zusammen – dieses Schachbrettmuster für die Jacke und Nr. 95 für den Rock – ergeben eine günstige Kombination. Das Schachbrettmuster ist jedoch für einen Rock nicht ratsam, da sich schlecht zu- und abnehmen läßt. Es eignet sich mehr für gerade Mäntel und Jacken.

Ziermusterkombination: Nr. 95.

97

98 Strukturblockmuster

Maschenzahl durch 6 teilbar + 8.

Hinweis:
»Faden um die Nadel führen« bedeutet in folgender Anleitung, daß der Faden vor die Arbeit gebracht wird, dann wieder über die Nadel und wieder nach vorne. Dieser Umschlag ergibt zusammen mit der abgehobenen Masche die Kreuzmasche. Auf der folgenden Reihe werden diese beiden Maschen zusammen gestrickt.

Reihe 1: Alle Maschen r.

Reihe 2: 1 r, Fv, 1 abh, Faden um die Nadel führen, 1 abh mit Faden vorn (dabei entsteht ein Umschlag), * 2 r, Fv, (1 abh, Faden um die Nadel führen) × 3, 1 abh, Umschl – ab * wdh, endend 2 r, Fv, 1 abh, Faden um die Nadel führen, 1 abh, Umschl, 1 r.

Reihe 3: 1 r, 2 r verschr zusstr (den Umschl und die abh-Masche) × 2, * 2 r, (2 r verschr zusstr) × 4 – ab * wdh, endend 2 r, (2 r verschr zusstr) × 2, 1 r.

Reihen 4, 6, 8 und 10: Wie Reihe 2.

Reihen 5, 7, 9 und 11: Wie Reihe 3.

Reihe 12: Alle Maschen li.

Reihe 13: Alle Maschen r.

Reihe 14: Wiederhole von * zu * von Reihe 2, endend 2 r.

Reihe 15: Wiederhole von * zu * von Reihe 3, endend 2 r.

Reihen 16, 18, 20 und 22: Wie Reihe 14.

Reihen 17, 19, 21 und 23: Wie Reihe 15.

Reihe 24: Alle Maschen li.

Diese 24 Reihen werden wiederholt.

Dies ist ein sehr hübsches Muster für Mäntel und Jacken. Es sollte mit starkem Garn gestrickt werden. Am besten nimmt man etwas dünnere Nadeln, als für das starke Garn üblich, denn bei zu dicken Nadeln kann es vorkommen, daß sich das Strickstück dehnt und die Form verliert. Mit den dünneren Nadeln wird die Fasson gehalten.
Bei Berücksichtigung dieser Ratschläge kann das Gestrickte gespannt werden.

98

99 Flechtmuster II

Jede geradzahlige Maschenzahl.

Hinweis:
Auf unserer Abbildung ist dieses Muster mit doppeltem Faden gestrickt.

Reihe 1: * man strickt die zweite Masche r von hinten, dann die erste Masche r von vorn – ab * durch die Reihe wdh.

Reihe 2: 1 li, * erst die zweite, dann die erste Masche li stricken – ab * wdh, endend 1 li.

Diese beiden Reihen werden wiederholt.

Dieses Muster ist außerordentlich fest und hält die Form vorzüglich. Außerdem ist es ein sehr gutes Ziermuster für sehr dünnes Garn und Babykleidung und eignet sich auch ausgezeichnet für Kombinationen mit glattem Muster.

99

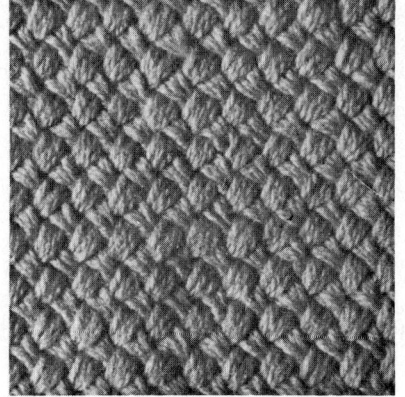

100 Flaches Rhombenmuster

Maschenzahl durch 8 teilbar + 7.

Reihe 1: 3 r, * 1 li, 7 r – ab * wdh, endend 1 li, 3 r.

Reihe 2: 2 li, * 1 r, 1 li, 1 r, 5 li – ab * wdh, endend 1 r, 1 li, 1 r, 2 li.

Reihe 3: 1 r, * 1 li, 3 r – ab * wdh, endend 1 li, 1 r.

Reihe 4: 1 r, * 5 li, 1 r, 1 li, 1 r – ab * wdh, endend 5 li, 1 r.

Reihe 5: * 7 r, 1 li – ab * wdh, endend 7 r.

Reihe 6: Wie Reihe 4.

Reihe 7: Wie Reihe 3.

Reihe 8: Wie Reihe 2.

Diese 8 Reihen werden wiederholt.

Ziermusterkombinationen: Glattes Muster, beide Seiten oder Reismuster.
Passendes Rippenmuster: 1 r, 1 li.

100

101 Kreuzweb-struktur

Maschenzahl durch 4 teilbar + 3.

Reihe 1: * 3 li, 1 r mit zwei Umschlägen – ab * wdh, endend 3 li.

Reihe 2: * 3 r, 1 li, dabei 2. Umschl fallenlassen – ab * wdh, endend 3 r.

Reihe 3: Alle Maschen r.

Reihe 4: Alle Maschen li.

Reihe 5: 1 li, * 1 r mit zwei Umschlägen, 3 li – ab * wdh, endend 1 r mit 2 Umschl, 1 li.

Reihe 6: 1 r, * 1 li, dabei 2. Umschl fallen lassen, 3 r – ab * wdh, endend 1 li, dabei 2. Umschl fallenlassen, 1 r.

Reihe 7: Alle Maschen r.

Reihe 8: Alle Maschen li.

Diese 8 Reihen werden wiederholt.

Dieses rauh strukturierte Muster sollte mit Vorsicht gehandhabt werden, denn es ist ziemlich dehnbar, deshalb sollte man mit dünneren Nadeln arbeiten, als für das betreffende Garn üblich ist. Trotz seiner Dehnbarkeit ist es auch elastisch und geht in die Form zurück. Es kann anstelle von kleinen Korbmustern angewendet werden. Das Grundmuster ist kraus, dadurch bleibt es flach. Es eignet sich gut für Pullover, wo ein wenig Struktur gewünscht wird.
Ziermusterkombinationen: Glattes Muster, beide Seiten, oder (sehr vorsichtig) krauses Muster.
Passendes Rippenmuster: 1 r, 1 li – keine andere Rippe.
Nur sehr leicht spannen.

102 Versetztes Schachbrettmuster II

Maschenzahl durch 4 teilbar + 3.

Reihe 1: 1 r, * 1 abh, 3 r – ab * wdh, endend 1 abh, 1 r.
Reihe 2: 1 li, * 1 abh, 3 li – ab * wdh, endend 1 abh, 1 li.
Reihe 3: Wie Reihe 1.
Reihe 4: Alle Maschen r.
Reihe 5: * 3 r, 1 abh – ab * wdh, endend 3 r.
Reihe 6: * 3 li, 1 abh – ab * wdh, endend 3 li.
Reihe 7: Wie Reihe 5.
Reihe 8: Alle Maschen r.
Diese 8 Reihen werden wiederholt.

Dieses rauhe und ziemlich feste Strickmuster erhält bei aller Elastizität seine Form.
Ziermusterkombination: Glattes Muster.
Passendes Rippenmuster: Nur 1 r, 1 li.

102

103 Schachbrettmuster

Maschenzahl durch 4 teilbar + 3.

Reihe 1: 1 r, * 1 abh, 3 r – ab * wdh, endend 1 abh, 1 r.
Reihe 2: 1 li, * 1 abh, 3 li – ab * wdh, endend 1 abh, 1 li.
Reihe 3: Wie Reihe 1.
Reihe 4: Alle Maschen r.
Diese 4 Reihen werden wiederholt.

Das Schachbrettmuster eignet sich als ganzheitliches Muster und als Ziermuster für Jacken und Mäntel. Es hat sogar noch weniger Vertikaldehnung als Muster 102.

103

104 Wellenmuster

Maschenzahl durch 8 teilbar + 3.

Als Beginn: 1 Reihe li.
Reihen 1 und 3: Alle Maschen li.
Reihen 2 und 4: Alle Maschen r.
Reihe 5: Alle Maschen r.
Reihe 6: 1 r, * man strickt 6 Reihen unterhalb die nächste Masche (unter der Rippe) und zieht eine Schlaufe hoch (nicht zu hoch), legt sie auf die LN und strickt sie r. Nächste Masche r und die 2. Masche auf der RN über die 1. Masche auf der RN ziehen; 7 r – ab * wdh, endend hochziehen und überziehen wie oben, 1 r.
Reihen 7 und 9: Alle Maschen li.
Reihen 8 und 10: Alle Maschen r.
Reihe 11: Alle Maschen r.
Reihe 12: 5 r, von * zu * in Reihe 6 wdh, endend 5 r.
Diese 12 Reihen werden wiederholt.

Dieses Muster ist leicht zu arbeiten und eignet sich gut für Schals, Plaids und Ähnliches. Besonders gut wirkt es bei Babyjäckchen, wenn es mit feinem Garn gestrickt wird. Ziermusterkombinationen: Reismuster oder krauses Muster. Passendes Rippenmuster: Nur 1 r, 1 li.
Dieses Muster kann ganz gespannt werden.

104

105 Rippe mit schrägen Zugmaschen

Maschenzahl durch 9 teilbar + 3.

Reihe 1: 3 li, * Umschl, 3 r, Umschl über die 3 r Maschen ziehen, 3 r, 3 li – ab * wdh, endend genauso.

Reihe 2 und alle geradzahligen Reihen: 3 r, * 6 li, 3 r – ab * wdh.

Reihe 3: 3 li, * 1 r, Umschl, 3 r, Umschl überziehen wie oben, 2 r, 3 li – ab * wdh, endend genauso.

Reihe 5: 3 li, * 2 r, Umschl, 3 r, Umschl überziehen wie oben, 1 r, 3 li – ab * wdh, endend genauso.

Reihe 7: 3 li, * 3 r, Umschl, 3 r, Umschl überziehen wie oben, 3 li – ab * wdh, endend genauso.

Diese 8 Reihen werden wiederholt.

Das Muster eignet sich gut als Ziermuster; es hat gute Eignung zum Zusammenziehen.

106 Kreuzstreifenblockmuster

Maschenzahl durch 8 teilbar + 2.

Reihen 1, 3, 5 und 7: Alle Maschen r.

Reihen 2, 4, 6 und 8: * 2 r, 6 li – ab * wdh, endend 2 r.

Reihe 9: 7 r, * 1 abh, 2 r, 1 abh, 4 r – ab * wdh, endend 7 r.

Reihe 10: 7 r, * Fv, 1 abh, Fh, 2 r, Fv, 1 abh, Fh, 4 r – ab * wdh, endend 7 r.

Reihe 11: Wie Reihe 9.

Reihe 12: Wie Reihe 10.

Reihe 13: 7 r, * 3 auf HN heben und hinter die Arbeit legen, nächste Masche r, 2 Maschen von HN auf LN holen und die HN mit der einen Masche nach vorn legen, 2 M von LN r stricken, 1 M von HN r stricken, 4 r – ab * wdh, endend 7 r.

Reihe 14: Wie Reihe 2.

Diese 14 Reihen werden wiederholt.

105

106

107 Zusammengefaßte Rippe

Maschenzahl durch 6 teilbar + 3.

Dies ist ein ungewöhnlich gutes Muster für Kinderwagendecken und Plaids bei Verwendung von mittelstarken und dicken Garnen. Auch für Sportpullover und Jacken läßt es sich verwenden.
Ziermusterkombination: Krauses Muster.
Kein passendes Rippenmuster.
Dieses Muster erfordert kein oder nur leichtes Spannen.

Reihen 1 und 3: * 3 li, 3 r – ab * wdh, endend 3 li.
Reihen 2 und 4: * 3 r, 3 li – ab * wdh, endend 3 r.
Reihe 5: * 3 li, dritte Masche der LN r stricken, dann zweite und dann erste Masche – ab * wdh, endend 3 li.
Reihen 6 und 8: Alle Maschen li.
Reihe 7: Alle Maschen r.
Reihen 9 und 11: * 3 r, 3 li – ab * wdh, endend 3 r.
Reihen 10 und 12: * 3 li, 3 r – ab * wdh, endend 3 li.
Reihe 13: * dritte Masche der LN r stricken, dann zweite und dann erste Masche, 3 li – ab * wdh, endend wie der Anfang.

107

108 Waffelmuster

Maschenzahl durch 3 teilbar + 2.

Reihe 1: * 2 r, 1 r mit zwei Umschlägen – ab * wdh, endend 2 r.

Reihe 2: * 2 li, 1 Umschl, dabei zweite Schlaufe fallen lassen – ab * wdh, endend 2 li.

Reihe 3: * 2 r, 1 abh – ab * wdh, endend 2 r.

Reihe 4: * 2 r, Fv, 1 abh, Fh – ab * wdh, endend 2 r.

Diese 4 Reihen werden wiederholt.

Dieses umwendbare Muster eignet sich gut für Jacken oder Sportpullover. Seine doppelte Struktur macht es besonders warm. Es ist ein ungewöhnlich gutes Muster zum Zusammenhalten und als Ziermuster.

Reihen 14 und 16: Alle Maschen li.

Reihe 15: Alle Maschen r.

Diese 16 Reihen werden wiederholt.

Dieses ist ein gutes ganzheitliches Muster und eignet sich auch als Ziermuster für Sportpullover und Jacken. Weiche Garne betonen die Struktur. Mit Kreppgarn oder Noppengarn kann man einen Kontrast zu glattem Muster bewirken.

Ziermusterkombination: Glattes Muster, beide Seiten.

Passendes Rippenmuster: 3 r, 3 li – oder 1 r, 1 li.

Je nach Verwendung kann es gespannt werden oder nicht.

108

109 Palmblattmuster

Maschenzahl durch 14 teilbar + 8.

Reihe 1: 3 r, * 2 li, 12 r – ab * wdh, endend 2 li, 3 r (linke Seite).

Reihe 2: 2 li, * Kreuzen R, Kreuzen L, 10 li – ab * wdh, endend Kreuzen R, Kreuzen L, 2 li.

Reihe 3: 2 r, * 4 li, 10 r – ab * wdh, endend 4 li, 2 r.

Reihe 4: 1 li, * Kreuzen R, 2 r, Kreuzen L, 8 li – ab * wdh, endend Kreuzen R, 2 r, Kreuzen L, 1 li.

Reihe 5: 1 r, * 6 li, 8 r – ab * wdh, endend 6 li, 1 r.

Reihe 6: 1 li, * 1 r, Kreuzen R, Kreuzen L, 1 r, 8 li – ab * wdh, endend 1 r, Kreuzen R, Kreuzen L, 1 r, 1 li.

Reihe 7: Wie Reihe 3.

Reihe 8: 2 li, * 1 r, Kreuzen durch 2 Maschen R, 1 r, 10 li – ab * wdh, endend 1 r, Kreuzen durch 2 Maschen R, 1 r, 2 li.

Reihe 9: Wie Reihe 1.

Reihe 10: 3 li, * 2 r, 12 li – ab * wdh, endend 2 r, 3 li.

Reihe 11: 10 r, * 2 li, 12 r – ab * wdh, endend 10 r.

Reihe 12: 9 li, * Kreuzen R, Kreuzen L, 10 li – ab * wdh, endend 9 li.

Reihe 13: 9 r, * 4 li, 10 r – ab * wdh, endend 9 r.

Reihe 14: 8 li, * Kreuzen R, 2 r, Kreuzen L, 8 li – ab * wdh, endend genauso.

Reihe 15: 8 r, * 6 li, 8 r – ab * wdh, endend genauso.

Reihe 16: 8 li, * 1 r, Kreuzen R, Kreuzen L, 1 r, 8 li – ab * wdh, endend genauso.

Reihe 17: Wie Reihe 13.

Reihe 18: 9 li, * 1 r, Kreuzen durch 2 Maschen R, 1 r, 10 li – ab * wdh, endend 9 li.

Reihe 19: Wie Reihe 11.

Reihe 20: 10 li, * 2 r, 12 li – ab * wdh, endend 10 li.

Diese 20 Reihen werden wiederholt.

109

110 Gekreuzte Rhombenstruktur I

Maschenzahl durch 6 teilbar + 2.

Dieses Palmblattmuster und ähnliche aus unserer Kollektion kann auf verschiedene Weise Anwendung finden. Es läßt sich mit Druckmustern in Webwaren vergleichen und wird in etwa gleicher Weise angewendet. Einige bilden recht kleine Muster, die man ähnlich einem kleinen Druckmuster oder als Kontrastmuster verwendet. Das Muster wirkt gut allein in kleidsamen Pullovern. Zusammen mit glattem Muster (beide Seiten) gibt es einem Kleid, Kostüm oder einer Jacke zum glatten Rock einen interessanten Blickfang. Das Muster zeigt am besten bei Verwendung von weichem Garn auf, man kann aber auch Krepp- oder Noppengarne verwenden. Ausgezeichnet eignen sich Baumwollgarne, dabei muß man aber beachten, daß man das Grundmuster verschränkt strickt.

Hinweis:
Alle geradzahligen Reihen: Alle Maschen li.

Reihe 1: 3 r, * Kreuzen R, 4 r – ab * wdh, endend 3 r.

Reihe 3: * 2 r, Kreuzen R, Kreuzen L – ab * wdh, endend 2 r.

Reihe 5: 1 r, * Kreuzen R, 2 r, Kreuzen L – ab * wdh, endend 1 r.

Reihe 7: * Kreuzen R, 4 r – ab * wdh, endend Kreuzen R.

Reihe 9: 1 r, * Kreuzen L, 2 r, Kreuzen R – ab * wdh, endend 1 r.

Reihe 11: * 2 r, Kreuzen L, Kreuzen R – ab * wdh, endend 2 r.

Diese 12 Reihen werden wiederholt.

Dieses Muster hat die gleiche Anwendung wie Nr. 109. Die gekreuzten Maschen machen es etwas elastischer.

110

111 Gekreuztes Rhombenmuster

Maschenzahl durch 10 teilbar.

Reihe 1: 4 li, * Fh, 2 abh, Fv, 8 li – ab * wdh, endend Fh, 2 abh, 4 li.

Reihe 2: 4 r, * Fv, 2 abh, Fh, 8 r – ab * wdh, endend Fv, 2 abh, 4 r.

Reihe 3: 2 li, * Fh, 3 M von LN auf RN heben, nächste M auf HN und diese vor die Arbeit legen, die 3 M auf die LN zurückgeben und die Masche von der HN r stricken; 2 li, nächste M auf HN und vor die Arbeit legen, 2 li, Fh und M von HN r stricken, Fv, 4 li – ab * wdh, endend 2 li.

Reihe 4: 2 r, 1 li, * 4 r, 1 li – ab * wdh, endend 2 r.

Reihe 5: 2 li, * Fh, 1 abh, Fv, 4 li – ab * wdh, endend Fh, 1 abh, Fv, 2 li.

Reihe 6: 2 r, * Fv, 1 abh, Fv, 4 r – ab * wdh, endend Fv, 1 abh, Fv, 2 r.

Reihe 7: * 2 M von LN auf RN legen, nächste M auf HN vor die Arbeit legen, die 2 M auf LN zurücklegen, M von HN r stricken, Fv, 6 li, nächste M auf HN vor die Arbeit legen, 2 li, Fh, die M von HN r stricken – ab * wdh, endend genauso.

Reihe 8: 1 li, * 8 r, 2 li – ab * wdh, endend 8 r, 1 li.

Reihe 9: 1 r, * 8 li, Fh, 2 abh, Fv – ab * wdh, endend 8 li, 1 r.

Reihe 10: 1 li, * 8 r, Fv, 2 abh, Fh – ab * wdh, endend 8 r, 1 li.

Reihe 11: * 1 M auf HN vor die Arbeit legen, Fv, 2 li, Fh und M von HN r stricken, 4 li, 3 M von LN auf RN legen, nächste M auf HN vor die Arbeit legen, die 3 M auf LN zurückholen, Fh und M von HN r stricken, 2 li, Fh – ab * wdh, endend 2 M von LN abh, nächste M auf HN vor die Arbeit legen, die 2 M auf LN zurückgeben, die M von HN r stricken, 2 li.

Reihe 12: 2 r, 1 li, * 4 r, 1 li – ab * wdh, endend 2 r.

Reihe 13: Wie Reihe 5.

Reihe 14: Wie Reihe 6.

Reihe 15: 2 li, * nächste M auf HN vor die Arbeit legen, 2 li, Fh, M von HN r stricken, 2 M von LN auf RN heben, nächste M auf HN vor die Arbeit legen, die beiden M auf LN zurückholen, Fh und M von HN r stricken, 6 li – ab * wdh, endend 4 li.

Reihe 16: 4 r, * 2 li, 8 r – ab * wdh, endend 2 li, 4 r.

Diese 16 Reihen werden wiederholt.

Dieses Muster, das Nr. 110 sehr ähnlich ist, hat dieselbe Anwendung wie dieses. Es ist sogar noch elastischer als Nr. 110, da Maschen sowohl abgehoben wie gekreuzt werden.

112 Fortlaufende Rhomben und Rippen

Maschenzahl durch 9 teilbar + 1.

Reihe 1: 1 r, * 3 li, Kreuzen R, 3 li, 1 r – ab * wdh, endend genauso.

Reihe 2: 1 li, * 3 r, 2 li, 3 r, 1 li – ab * wdh, endend genauso.

Reihe 3: 1 r, * 2 li, Kreuzen R, Kreuzen L, 2 li, 1 r – ab * wdh, endend genauso.

Reihe 4: 1 li, * 2 r, 1 li – ab * wdh, endend genauso.

Reihe 5: 1 r, * 1 li, Kreuzen R, 2 li, Kreuzen L, 1 li, 1 r – ab * wdh, endend genauso.

Reihe 6: 1 li, * 1 r, 1 li, 4 r, 1 li, 1 r, 1 li – ab * wdh, endend genauso.

Reihe 7: 1 r, * Kreuzen R, 4 li, Kreuzen L, 1 r – ab * wdh, endend genauso.

Reihe 8: 2 li, * 6 r, 3 li – ab * wdh, endend 2 li.

Reihe 9: 1 r, * Kreuzen L, 4 li, Kreuzen R, 1 r – ab * wdh, endend genauso.

Reihe 10: Wie Reihe 6.

Reihe 11: 1 r, * 1 li, Kreuzen L, 2 li, Kreuzen R, 1 li, 1 r – ab * wdh, endend genauso.

Reihe 12: Wie Reihe 4.

Reihe 13: 1 r, * 2 li, Kreuzen L, Kreuzen R, 2 li, 1 r – ab * wdh, endend genauso.

Reihe 14: Wie Reihe 2.

Diese 14 Reihen werden wiederholt.

Dieses Muster hat dieselbe Anwendung und kann in genau derselben Weise behandelt werden wie Nr. 111. Der einzige Unterschied ist der senkrechte Streifen, der die Länge im fertigen Modell betont.

112

113 Gesmokte Honigwaben

Maschenzahl durch 8 teilbar + 3.

Hinweis:
Beschreibung des Smokmusters s. S. 43.

Reihen 1, 3, 5 und 7: 3 r, * 1 li, 3 r – ab * wdh, endend genauso.

Reihen 2, 4 und 6: 3 li, * 1 r, 3 li – ab * wdh, endend genauso.

Reihe 8: 3 li, * Smok über 5 M, abstricken 1 r, 3 li, 1 r, dann 3 li – ab * wdh, endend genauso.

Reihen 9, 11, 13 und 15: Wie Reihe 1.

Reihen 10, 12 und 14: Wie Reihe 2.

Reihe 16: 3 li, 1 r, 3 li, * wie oben, 3 li – ab * wdh, endend 1 r, 3 li.

Diese 16 Reihen werden wiederholt.

Im Aussehen ist dieses Muster ähnlich wie Nr. 111, es wird jedoch durch die Smokmasche etwas mehr zusammengezogen und ist ziemlich elastisch. Will man das Gesmok etwas dichter haben, können die Reihen 6, 7, 14 und 15 ausgelassen werden, so daß ein 12-Reihen-Muster entsteht. Es eignet sich hervorragend als Musterkombination bei Passen, Taillen oder Ärmeln in Babykleidung. Man kann auch zum Smoken ein Garn in Kontrastfarbe wählen.

114 Knotengitter

Maschenzahl durch 8 teilbar.

Randreihe – nicht wiederholen:
3 li, * 2 r, 6 li – ab * wdh, endend 2 r, 3 li (rechte Seite).

Reihe 1: 3 r, * Fv, 2 abh, Fh, 6 r – ab * wdh, endend Fv, 2 abh, Fh, 3 r.

Reihe 2: 3 li, * Kreuzen R, 6 li – ab * wdh, endend Kreuzen R, 3 li.

Reihe 3: 3 r, * (RLR)×2, 6 r – ab * wdh, endend (RLR)×2, 3 r.

Reihe 4: 3 li, * 3 r zusstr, 3 r verschr zusstr, 6 li – ab * wdh, endend 3 r zusstr, 3 r verschr zusstr, 3 li.

Reihe 5: Wie Reihe 1.

Reihe 6: Wie Reihe 2.

Reihe 7: Wie Reihe 1.

Reihe 8: 2 li, * Kreuzen R, Kreuzen L, 4 li – ab * wdh, endend 2 li.

Reihe 9: 2 r, * Fv, 1 abh, Fh, 2 r, Fv, 1 abh, Fh, 4 r – ab * wdh, endend 2 r.

Reihe 10: 1 li, * Kreuzen R, 2 li, Kreuzen L, 2 li – ab * wdh, endend 1 r.

Reihe 11: 1 r, * Fv, 1 abh, Fh, 4 r, Fv, 1 abh, Fh, 2 r – ab * wdh, endend 1 r.

Reihe 12: * Kreuzen R, 4 li, Kreuzen L – ab * wdh, endend genauso.

Reihe 13: 1 li, * 6 r, Fv, 2 abh, Fh – ab * wdh, endend 1 li.

Reihe 14: 1 r, * 6 li, Kreuzen R – ab * wdh, endend 1 r.

Reihe 15: RLR, * 6 r, (RLR)×2 – ab * wdh, endend RLR.

Reihe 16: 3 r verschr zusstr, * 6 li, 3 r zusstr, 3 r verschr zusstr – ab * wdh, endend 3 r zusstr.

Reihe 17: Wie Reihe 13.

Reihe 18: Wie Reihe 14.

Reihe 19: Wie Reihe 13.

Reihe 20: * Kreuzen L, 4 li, Kreuzen R – ab * wdh, endend genauso.

Reihe 21: Wie Reihe 11.

Reihe 22: 1 li, * Kreuzen L, 2 li, Kreuzen R 2 li – ab * wdh, endend 1 li.

Reihe 23: Wie Reihe 9.

Reihe 24: 2 li, * Kreuzen L, Kreuzen R, 4 li – ab * wdh, endend 2 li.

Diese 24 Reihen werden wiederholt.

Dieses ist eine Fortentwicklung von Muster 111 und kann in derselben Weise angewendet werden. Beim Maschenabheben sollte der Faden *locker* geführt werden.

114

115 Gekreuzte Rhombenstruktur II

Maschenzahl durch 4 teilbar + 1.

Reihe 1: 1 li, * Fh, 3 abh, Fv, 1 li – ab * wdh, endend genauso.
Reihe 2: Alle Maschen r.
Reihe 3: Alle Maschen li.
Reihe 4: 2 r, * man strickt unter der darunterliegenden Schlaufe zus. mit nächster M r, 3 r – ab * wdh, endend 2 r.
Reihe 5: 3 li, * Fh, 3 abh, Fv, 1 li – ab * wdh, endend 3 li.
Reihe 6: Alle Maschen r.
Reihe 7: Alle Maschen li.
Reihe 8: 4 r, * man strickt unter der darunterliegenden Schlaufe zus. mit nächster M r wie oben, 3 r – ab * wdh, endend 4 r.
Diese 8 Reihen werden wiederholt.

Dieses verkleinerte Muster 110 wird ganz anders gestrickt.

116 Kreuzstruktur II

Maschenzahl durch 3 teilbar + 1.

Reihe 1: * 1 r, 1 abh wie zum Rechtsstricken, nächste M von vorn und von hinten abstricken und überz – ab * wdh, endend 1 r.
Reihe 2: Alle Maschen li.
Reihe 3: * 1 abh wie zum Rechtsstricken, nächste M von vorn und von hinten abstricken und überz, 1 r – ab * wdh, endend 2 r.
Reihe 4: Alle Maschen li.
Diese 4 Reihen werden wiederholt.

Dieses Muster ist sehr elastisch und eignet sich für Fabrikate, die nicht zu dicht sein sollen und sich dennoch nicht dehnen dürfen. Es läßt sich mit jeder Garnstärke stricken. Da das Maschenmaß etwa gleich ist wie beim glatten Muster, eignet es sich als Kontrast oder Verzierung.

117 Zopfknoten

Maschenzahl durch 16 teilbar + 1.

Reihe 1: Alle Maschen li.
Reihe 2: Alle Maschen r.
Reihe 3: 6 li, * 1 r, 3 li, 1 r, 11 li – ab * wdh, endend 6 li.
Reihe 4: 6 r, * 1 li, 3 r, 1 li, 11 r – ab * wdh, endend 6 r.
Reihe 5: Wie Reihe 3.
Reihe 6: Wie Reihe 4.
Reihe 7: 6 li, * 4 M auf HN vor die Arbeit legen, nächste r, 3 M von HN auf LN holen und li stricken, dann 1 M von HN r, 11 li – ab * wdh, endend 6 li.
Reihe 8: Wie Reihe 4.
Reihe 9: Wie Reihe 3.
Reihe 10: Wie Reihe 4.
Reihe 11: Wie Reihe 7.
Reihe 12: Wie Reihe 4.
Reihe 13: Wie Reihe 3.
Reihe 14: Wie Reihe 4.
Reihe 15: Alle Maschen li.
Reihe 16: Alle Maschen r.
Reihe 17: 14 li, * 1 r, 3 li, 1 r, 11 li – ab * wdh, endend 14 li.
Reihe 18: 14 r, * 1 li, 3 r, 1 li, 11 r – ab * wdh, endend 14 r.
Reihe 19: Wie Reihe 17.
Reihe 20: Wie Reihe 18.
Reihe 21: * 14 li, Kreuzen wie in Reihe 7, 11 li – ab * wdh, endend 14 li.
Reihe 22: Wie Reihe 18.
Reihe 23: Wie Reihe 17.
Reihe 24: Wie Reihe 18.
Reihe 25: Wie Reihe 21.
Reihe 26: Wie Reihe 18.
Reihe 27: Wie Reihe 17.
Reihe 28: Wie Reihe 18.
Diese 28 Reihen werden wiederholt.

Dieses hübsche Muster eignet sich gut als Verzierung oder Kontrast. Es arbeitet sich mit jeder Art von Garn und kann mit glattem Muster (beide Seiten) kombiniert werden. Sehr attraktiv wirkt es als Passe oder Oberteil eines Kleides oder in Kostümjacken oder Kurzmänteln sowie in Jacken.
Ziermusterkombination: Glattes Muster, beide Seiten.
Passendes Rippenmuster: 1 r, 1 li.

117

118 Hochgezogene Kreuzstruktur

Maschenzahl durch 4 teilbar + 1.

Hinweis:
Kreuzen zweier Maschen R und L s. S. 35.

Reihe 1: 1 li, * 1 li mit 2 Umschl, 3 li – ab * wdh, endend genauso.

Reihe 2: * 3 r, 1 abh Fh, dabei die Extraschlaufe fallen lassen – ab * wdh, endend 1 r.

Reihe 3: 1 li, * 1 abh Fv, 3 li – ab * wdh, endend genauso.

Reihe 4: * 1 r, 1 über 2 Kreuzen R – ab * wdh, endend 1 r.

Reihe 5: 4 li, * 1 li mit 2 Umschl, 3 li – ab * wdh, endend 4 li.

Reihe 6: 4 r, * 1 abh Fh, dabei Extraschlaufe fallen lassen, 3 r – ab * wdh, endend 4 r.

Reihe 7: 4 li, * 1 abh Fv, 3 li – ab * wdh, endend 4 li.

Reihe 8: 4 r, * 1 über 2 Kreuzen L, 1 r – ab * wdh, endend 2 r.

Diese 8 Reihen werden wiederholt.

Dieselbe Anwendung wie Nr. 116. Außerdem eignet sich die hochgezogene Kreuzstruktur gut als Zusammenfaßmuster.

119 Schmetterlingsmuster I

Maschenzahl durch 14 teilbar + 9.

Hinweis:
Die Arbeitsmethode ist genau auf S. 44 erklärt.

Reihen 1, 3 und 5: Alle Maschen li.

Reihen 2, 4 und 6: Alle Maschen r.

Reihen 7, 9 und 11: 8 li, * Fh und 7 M abh, Fv, 7 li – ab * wdh, endend 8 li.

Reihen 8 und 10: Alle Maschen r.

Reihe 12: 11 r, Bogenknoten machen, 13 r – ab * wdh, endend 11 r.

Reihen 13, 15 und 17: Alle Maschen li.

Reihen 14, 16 und 18: Alle Maschen r.

Reihen 19, 21 und 23: 1 li, – von * bis * in Reihe 7 wdh, endend 1 li.

Reihen 20 und 22: Alle Maschen r.

Reihe 24: 4 r – von * bis * in Reihe 12 wdh, endend 4 r.

Diese 24 Reihen werden wiederholt.

Dieses Muster muß im Design sorgfältig geplant werden. Man sollte es nur in ganzheitlichen Mustern verwenden und nicht dort, wo die Schmetterlinge Gefahr laufen, aufgezogen zu werden. Es eignet sich bei Verwendung von dickerem Garn für Kinderdecken. Dazu wählt man als Einfassung ca. 10 cm eines anderen Musters.

119

120 Rosetten

Maschenzahl durch 12 teilbar + 9.

Hinweis:
Anleitung für den hier angewendeten Knoten s. S. 44.

Alle geradzahligen Reihen: Alle Maschen li.

Reihen 1 und 3: Alle Maschen r.

Reihe 5: 10 r, in nächste Masche Knoten mit 8 M (RLRLRLRL) machen, 11 r – ab * wdh, endend 10 r.

Reihe 7: * 9 r, Knoten, 1 r, Knoten – ab * wdh, endend 9 r.

Reihe 9: Wie Reihe 7.

Reihe 10: Wie Reihe 5.

Reihen 13 und 15: Alle Maschen r.

Reihe 17: 4 r, * Knoten, 11 r – ab * endend 4 r.

Reihe 19: 3 r, * Knoten, 1 r, Knoten, 9 r – ab * wdh, endend 3 r.

Reihe 21: Wie Reihe 19.

Reihe 23: Wie Reihe 17.

Reihe 24: Alle Maschen li.

Diese 24 Reihen werden wiederholt.

Dieses hübsche Kontrast- oder Ziermuster kann mit jedem Garn gestrickt werden, am besten mit weicher Wolle. Mit dünnem Faden ergibt es ein zartes Muster für Baby- oder Kinderkleidchen. Für eine Abendbluse kann man in den Mittelpunkt der Rosette eine Perle setzen.

120

121 Blattstruktur

Maschenzahl durch 16 teilbar + 1.

Reihe 1: 8 li, * 1 r, Umschl, 7 li – ab * wdh, endend 8 li.
Reihe 2: 8 r, * 2 li, 7 r – ab * wdh, endend 8 r.
Reihe 3: 8 li, * 2 r, Umschl, 7 li – ab * wdh, endend 8 li.
Reihe 4: 8 r, * 3 li, 7 r – ab * wdh, endend 8 r.
Reihe 5: 8 li, * 3 r, Umschl, 7 li – ab * wdh, endend 8 li.
Reihe 6: 8 r, * 4 li, 7 r – ab * wdh, endend 8 r.
Reihe 7: 8 li, * 4 r, Umschl, 7 li – ab * wdh, endend 8 li.
Reihe 8: 8 r, * 5 li, 7 r – ab * wdh, endend 8 r.
Reihe 9: 8 li, * 5 r, Umschl, 7 li – ab * wdh, endend 8 li.
Reihe 10: 8 r, * 6 li, 7 r – ab * wdh, endend 8 r.
Reihe 11: 8 li, * 6 r, Umsch, 7 li – ab * wdh, endend 8 li.
Reihe 12: 8 r, * 7 li, 7 r – ab * wdh, endend 8 r.
Reihe 13: 8 li, * 5 r, 2 r zusstr, 7 li – ab * wdh, endend 8 li.
Reihe 14: 8 r, * 2 li zusstr, 4 li, 7 r – ab * wdh, endend 8 r.
Reihe 15: 8 li, * 3 r, 2 r zusstr, 7 li – ab * wdh, endend 8 li.
Reihe 16: 8 r, * 2 li zusstr, 2 li, 7 r – ab * wdh, endend 8 r.
Reihe 17: 8 li, * 1 r, 2 r zusstr, 7 li – ab * wdh, endend 8 li.
Reihe 18: 8 r, * 2 li zusstr, 7 li – ab * wdh, endend 8 r.
Reihe 19: 4 li, * 1 r, Umschl, 7 li – ab * wdh, endend 1 r, Umschl, 4 li.
Reihe 20: 4 r, * 2 li, 7 r – ab * wdh, endend 4 r.
Reihe 21: 4 li, * 2 r, Umschl, 7 li – ab * wdh, endend 2 r, Umschl, 4 li.
Reihe 22: 4 r, * 3 li, 7 r – ab * wdh, endend 4 r.
Reihe 23: 4 li, * 3 r, Umschl, 7 li – ab * wdh, endend 3 r, Umschl, 4 li.
Reihe 24: 4 r, * 4 li, 7 r – ab * wdh, endend 4 r.
Reihe 25: 4 li, * 4 r, Umschl, 7 li – ab * wdh, endend 4 r, Umschl, 4 li.
Reihe 26: 4 r, * 5 li, 7 r – ab * wdh, endend 4 r.

121

122 Blattrelief

Maschenzahl durch 16 teilbar + 15.

Hinweis:
Die erste zuzunehmende Masche wird r zun R gestrickt, die zweite zuzunehmende Masche wird r zun L gestrickt (s. S. 34).

Reihe 1: * 15 li, 1 zun, 1 r, 1 zun – ab * wdh, endend 15 li.

Reihe 2: * 15 r, 3 li – ab * wdh, endend 15 r.

Reihe 3: * 15 li, 1 zun, 3 r, 1 zun – ab * wdh, endend 15 li.

Reihe 4: * 15 r, 5 li – ab * wdh, endend 15 r.

Reihe 5: * 15 li, 1 zun, 1 r, ArÜ, 2 r, 1 zun – ab * wdh, endend 15 li.

Reihe 6: * 15 r, 6 li – ab * wdh, endend 15 r.

Reihe 7: * 15 li, 1 zun, 2 r, ArÜ, 2 r, 1 zun – ab * wdh, endend 15 li.

Reihe 27: 4 li, * 5 r, Umschl, 7 li – ab * wdh, endend 5 r, Umschl, 4 li.

Reihe 28: 4 r, * 6 li, 7 r – ab * wdh, endend 4 r.

Reihe 29: 4 li, * 6 r, Umschl, 7 li – ab * wdh, endend 6 r, Umschl, 4 li.

Reihe 30: 4 r, * 7 li, 7 r – ab * wdh, endend 4 r.

Reihe 31: 4 li, * 5 r, 2 r zusstr, 7 li – ab * wdh, endend 4 li.

Reihe 32: 4 r, * 2 li zusstr, 4 li, 7 r – ab * wdh, endend 4 r.

Reihe 33: 4 li, * 3 r, 2 r zusstr, 7 li – ab * wdh, endend 4 li.

Reihe 34: 4 r, * 2 li zusstr, 2 li, 7 r – ab * wdh, endend 4 r.

Reihe 35: 4 li, * 1 r, 2 r zusstr, 7 li – ab * wdh, endend 4 li.

Reihe 36: 4 r, * 2 li zusstr, 7 r – ab * wdh, endend 4 r.

Diese 36 Reihen werden wiederholt.

Bei richtiger Anwendung wirkt dieses Muster sehr attraktiv. Als ganzheitliches Muster ist es fast zu schwer und zu dick, aber bei sparsamer Verwendung bildet es ein sehr gutes Ziermuster. Es lassen sich alle Garnarten verwenden.

122

Reihe 8: * 15 r, 7 li – ab * wdh, endend 15 r.

Reihe 9: * 15 li, 1 zun, 3 r, ArÜ, 2 r, 1 zun – ab * wdh, endend 15 li.

Reihe 10: * 15 r, 8 li – ab * wdh, endend 15 r.

Reihe 11: * 15 li, 4 r, ArÜ, 2 r – ab * wdh, endend 15 li.

Reihe 12: * 15 r, 7 li – ab * wdh, endend 15 r.

Reihe 13: * 15 li, ArÜ, 1 r, ArÜ, 2 r zusstr – ab * wdh, endend 15 li.

Reihe 14: * 15 r, 4 li – ab * wdh, endend 15 r.

Reihe 15: * 15 li, ArÜ, 2 r zusstr – ab * wdh, endend 15 li.

Reihe 16: * 15 r, 2 li zusstr – ab * wdh, endend 15 r.

Reihen 17: und 19: Alle Maschen li.

Reihen 18 und 20: Alle Maschen r.

Reihe 21: 7 li, * 1 zun, 1 r, 1 zun, 15 li – ab * wdh, endend 1 zun, 1 r, 1 zun, 7 li.

Reihe 22: 7 r, * 3 li, 15 r – ab * wdh, endend 3 li, 7 r.

Reihe 23: 7 li, * 1 zun, 3 r, 1 zun, 15 li – ab * wdh, endend 1 zun, 3 r, 1 zun, 7 li.

Reihe 24: 7 r, * 5 li, 15 r – ab * wdh, endend 5 li, 7 r.

Reihe 25: 7 li, * 1 zun, 1 r, ArÜ, 2 r, 1 zun, 15 li – ab * wdh, endend 1 zun, 1 r, ArÜ, 2 r, 1 zun, 7 li.

Reihe 26: 7 r, * 6 li, 15 r – ab * wdh, endend 6 li, 7 r.

Reihe 27: 7 li, * 1 zun, 2 r, ArÜ, 2 r, 1 zun, 15 li – ab * wdh, endend 1 zun, 2 r, ArÜ, 2 r, 1 zun, 7 li.

Reihe 28: 7 r, * 7 li, 15 r – ab * wdh, endend 7 li, 7 r.

Reihe 29: 7 li, * 1 zun, 3 r, ArÜ, 2 r, 1 zun, 15 li – ab * wdh, endend 1 zun, 3 r, ArÜ, 2 r, 1 zun, 7 li.

Reihe 30: 7 r, * 8 li, 15 r – ab * wdh, endend 8 li, 7 r.

Reihe 31: 7 li, * 4 r, ArÜ, 2 r, 15 li – ab * wdh, endend 4 r, ArÜ, 2 r, 7 li.

Reihe 32: 7 r, * 7 li, 15 r – ab * wdh, endend 7 li, 7 r.

Reihe 33: 7 li, * ArÜ, 1 r, ArÜ, 2 r zusstr, 15 li – ab * wdh, endend ArÜ, 1 r, ArÜ, 2 r zusstr, 7 li.

Reihe 34: 7 r, * 4 li, 15 r – ab * wdh, endend 4 li, 7 r.

Reihe 35: 7 li, * ArÜ, 2 r zusstr, 15 li – ab * wdh, endend ArÜ, 2 r zusstr, 7 li.

Reihe 36: 7 r, * 2 li zusstr, 15 r – ab * wdh, endend 2 li zusstr, 7 r.

Reihen 37 und 39: Alle Maschen li.

Reihen 38 und 40: Alle Maschen r.

Diese 40 Reihen werden wiederholt. Dieselbe Anwendung wie Nr. 121.

123 Lazy Daisy

Maschenzahl durch 10 teilbar + 5.

Hinweis:
Zu Beginn strickt man eine Reihe links.

Reihen 1, 3, 9 und 11: Alle Maschen r.

Reihen 2, 4, 8, 10 und 12: Alle Maschen li.

Reihe 5: 5 r, * man sticht die Nadel 5 Reihen unterhalb in die 3. M von links ein und zieht eine Schlaufe hoch, 5 r, aus derselben Masche unten noch eine Schlaufe hochziehen, 5 r – ab * wdh, endend genauso.

Reihe 6: 4 li, * 2 verschr li zusstr, 5 li, 2 li zusstr, 3 li, – ab * wdh, endend 4 li.

Reihe 7: 7 r, * aus derselben Masche, aus der die Schlaufen in Reihe 5 hochgezogen wurden, Schlaufe hochziehen, diese auf die LN legen und durch hinteren Teil der Schlaufe und vorderen Teil der nächsten Masche r stricken (zusammen), 9 r – ab * wdh, endend 7 r.

Reihe 13: 10 r – von * bis * in Reihe 5 wdh, endend 10 r.

Reihe 14: 9 li – von * bis * in Reihe 6 wdh, endend 9 li.

Reihe 15: 12 r – von * bis * in Reihe 7 wdh, endend 12 r.

Reihe 16: Alle Maschen li.

Diese 16 Reihen werden wiederholt.

Dieses Muster sieht schwieriger aus, als es ist. Es eignet sich gut als ganzheitliches Muster oder als Ziermuster. Es arbeitet sich mit weicher Wolle oder auch mit Noppen- oder Kreppgarn gleich gut und ist besonders attraktiv mit dünnem Garn in Babykleidung.

124 Schräges Knotenmuster

Maschenzahl durch 6 teilbar.

Hinweis:
Jeder Knoten wird RLRLRL in eine Masche gearbeitet.

Reihe 1: * 2 r, Knoten, 3 li – ab * wdh, endend genauso.

Reihe 2: * 3 r, 3 li – ab * wdh, endend genauso.

Reihe 3: 1 li, * 2 r, Knoten, 3 li – ab * wdh, endend 2 li.

Reihe 4: 2 r, * 3 li, 3 r – ab * wdh, endend 1 r.

Reihe 5: 2 li, * 2 r, Knoten, 3 li – ab * wdh, endend 1 li.

Reihe 6: 1 r, * 3 li, 3 r – ab * wdh, endend 2 r.

Reihe 7: * 3 li, 2 r, Knoten – ab * wdh, endend 3 li, 3 r.

Reihe 8: * 3 li, 3 r – ab * wdh, endend genauso.

Reihe 9: 1 r, * 3 li, 2 r, Knoten – ab * wdh, endend 2 r.

Reihe 10: 2 li, * 3 r, 3 li – ab * wdh, endend 1 li.

Reihe 11: 2 r, * 3 li, 2 r, Knoten – ab * wdh, endend 1 r.

Reihe 12: 1 li, * 3 r, 3 li – ab * wdh, endend 2 li.

Diese 12 Reihen werden wiederholt.

Dieses Muster eignet sich als Kontrast- oder Ziermuster. Am besten verwendet man weiches Garn, aber auch Kreppgarn ist geeignet.

124

Einseitige Muster

125 Rippenrhomben

Maschenzahl durch 15 teilbar.

Hinweis:
Die Maschenzahl der einzelnen Reihen wechselt.

Randreihe – nicht wiederholen:
3 li, * 9 r, 6 li – ab * wdh, endend 3 li.

Reihe 1: 2 r, * ArÜ, 3 li, Umschl, 2 li zusstr, 2 li, 2 r zusstr, 2 r, Umschl, 2 r – ab * wdh, endend 2 r zusstr, 2 r.

Reihe 2: 3 li, 7 r, 3 li, 1 r – ab * wdh, endend 3 li.

Reihe 3: 2 r, * ArÜ, 6 li, 3 r, Umschl, 1 li, Umschl, 2 r – ab * wdh, endend 3 r.

Reihe 4: * 3 li, 6 r, 3 li, 3 r – ab * wdh, endend 3 li.

Reihe 5: 2 r, * ArÜ, 4 li, 2 r zusstr, 2 r, Umschl, 3 li, Umschl, 2 r – ab * wdh, endend 2 r zusstr, 2 r.

125

Reihe 6: * 3 li, 4 r, 3 li, 5 r – ab * wdh, endend 3 li, 4 r, 3 li.

Reihe 7: 2 r, * ArÜ, 2 li, 2 r zusstr, 2 r, Umschl, 5 li, Umschl, 2 r – ab * wdh, endend 2 r zusstr, 2 r.

Reihe 8: * 3 li, 2 r, 3 li, 7 r – ab * wdh, endend 3 li.

Reihe 9: 2 r, * ArÜ, 2 r zusstr, 2 r, Umschl, 1 li, 2 li zusstr, Umschl, 1 li, Umschl, 2 li zusstr, 1 li, Umschl, 2 r – ab * wdh, endend ArÜ, 2 r zusstr, 2 r.

Reihe 10: * 3 über 3 vorn verzopfen, 9 r – ab * wdh, endend 3 über 3 vorn verzopfen.

Reihe 11: 3 r, * Umschl, 2 r, ArÜ, 3 li, Umschl, 2 li zusstr, 2 li, 2 r zusstr, 2 r – ab * wdh, endend Umschl, 3 r.

Reihe 12: 3 li, * 1 r, 3 li, 7 r, 3 li – ab * wdh, endend 1 r, 3 li.

Reihe 13: 3 r, * Umschl, 1 li, Umschl, 2 r, ArÜ, 5 li, 2 r zusstr, 2 r – ab * wdh, endend Umschl, 1 li, Umschl, 3 r.

Reihe 14: 3 li, * 3 r, 3 li, 5 r, 3 li – ab * wdh, endend 3 r, 3 li.

Reihe 15: 3 r, * Umschl, 3 li, Umschl, 2 r, ArÜ, 3 li, 2 r zusstr, 2 r – ab * wdh, endend Umschl, 3 li, Umschl, 3 r.

Reihe 16: 3 li, * 5 r, 3 li, 3 r, 3 li – ab * wdh, endend 5 r, 3 li.

Reihe 17: 3 r, * Umschl, 5 li, Umschl, 2 r, ArÜ, 1 li, 2 r zusstr, 2 r – ab * wdh, endend Umschl, 5 li, Umschl, 3 r.

Reihe 18: 3 li, * 7 r, 3 li, 1 r, 3 li – ab * wdh, endend 7 r, 3 li.

Reihe 19: 3 r, * Umschl, 1 li, 2 li zusstr, Umschl, 1 li, Umschl, 2 li zusstr, 1 li, Umschl, 2 r, ArÜ, 3 r – ab * wdh, endend Umschl, 3 r.

Reihe 20: 3 li, * 9 r, 3 über 3 vorn verzopfen – ab * wdh, endend 9 r, 3 li.

Diese 20 Reihen werden wiederholt.

Dieses echte Zopfmuster ist sehr elastisch. Es eignet sich als Ziermuster oder als ganzheitliches Muster in Decken oder Plaids. Am besten wirkt es aus weicher Wolle.

126 Kletterrose

Maschenzahl durch 22 teilbar + 1.

Hinweis:
Alle zuzunehmenden Maschen im folgenden Muster werden links zugenommen.

Die Anleitung für Rosenknospe (RK) und Blätter findet sich auf S. 44.

Die Anleitung für Verzopfung 3 r, 1 li, 3 r findet sich auf S. 41.

Reihe 1: * 1 li, 1 zun, 3 r, 2 li zusstr, 5 li, 1 r, 5 li, 2 li verschr zusstr, 3 r, 1 zun – ab * wdh, endend 1 zun, 1 li.

Reihe 2: 2 r, * 3 li, 6 r, 1 li, 6 r, 3 li, 3 r – ab * wdh, endend 2 r.

Reihe 3: 2 li, 1 zun, * 3 r, 2 li zusstr, 4 li, RK, 4 li, 2 li verschr zusstr, 3 r, 1 zun, 3 li, 1 zun – ab * wdh, endend 1 zun, 2 li.

Reihe 4: 3 r, * 3 li, 11 r, 3 li, 5 r – ab * wdh, endend 3 r.

Reihe 5: 3 li, 1 zun, * 3 r, 2 li zusstr, 7 li, 2 li verschr zusstr, 3 r, 1 zun, 2 li, 1 r, 2 li, 1 zun – ab * wdh, endend 1 zun, 3 li.

Reihe 6: 4 r, * 3 li, 9 r, 3 li, 3 r, 1 li, 3 r – ab * wdh, endend 4 r.

Reihe 7: 4 li, 1 zun, * 3 r, 2 li zusstr, 5 li, 1 li verschr zusstr, 3 r, 1 zun, 3 li, 1 r, 3 li, 1 zun – ab * wdh, endend 1 zun, 4 li.

Reihe 8: 5 r, * 3 li, 7 r, 3 li, 4 r, 1 li, 4 r – ab * wdh, endend 5 r.

Reihe 9: 5 li, 1 zun, * 3 r, 2 li zusstr, 3 li, 2 li verschr zusstr, 3 r, 1 zun, 4 li, 1 r, 4 li, 1 zun – ab * wdh, endend 1 zun, 5 li.

Reihe 10: 6 r, * 3 li, 5 r, 3 li, 5 r, 1 li, 5 r – ab * wdh, endend 6 r.

Reihe 11: 6 li, 1 zun, * 3 r, 2 li zusstr, 1 li, 2 li verschr zusstr, 3 r, 1 zun, 5 li, 1 r, 5 li, 1 zun – ab * wdh, endend 1 zun, 6 li.

Reihe 12: 7 r, * 3 li, 3 r, 3 li, 6 r, 1 li, 6 r – ab * wdh, endend 7 r.

Reihe 13: 7 li, 1 zun, * 3 r, 3 li zusstr, 3 r, 1 zun, 6 li, 1 r, 6 li, 1 zun – ab * wdh, endend 1 zun, 7 li.

Reihe 14: 8 r, * 3 li, 1 r, 3 li, 7 r, 1 li, 7 r – ab * wdh, endend 8 r.

Reihe 15: 8 li, * verzopfen 3 r, 1 li, 3 r, hinten; 4 li, Blatt aus 6 Reihen unterhalb, 3 li, 1 r, 3 li, Blatt aus 7 Reihen unterhalb, 4 li, verzopfen 3 r, 1 li, 3 r, vorne – ab * wdh, endend 8 li.

126

Reihe 16: 8 r, * 3 li, 1 r, 3 li, 3 r, 2 r zusstr, 3 r, 1 li, 3 r, 2 r verschr zusstr, 3 r – ab * wdh, endend 8 r.

Reihe 17: 6 li, 2 li verschr zusstr, * 3 r, 1 zun, 1 li, 1 zun, 3 r, 2 li zusstr, 5 li, 1 r, 5 li, 2 li verschr zusstr – ab * wdh, endend 2 li zusstr, 6 li.

Reihe 18: 7 r, * 3 li, 3 r, 3 li, 6 r, 1 li, 6 r – ab * wdh, endend 7 r.

Reihe 19: 5 li, 2 li verschr zusstr, * 3 r, 1 zun, 3 li, 1 zun, 3 r, 2 li zusstr, 4 li, RK, 4 li, 2 li verschr zusstr – ab * wdh, endend 2 li zusstr, 5 li.

Reihe 20: 6 r, * 3 li, 5 r, 3 li, 11 r – ab * wdh, endend 6 r.

Reihe 21: 4 li, 2 li verschr zusstr, * 3 r, 1 zun, 2 li, 1 r, 2 li, 1 zun, 3 r, 2 li zusstr, 7 li, 2 li zusstr – ab * wdh, endend 2 li zusstr, 4 li.

Reihe 22: 5 r, * 3 li, 3 r, 1 li, 3 r, 3 li, 8 r – ab * wdh, endend 5 r.

Reihe 23, 3 li, 2 li verschr zusstr, * 3 r, 1 zun, 3 li, 1 r, 3 li, 1 zun, 3 r, 2 li zusstr, 5 li, 2 li verschr zusstr – ab * wdh, endend 2 li zusstr, 3 li.

Reihe 24: 4 r, * 3 li, 4 r, 1 li, 4 r, 3 li, 7 r – ab * wdh, endend 4 r.

Reihe 25: 2 li, 2 li verschr zusstr, * 3 r, 1 zun, 4 li, 1 r, 4 li, 1 zun, 3 r, 2 li zusstr, 3 li, 2 li verschr zusstr – ab * wdh, endend 2 li zusstr, 2 li.

Reihe 26: 3 r, * 3 li, 5 r, 1 li, 5 r, 3 li, 5 r – ab * wdh, endend 3 r.

Reihe 27: 1 li, 2 li verschr zusstr, * 3 r, 1 zun, 5 li, 1 r, 5 li, 1 zun, 3 r, 2 li zusstr, 1 li, 2 li verschr zusstr – ab * wdh, endend 2 li zusstr, 1 li.

Reihe 28: 2 r, * 3 li, 6 r, 1 li, 6 r, 3 li, 3 r – ab * wdh, endend 2 r.

Reihe 29: 2 li verschr zusstr, * 3 r, 1 zun, 6 li, 1 r, 6 li, 1 zun, 3 r, 3 li zusstr – ab * wdh, endend 2 li zusstr.

Reihe 30: 1 r, * 3 li, 7 r, 1 li, 7 r, 3 li, 1 r – ab * wdh, endend genauso.

Reihe 31: 1 li, 3 r, * 4 li, Blatt, 3 li, 1 r, 3 li, Blatt, 4 li, verzopfen 3 r, 1 li, 3 r, hinten, 4 li,
Blatt, 3 li, 1 r, 3 li, Blatt, 4 li, verzopfen 3 r, 1 li, 3 r, vorne – ab * wdh, endend 3 r, 1 li.

Reihe 32: 1 r, 3 li, * 3 r, 2 r zusstr, 3 r, 1 li, 3 r, 2 r verschr zusstr, 3 r, 3 li, 1 r, 3 li – ab * wdh, endend 3 li, 1 r.

Diese 32 Reihen werden wiederholt.

Anwendung dieselbe wie Muster 125. Dies ist ein sehr weibliches Muster. Es wirkt sehr hübsch, wenn man die beiden Vorderteile einer Jacke mit diesem Muster ziert.

127 Kletterwein und Streifen

Maschenzahl durch 6 teilbar.

Reihe 1: Alle Maschen r (rechte Seite).
Reihe 2: 2 li, * 2 r, 4 li – ab * wdh, endend 2 li.
Reihe 3: 1 r, * Kreuzen L, 4 r – ab * wdh, endend 3 r.
Reihe 4: 2 li, * 1 r, 1 li, 1 r, 3 li – ab * wdh, endend 1 li.
Reihe 5: 2 r, * Kreuzen L, 4 r – ab * wdh, endend 2 r.
Reihe 6: 3 li, 2 r, * 4 li, 2 r – ab * wdh, endend 1 li.
Reihe 7: Alle Maschen r.
Reihe 8: Wie Reihe 6.
Reihe 9: 2 r, * Kreuzen R, 4 r – ab * wdh, endend 2 r.
Reihe 10: Wie Reihe 4.
Reihe 11: 1 r, * Kreuzen R, 4 r – ab * wdh, endend 3 r.
Reihe 12: Wie Reihe 2.
Diese 12 Reihen werden wiederholt.

Dieses Muster eignet sich als ganzheitliches Muster und als Zier- oder Kontrastmuster. Man kann es für Pullover und Jacken aller Größen verwenden oder für Kostümjacken, die mit einem Rock getragen werden, bei dem glattes Muster dominiert. Man kann einen Musterstreifen in den Rock aufnehmen.
Ziermusterkombinationen: Glattes Muster, beide Seiten, oder krauses Muster oder Reismuster.
Passendes Rippenmuster: 1 r, 1 li.
Nur leicht spannen.

127

128 Türmchen

Maschenzahl durch 8 teilbar + 1.

Reihe 1: 4 li, * Umschl, 2 li zusstr, 6 li – ab * wdh, endend Umschl, 2 li zusstr, 3 li.

Reihen 2, 4 und 6: 4 r, * 1 li, 7 r – ab * wdh, endend 4 r.

Reihen 3, 5 und 7: 4 li, * 1 r, 7 li – ab * wdh, endend 4 li.

Reihe 8: Alle Maschen li.

Reihe 9: 8 li, * Umschl, 2 li zusstr, 6 li – ab * wdh, endend 2 li zusstr, 7 li.

Reihen 10, 12 und 14: 8 r, * 1 li, 7 r – ab * wdh, endend 8 r.

Reihen 11, 13, 15: 8 li, * 1 r, 7 li – ab * wdh, endend 1 r, 8 li.

Reihe 16: Alle Maschen li.

Diese 16 Reihen werden wiederholt.

Dieses ganzheitliche Muster eignet sich für fast jedes Kleidungsstück.

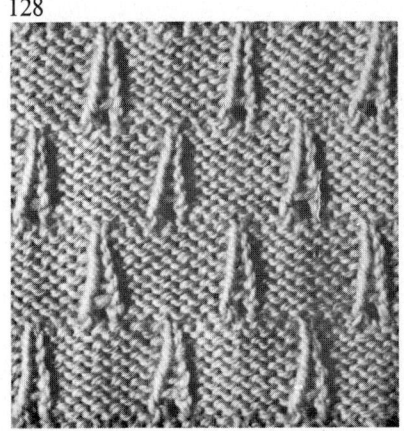

128

129 Augen

Maschenzahl durch 8 teilbar + 7.

Reihe 1: Alle Maschen r.

Reihe 2: 3 li, * 1 r, 7 li – ab * wdh, endend 1 r, 3 li.

Reihe 3: 2 r, * 3 li, 5 r – ab * wdh, endend 3 li, 2 r.

Reihe 4: 1 li, * 5 r, 3 li – ab * wdh, endend 5 r, 1 li.

Reihe 5: * 2 li, 2 li zusstr, Umschl, 3 li, 1 r – ab * wdh, endend 2 li, 2 li zusstr, Umschl, 3 li.

Reihe 6: Wie Reihe 4.

Reihe 7: Wie Reihe 3.

Reihe 8: Wie Reihe 2.

Diese 8 Reihen werden wiederholt.

Anwendung wie Muster 128, aber dieses Muster ist etwas offener. Es sollte gut gespannt werden.

129

130 Brautschleier

Maschenzahl durch 4 teilbar + 2.

Alle ungeradzahligen Reihen: Alle Maschen li.

Reihe 2: 1 r, * 1 aufn (wie r), 1 r, 1 aufn, A2zrÜ – ab * wdh, endend 1 r.

Reihe 4: 1 r, * A2zrÜ, 1 aufn, 1 r, 1 auf h – ab * wdh, endend (1 aufn, 1 r) × 2.

Diese 4 Reihen werden wiederholt.

Dieses vielseitige Muster kann als ganzheitliches Muster oder als Ziermuster angewendet werden. Unser Foto zeigt es mit mittelstarkem Garn auf Nadelstärke 3 gestrickt. Es eignet sich für Kaltwetterpullover, für Blusen oder Jacken. Bei Verwendung von weichem Noppen- oder Kreppgarn mit Kunstfaser kann es auch für Abendgarderobe verwendet werden, z. B. Blusen oder Kleider. Es ist leicht zu arbeiten und strickt sich sehr schnell mit dicken Nadeln, dann muß man aber das Maschenmaß *vor* und *nach* dem Spannen nehmen.

Ziermusterkombinationen: Glattes Muster.

Passendes Rippenmuster: 1 r, 1 li.

131 Drillingsrippe

Maschenzahl durch 12 teilbar + 7.

Alle ungeradzahligen Reihen: 2 r, * 3 li, 3 r – ab * wdh, endend 3 li, 2 r.

Reihe 2: 2 li, * rh 3×, 3 li – ab * wdh, endend rh 3×, 2 li.

Reihe 4: 2 li, * Umschl, A2zrÜ, Umschl, 3 li, rh 3× – ab * wdh, endend Umschl, A2zrÜ, Umschl, 2 li.

Reihe 6: Wie Reihe 2.

Reihe 8: 2 li, * rh 3×, 3 li, Umschl, A2zrÜ, Umschl, 3 li – ab * wdh, endend rh 3×, 2 li.

Diese 8 Reihen werden wiederholt.

Dies ist ein weiteres vielseitiges Muster, das genauso Anwendung findet wie 127 und 128. Es ist elastischer als jedes Rippenmuster. Die einzelne Musterreihe eignet sich als Verzierung für Rockbahnen. Gut strickt es sich mit Baumwoll- oder ähnlichem Garn.

132 Ösenzöpfchen

Maschenzahl durch 5 teilbar + 2.

Reihe 1: * 2 li, 3 r – ab * wdh, endend 2 li.

Reihe 2: * 2 r, 3 li – ab * wdh, endend 2 r.

Reihe 3: * 2 li, 1 abh, 2 r, dann abgehobene M über die beiden r M ziehen – ab * wdh, endend 2 li.

Reihe 4: * 2 r, 1 li, Umschl, 1 li – ab * wdh, endend 2 r.

Diese 4 Reihen werden wiederholt.

Anwendung wie Muster 131.

131

132

133 Offener Streifen

Maschenzahl durch 5 teilbar + 6.

Reihe 1: 2 r, * Umschl, 2 r zusstr, 3 r – ab * wdh, endend Umschl, 2 r zusstr, 2 r.

Reihe 2: 2 li, * Umschl, 2 li zusstr, 3 li – ab * wdh, endend Umschl, 2 li zusstr, 2 li.

Diese beiden Reihen werden wiederholt.

Anwendung wie Muster 131.

134 Tränentropfen

Maschenzahl durch 6 teilbar + 5.

Reihe 1: 5 li, * 1 r, Umschl, 5 li – ab * wdh, endend genauso (rechte Seite).

Reihe 2: 5 r, * 2 li, 5 r – ab * wdh, endend genauso.

Reihe 3: 5 li, * 2 r, 5 li – ab * wdh, endend genauso.

Reihe 4: Wie Reihe 2.

Reihe 5: Wie Reihe 3.

Reihe 6: 5 r, * 2 li zusstr, 5 r – ab * wdh, endend genauso.

Reihe 7: 2 li, * 1 r, Umschl, 5 li – ab * wdh, endend 1 r, Umschl, 2 li.

133

134

135 Einfaches Lochmuster

Jede ungeradzahlige Maschenzahl.

Reihen 1 und 3: Alle Maschen r.

Reihen 2 und 4: Alle Maschen li.

Reihe 5: durch die ganze Reihe 2 r zusstr, endend 1 r.

Reihe 6: * 1 r, 1 aufn (wie r), – ab * wdh, endend 1 aufn, 1 r.

Reihe 7: Alle Maschen r.

Reihe 8: Alle Maschen li.

Reihe 9: 1 r, dann durch die ganze Reihe 2 r zusstr.

Reihe 10: Wie Reihe 6.

Diese 10 Reihen werden wiederholt.

Dieses Muster strickt sich ganz einfach. Man kann es weiter auseinander stricken oder Reihe 1 und 2 weglassen, um es dichter zusammenzubringen. Bei Verwendung von Baumwollgarn muß man unbedingt verschränkt abstricken! (s. S. 25)

Reihe 8: 2 r, * 2 li, 5 r – ab * wdh, endend 2 li, 2 r.

Reihe 9: 2 li, * 2 r, 5 li – ab * wdh, endend 2 r, 2 li.

Reihe 10: Wie Reihe 8.

Reihe 11: Wie Reihe 9.

Reihe 12: 2 r, * 2 li zusstr, 5 r – ab * wdh, endend 2 li zus str, 2 r.

Diese 12 Reihen werden wiederholt.

Anwendung wie Muster 127.

135

136 Krauses Strukturmuster
Maschenzahl durch 6 teilbar + 5.

Reihen 1, 3 und 5: Alle Maschen li (rechte Seite).

Reihen 2 und 4: Alle Maschen r.

Reihe 6: 5 r, * 5 Reihen unterhalb der nächsten Masche eine Schlaufe stricken und hochziehen, nächste M r, Schlaufe über diese Masche ziehen, 5 r – ab * wdh, endend genauso.

Reihen 7, 9 und 11: Alle Maschen li.

Reihen 8 und 10: Alle Maschen r.

Reihe 12: 2 r, von * bis * in Reihe 6 wdh, endend Schlaufe stricken und hochziehen wie vorher, diese über 2 überziehen, 2 r.

Diese 12 Reihen werden wiederholt.

Anwendung wie Muster 127.

137 Pikeemuster II
Maschenzahl durch 6 teilbar + 5.

Reihen 1, 3 und 5: 2 li, * li, 1 rh, 5 li – ab * wdh, endend 1 rh, 2 li.

Reihen 2, 4 und 6: 2 r, * 1 lh, 5 r – ab * wdh, endend 1 lh, 2 r.

Reihen 7, 9 und 11: * 5 li, 1 rh – ab * wdh, endend 5 li.

Reihen 8, 10 und 12: * 5 r, 1 lh – ab * wdh, endend 5 r.

Diese 12 Reihen werden wiederholt.

Anwendung wie Muster 127.
Das Pikeemuster ist jedoch fester und mehr elastisch.

136

137

138 Blättchenstruktur

Maschenzahl durch 8 teilbar + 7.

Reihe 1: * 7 li, RLR – ab * wdh, endend 7 li.

Reihe 2: * 7 r, 3 li – ab * wdh, endend 7 r.

Reihe 3: * 7 li, 3 r – ab * wdh, endend 7 li.

Reihe 4: Wie Reihe 2.

Reihe 5: Wie Reihe 3.

Reihe 6: * 7 r, 3 li zusstr – ab * wdh, endend 7 r.

Reihe 7: 3 li, * RLR, 7 li – ab * wdh, endend 3 li.

Reihe 8: 3 r, * 3 li, 7 r – ab * wdh, endend 3 r.

Reihe 9: 3 li, * 3 r, 7 li – ab * wdh, endend 3 li.

Reihe 10: Wie Reihe 8.

Reihe 11: Wie Reihe 9.

Reihe 12: 3 r, * 3 li zusstr, 7 r – ab * wdh, endend 3 r.

Diese 12 Reihen werden wiederholt.

Anwendung wie Muster 127.

138

139 Rhomben in Rhomben

Maschenzahl durch 8 teilbar + 1.

Alle ungeradzahligen Reihen: Alle Maschen li.

Reihe 2: 2 r, * Umschl, ArÜ, 6 r – ab * wdh, endend Umschl, ArÜ, 5 r.

Reihe 4: 3 r, * Umschl, ArÜ, 3 r, 2 r zusstr, Umschl, 1 r – ab * wdh, endend Umschl, ArÜ, 4 r.

Reihe 6: 4 r, * Umschl, ArÜ, 1 r, 2 r zusstr, Umschl, 3 r – ab * wdh, endend Umschl, ArÜ, 3 r.

Reihe 8: 2 r, 2 r zusstr, * Umschl, 5 r, A2zrÜ – ab * wdh, endend Umschl, 5 r.

Reihe 10: 6 r, * Umschl, ArÜ, 6 r – ab * wdh, endend Umschl, ArÜ, 1 r.

Reihe 12: 4 r, 2 r zusstr, Umschl, * 1 r, Umschl, ArÜ, 3 r, 2 r zusstr, Umschl, ab * wdh, endend Umschl, 3 r.

Reihe 14: 3 r, * 2 r zusstr, Umschl, 3 r, Umschl, ArÜ, 1 r – ab * wdh, endend 2 r zusstr, Umschl, 4 r.

Reihe 16: 5 r, * Umschl, A2zrÜ, Umschl, 5 r – ab * wdh, endend Umschl, ArÜ, 2 r.

Diese 16 Reihen werden wiederholt.

Dieses Muster ähnelt sehr den Durchbruchmustern. Das kleine Motiv sollte hauptsächlich als Ziermuster in Blusen und Kleidern Verwendung finden. Aber auch Bettjäckchen oder Babysachen wirken sehr hübsch, wenn es als ganzheitliches Muster zur Anwendung kommt. Auch als Muster in der Mitte einer Kinderwagendecke oder als Streifen in einem Plaid oder in Stolen ist es geeignet. Es lassen sich alle Garnstärken und alle Garnarten verwenden.

139

140 Einfaches Blattmuster

Maschenzahl durch 6 teilbar + 1.

Reihe 1: Alle Maschen r (linke Seite).
Reihe 2: Alle Maschen li.
Reihe 3: Alle Maschen r.
Reihe 4: 1 r, * Umschl, 1 r, A2zrÜ, 1 r, Umschl, 1 r – ab * wdh, endend genauso.
Reihe 5: Alle Maschen li.
Reihe 6: Wie Reihe 4.
Reihe 7: Alle Maschen li.
Reihe 8: Wie Reihe 4.
Diese 8 Reihen werden wiederholt.

Dieses Muster wirkt schwieriger, als es ist. Es eignet sich besonders gut für Schals, Stolen, Bettjacken und Babykleidung. Am besten kommt es zur Wirkung, wenn es mit dünnem Garn und Nadeln Nr. 4 oder größer gestrickt wird. Auch als Einfassung, bei Verwendung von einer Musterpartie, ist es hübsch in Babykleidchen, Kragen, Stulpen und Höschen.

141 Schmetter-lings-Spitzenmuster

Maschenzahl durch 12 teilbar + 5.

Reihe: 1 li, * (1 r, Umschl) × 2, 1 r, 9 li – ab * wdh, endend (1 r, Umschl) × 2, 1 r, 1 li.

Reihe 2: 1 r, * 5 li, 9 r – ab * wdh, endend 5 li, 1 r.

Reihen 3 und 5: 1 li, * 5 r, 9 li – ab * wdh, endend 5 r, 1 li.

Reihen 4 und 6: Wie Reihe 2.

Reihe 7: 1 li, * 1 r, man sticht die RN 6 Reihen unterhalb in die zweite Masche von links ein. 3 Maschen von LN fallen lassen und sie zur RN herunterziehen. Diese Masche r stricken und die daraus entstehende Schlaufe zur obersten Reihe hinaufziehen (ein Schmetterling ist fertig); 1 r, 9 li – ab * wdh, endend 1 r, Schmetterling, 1 r, 1 li.

Reihe 8: 1 r, * 1 li, 1 r, 1 li, 9 r – ab * wdh, endend (1 li, 1 r) × 2.

Reihe 9: 7 li, * (1 r, Umschl) × 2, 1 r, 9 li – ab * wdh, endend 7 li.

Reihe 10: 7 r, * 5 li, 9 r – ab * wdh, endend 7 r.

Reihen 11 und 13: 7 li, * 5 r, 9 li – ab * wdh, endend 7 li.

Reihen 12 und 14: Wie Reihe 10.

Reihe 15: 7 li, * 1 r, Schmetterling, 1 r, 9 li – ab * wdh, endend 7 li.

Reihe 16: 7 r, * 1 li, 1 r, 1 li, 8 r – ab * wdh, endend 7 li.

Diese 16 Reihen werden wiederholt.

Anwendung wie Muster 127. Die Wirkung dieses Musters ist jedoch anspruchsvoller. Es ist auch schwieriger zu arbeiten, und man tut gut daran, es vor der Anwendung auszuprobieren.

Zopfmuster

142 Zopf und Rippe im Wechsel

Maschenzahl durch 16 teilbar + 2.

Hinweis:
Anleitung für Verzopfung 2, 2 und 2 s. S. 38.

Alle ungeradzahligen Reihen: * 2 r, 2 li – ab * wdh, endend 2 r.

Reihen 2, 4, 6 und 8: * 2 li, 2 r – ab * wdh, endend 2 li.

Reihe 10: 2 li, * verzopfen 2, 2 und 2 vorn; (2 li, 2 r) × 2 – ab * wdh, endend genauso.

Reihen 12, 14 und 16 und 18: Wie Reihe 2.

Reihe 20: * (2 li, 2 r) × 2, 2 li, verzopfen 2, 2 und 2 hinten – ab * wdh, endend 2 li.

Diese 20 Reihen werden wiederholt.

Ein kräftiges Muster für alle Sportpullover, außer für ganz kleine Größen. Man kann jede Garnstärke verwenden.

142

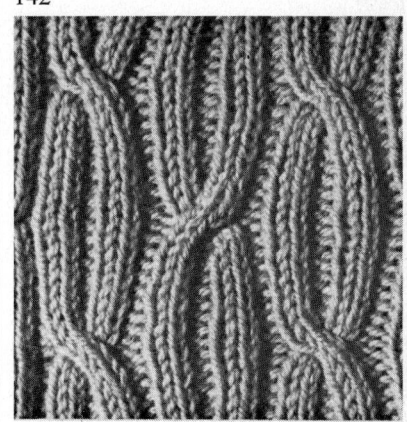

143 Wandernder gekreuzter Zopf

Maschenzahl durch 8 teilbar + 6.

Alle ungeradzahligen Reihen: * 2 r, 2 li – ab * wdh, endend 2 r.

Reihen 2, 4 und 6: * 2 li, 2 r – ab * wdh, endend 2 li.

Reihe 8: * 2 li, verzopfen 3 über 3 *vorn* – ab * wdh, endend 2 li, 2 r, 2 li.

Reihen 10, 12 und 14: Wie Reihe 2.

Reihe 16: 2 li, 2 r, 2 li, * verzopfen 3 über 3 *hinten;* 2 li – ab * wdh, endend genauso.

Diese 16 Reihen werden wiederholt.

Anwendung wie Muster 142.

144 Fantasiezopf

Maschenzahl durch 16 teilbar + 2.

Reihen 1, 3, 5, 7, 9 und 11: 2 r, * 2 li, 2 r – ab * wdh, endend genauso.

Reihen 2, 4, 6, 8, 10 und 12: 2 li, * 2 r, 2 li – ab * wdh, endend genauso.

Reihe 13: * 2 r, 2 li, verzopfen 5 über 5 *hinten;* 2 li – ab * wdh, endend 2 li, 2 r.

Reihen 14, 16 und 18: * 2 li, 2 r, 10 li, 2 r – ab * wdh, endend 2 r, 2 li.

Reihen 15 und 17: * 2 r, 2 li, 10 r, 2 li – ab * wdh, endend 2 li, 2 r.

Reihe 19: Wie Reihe 13.

Reihe 20: Wie Reihe 2.

Reihen 21, 23, 25, 27, 29 und 31: Wie Reihe 1.

Reihen 22, 24, 26, 28, 30 und 32: Wie Reihe 2.

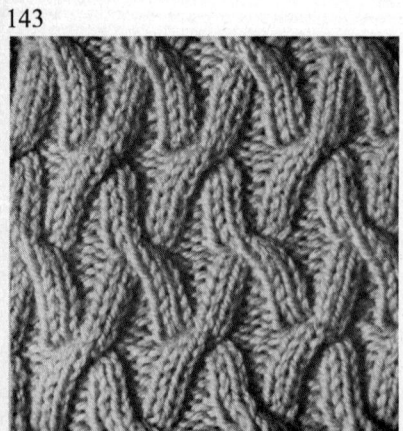

143

144

145 Verschränkte Rippchen

Maschenzahl durch 8 teilbar + 6.

Reihe 1: 2 r, * 2 li, 1 r, 4 li, 1 r – ab * wdh, endend 2 li, 2 r.

Reihe 2: 2 li, * 2 r, 1 li, 4 r, 1 li – ab * wdh, endend 2 r, 2 li.

Reihe 3: Wie Reihe 1.

Reihe 4: 2 li, * 2 r, 1 li, verzopfen 2 über 2 vorn; 1 li – ab * wdh, endend 2 r, 2 li.

Reihe 5: Wie Reihe 1.

Reihe 6: Wie Reihe 4.

Reihe 7: 1 r, * 4 li, 1 r, 2 li, 1 r – ab * wdh, endend 4 li, 1 r.

Reihe 8: 1 li, * 4 r, 1 li, 2 r, 1 li – ab * wdh, endend 4 r, 1 li.

Reihe 9: Wie Reihe 7.

Reihe 33: * verzopfen 5 über 5 *hinten;* 2 li, 2 r, 2 li – ab * wdh, endend 2 r.

Reihen 34, 36, 38: 2 li, * 2 r, 2 li, 2 r, 10 li – ab * wdh, endend genauso.

Reihen 35 und 37: * 10 r, 2 li, 2 r, 2 li – ab * wdh, endend 2 r.

Reihe 39: Wie Reihe 33.

Reihe 40: Wie Reihe 2.

Diese 40 Reihen werden wiederholt.

Dieses Muster findet ähnliche Anwendung wie Muster 143. Der Fantasiezopf ist etwas anspruchsvoller und strickt sich etwas dichter wegen der doppelten Verzopfung.

145

146 Flache Zopf-struktur

Maschenzahl durch 11 teilbar + 1.

Reihe 1 und 3: 3 r, * 6 li, 5 r – ab * wdh, endend 6 li, 3 r.	
Reihe 2: 3 li, * 6 r, 5 li – ab * wdh, endend 6 r, 3 li.	
Reihe 4: 3 li, * 5 M auf HN vor die Arbeit legen, 1 r, 4 Maschen von der HN auf LN legen und HN mit 1 M hinter die Arbeit legen, 4 M von LN r und dann 1 M von HN r stricken, 5 li – ab * wdh, endend 3 li.	
Reihen 5 und 7: Wie Reihe 1.	
Reihen 6 und 8: Wie Reihe 2.	
Diese 8 Reihen werden wiederholt.	

Reihe 10: 1 li, * verzopfen 2 über 2 vorn; 1 li, 2 r, 1 li – ab * wdh, endend verzopfen 2 über 2 vorn; 1 li.
Reihe 11: Wie Reihe 7.
Reihe 12: Wie Reihe 10.
Diese 10 Reihen werden wiederholt.

Dieses sehr kunstvolle Muster eignet sich weniger gut für starke Garne, aber dafür arbeitet es sich besonders gut mit feinem Garn, Nadelstärke 3 oder 4.
Passendes Rippenmuster:
Nur 2 r, 2 li.

Obgleich dieses Muster nicht wie ein Zopf aussieht, ist es ein echter Zopf. Ungewöhnlich elastisch, kann es sowohl als ganzheitliches Muster wie als Kontrastmuster Anwendung finden, wo Zusammenziehung erforderlich ist (wie Muster 144).

147 Gespreizter Zopf

Maschenzahl durch 18 teilbar + 6.

Reihen 1, 3, 5 und 7: * 6 r, 3 li – ab * wdh, endend 6 r.

Reihen 2, 4 und 6: * 6 li, 3 r – ab * wdh, endend 6 li.

Reihe 8: * 6 li, 3 M auf HN vor die Arbeit legen, 3 li von LN, 3 r von HN, nächste 3 M auf HN hinter die Arbeit legen, 3 r von LN, 3 li von HN – ab * wdh, endend 6 li.

Reihen 9, 11, 13 und 15: 9 r, * 6 li, 12 r – ab * wdh, endend 9 r.

Reihen 10, 12, 14: 9 li, * 6 r, 12 li – ab * wdh, endend 9 li.

Reihe 16: * 6 li, 3 M auf HN hinter die Arbeit legen, 3 r, 3 li von HN, die nächsten 3 M auf HN vor die Arbeit legen, 3 li, 3 r von HN – ab * wdh, endend 6 li.

Diese 16 Reihen werden wiederholt.

Anwendung wie Muster Nr. 146.

147

148 Geflochtener Zopf

Maschenzahl durch 20 teilbar + 8.

Alle ungeradzahligen Reihen: 2 r, * 4 li, 2 r, 12 li, 2 r – ab * wdh, endend 4 li, 2 r.

Reihen 2, 4, 6, 8: 2 li, * 4 r, 2 li, 12 r, 2 li – ab * wdh, endend 4 r, 2 li.

Reihe 10: 2 li, * 4 r, 2 li, 8 M auf HN vor die Arbeit legen, 4 r von LN, dann 4 M von HN auf LN legen und HN hinter die Arbeit legen, 4 r von LN, 4 r von HN, 2 li – ab * wdh, endend 4 r, 2 li.

Diese 10 Reihen werden wiederholt.

Das Muster ist besonders für sportliche Kleidung geeignet.

148

149 Pferdehufstreifen

Maschenzahl durch 16 teilbar + 8.

Reihen 1 und 3: 2 li, * 4 r, 2 li, 8 r, 2 li – ab * wdh, endend 4 r, 2 li.

Reihen 2 und 4: 2 r, * 4 li, 2 r, 8 li, 2 r – ab * wdh, endend 4 li, 2 r.

Reihe 5: 2 li, 4 r, * 2 li, verzopfen 2 über 2 hinten, verzopfen 2 über 2 vorne; 2 li, 4 r, 2 li – ab * wdh, endend 4 r, 2 li.

Reihe 6: Wie Reihe 2.

Anwendung wie Muster 146 und 148.

150 Versetzter Pferdehufstreifen

Maschenzahl durch 20 teilbar + 2.

Alle geradzahligen Reihen: * 2 r, 8 li – ab * wdh, endend 2 r.

Reihe 1: Alle Maschen r.

Reihe 3: * 2 r, verzopfen 2 über 2 hinten, verzopfen 2 über 2 vorne; 12 r – ab * wdh, endend genauso.

Reihen 5, 9, 13, 17 und 21: Alle Maschen r.

Reihen 7, 11, 15 und 19: Wie Reihe 3.

Reihe 23: * 12 r, verzopfen 2 über 2 hinten, verzopfen 2 über 2 vorne – ab * wdh, endend 2 r.

Reihen 25, 29, 33 und 37: Alle Maschen r.

Reihen 27, 31, 35 und 39: Wie Reihe 23.

Diese 40 Reihen werden wiederholt.

Dies ist ein sehr attraktives Zopfmuster für Sportkleidung.

151 Offener Lochmusterzopf

Maschenzahl durch 7 teilbar + 6.

Reihen 1, 3, 5 und 7: Alle Maschen li.
Reihen 2, 4, 6: Alle Maschen r.
Reihe 8: * Kreuzen 3 über 3 vorne; 1 r – ab * wdh, endend kreuzen 3 über 3 vorne.
Diese 8 Reihen werden wiederholt.

Beim Abketten läßt man jede siebte Masche fallen (s. S. 27).
Dieses Muster muß vor der Anwendung sehr sorgfältig geplant werden. Wegen der Laufmasche kommt es vor, daß die Fäden sich verfangen und reißen. Daher sollte man das Muster nicht für strapazierbare Sachen verwenden. Es eignet sich als ganzheitliches Muster für Kaltwetterkleidung oder auch als Ziermuster.

Bei Verwendung als Kontrast- oder Ziermuster muß es besonders abgesetzt werden, damit die Laufmasche nicht durch die ganze Arbeit läuft. Anstelle der Masche im Muster, die fallen gelassen wird, müssen zwei Extramaschen genommen werden. So muß also diejenige Reihe, die vor der ersten Musterreihe liegt, eine Maschenzahl durch 8 teilbar + 6 haben.
Diese Randreihe muß folgendermaßen gestrickt werden: 5 r, * 2 r zusstr, Umschl, ArÜ, 4 r – ab * wdh, endend Umschl, ArÜ, 5 r. Darauf folgt dann die Musterreihe 1. Auch beim Arbeitsmuster, von dem man das Maschenmaß ermittelt, muß die Masche fallen gelassen werden. Dies ist sehr wichtig!

151

152 Korbmusterzopf

Maschenzahl durch 6 teilbar.

Alle ungeradzahligen Reihen: Alle Maschen li.
Reihen 2 und 4: Alle Maschen r.
Reihe 6: * verzopfen 3 über 3 vorne – ab * wdh, endend genauso.
Reihen 8 und 10: Alle Maschen r.
Reihe 12: 3 r, * verzopfen 3 über 3 hinten – ab * wdh, endend 3 r.
Diese 12 Reihen werden wiederholt.

Dieser Zopf eignet sich als ganzheitliches Muster und als Zier- oder Kontrastmuster. Alle Garntypen und Garnstärken sind verwendbar. Aus feinerem zweifädigem Garn eignet es sich sogar für Babyjäckchen und Kinderpullover. Es ist außerdem ein ausgezeichnetes Muster zum Zusammenziehen, besonders in Verbindung mit glattem Muster.

152

153 Zopfstruktur

Maschenzahl durch 6 teilbar.

Alle ungeradzahligen Reihen: Alle Maschen li.
Reihe 2: Alle Maschen r.
Reihe 4: * 2 r, verzopfen 2 über 2 hinten – ab * wdh, endend genauso.
Reihe 6: Alle Maschen r.
Reihe 8: * verzopfen 2 über 2 vorn, 2 r – ab * wdh, endend genauso.
Diese 8 Reihen werden wiederholt.

Anwendung wie Muster 152. Die Zopfstruktur zieht nicht ganz so gut zusammen.

153

154 Geflochtener Kreuzstreifen

Maschenzahl durch 33 teilbar + 9.

Reihen 1, 3, 5 und 7: * (3 li, 3 r) × 2, 3 li, (Umschl, 2 li zusstr, 3 li) × 3, 3 r – ab * wdh, endend 3 li, 3 r, 3 li.

Reihen 2, 4 und 6: * (3 r, 3 li) × 2, 3 r, (Umschl, 2 li zusstr, 3 r) × 3, 3 li – ab * wdh, endend 3 r, 3 li, 3 r.

Reihe 8: * (3 r, 3 li) × 2, 3 M auf HN vor die Arbeit legen, 3 r, 2 li zusstr von LN, dann 3 r von HN, Umschl, 2 li zusstr, verzopfen wie vorher, 3 li – ab * wdh, endend 3 r, 3 li, 3 r.

Reihen 9, 11, 13 und 15: Wie Reihe 1.

Reihen 10, 12 und 14: Wie Reihe 2.

Reihe 16: * (3 r, 3 li) × 2, 3 r, Umschl, 2 li zusstr, 5 M auf HN hinter die Arbeit legen, 3 r, Umschl, 2 li zusstr von LN, dann 3 r, Umschl, 2 li zusstr von HN, 3 r, 3 li – ab * wdh, endend 3 r, 3 li, 3 r.

Diese 16 Reihen werden wiederholt.

154

155 Schwerer Zopf mit krausem Muster

Maschenzahl durch 23 teilbar + 4.

Für die Maschenprobe: Anschlag 50 Maschen, die zugenommene Masche (zun) ist rechts gestrickt.

Hinweis:
Die Maschenzahl wechselt in einigen Reihen.

Reihe 1: 2 r, * 1 zun, 4 r, ArÜ, 11 r, 2 r zusstr, 4 r – ab * wdh, endend 1 zun, 2 r.

Reihe 2: 3 r, * 5 li, 11 r, 5 li, 1 r – ab * wdh, endend 3 r.

Reihe 3: 3 r, * 1 zun, 4 r, ArÜ, 9 r, 2 r zusstr, 4 r, 1 zun, 1 r – ab * wdh, endend 1 zun, 3 r.

Reihe 4: 4 r, * 5 li, 9 r, 5 li, 3 r – ab * wdh, endend 4 r.

Reihe 5: 4 r, * 1 zun, 4 r, ArÜ, 7 r, 2 r zusstr, 4 r, 1 zun, 3 r – ab * wdh, endend 1 zun, 4 r.

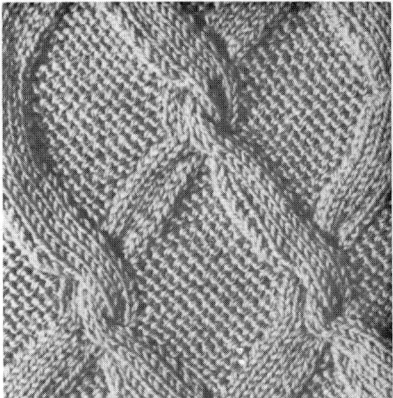

155

Reihe 6: * 5 r, 5 li, 7 r, 5 li – ab * wdh, endend 5 r.

Reihe 7: 5 r, * 1 zun, 4 r, ArÜ, 5 r, 2 r zusstr, 4 r, 1 zun, 5 r – ab * wdh, endend genauso.

Reihe 8: 6 r, * 5 li, 5 r, 5 li, 7 r – ab * wdh, endend 6 r.

Reihe 9: 6 r, * 1 zun, 4 r, ArÜ, 3 r, 2 r zusstr, 4 r, 1 zun, 7 r – ab * wdh, endend 1 zun, 6 r.

Reihe 10: 7 r, * 5 li, 3 r, 5 li, 9 r – ab * wdh, endend 7 r.

Reihe 11: 7 r, * 1 zun, 4 r, ArÜ, 1 r, 2 r zusstr, 4 r, 1 zun, 9 r – ab * wdh, endend 1 zun, 7 r.

Reihe 12: 8 r, * 5 li, 1 r, 5 li, 11 r – ab * wdh, endend 8 r.

Reihe 13: 8 r, * 3 auf HN vor die Arbeit legen, 2 r zusstr und 4 r von LN dann 3 r von HN, 13 r – ab * wdh, endend 10 r.

Reihe 14: 8 r, * 10 li, 11 r – ab * wdh, endend 8 r.

Reihen 15, 17 und 19: Alle Maschen r.

Reihen 16, 18 und 20: Wie Reihe 14.

Reihe 21: 8 r, * 5 über 5 verzopfen vorne, 11 r – ab * wdh, endend 8 r.

Reihe 22: Wie Reihe 14.

Reihe 23: 13 r, * 1 zun, 21 r – ab * wdh, endend 1 zun, 13 r.

Reihe 24: Wie Reihe 12.

Reihe 25: 7 r, * 2 r zusstr, 4 r, 1 zun, 1 r, 1 zun, 4 r, ArÜ, 9 r – ab * wdh, endend 7 r.

Reihe 26: Wie Reihe 10.

Reihe 27: 6 r, * 2 r zusstr, 4 r, 1 zun, 3 r, 1 zun, 4 r, ArÜ, 7 r – ab * wdh, endend 6 r.

Reihe 28: Wie Reihe 8.

Reihe 29: 5 r, * 2 r zusstr, 4 r, 1 zun, 5 r, 1 zun, 4 r, ArÜ, 5 r – ab * wdh, endend genauso.

Reihe 30: Wie Reihe 6.

Reihe 31: 4 r, * 2 r zusstr, 4 r, 1 zun, 7 r, 1 zun, 4 r, ArÜ, 3 r – ab * wdh, endend 4 r.

Reihe 32: Wie Reihe 4.

Reihe 33: 3 r, * 2 r zusstr, 4 r, 1 zun, 9 r, 1 zun, 4 r, ArÜ, 1 r – ab * wdh, endend 3 r.

Reihe 34: Wie Reihe 2.

Reihe 35: 19 r, von * bis * in Reihe 13 wdh, endend 21 r.

Reihe 36: 3 r, 5 li, * 11 r, 10 li – ab * wdh, endend 5 li, 3 r.

Reihen 37, 39 und 41: Alle Maschen r.

Reihen 38, 40 und 42: Wie Reihe 36.

Reihe 43: 19 r, * 5 über 5 verzopfen vorne, 11 r – ab * wdh, endend 19 r.

Reihe 44: Wie Reihe 36.

Reihe 45: 24 r, * 1 zun, 21 r – ab * wdh, endend 24 r.

156 Gesmokte Rippe

Maschenzahl durch 16 teilbar + 2.

Hinweis:
Das Smokmuster ist auf S. 43 erklärt.

Alle ungeradzahligen Reihen: * 2 r, 2 li – ab * wdh, endend 2 r (linke Seite).

Reihen 2, 4, 6, 10, 12, 14: * 2 li, 2 r – ab * wdh, endend 2 li.

Reihe 8: * 2 li, 6 M smoken, diese 2 r, 2 li, 2 r aufarbeiten (2 li, 2 r) × 2 – ab * wdh, endend 2 li.

Reihe 16: * (2 li, 2 r) × 2, 2 li, 6 M smoken wie zuvor – ab * wdh, endend 2 li.

Diese 16 Reihen werden wiederholt.

Dies ist kein echter Zopf, man kann ihn aber genauso anwenden. Das Muster ist elastisch, leicht zu stricken und sehr attraktiv.

Reihe 46: 3 r, * 5 li, 11 r, 5 li, 1 r – ab * wdh, endend 3 r. Beginnend mit Reihe 3 wird bis Reihe 46 wiederholt (44 Musterreihen).

Dies ist eines der schwersten Zopfmuster in der Wirkung und ziemlich schwierig zu arbeiten. Es ist ein reines Sportmuster, geeignet für Sportpullover und -jacken. Am besten kommt das Muster heraus, wenn es mit mittelstarkem oder starkem Garn gestrickt wird. Sehr wirkungsvoll ist es auch als Mitte einer Decke oder als Streifen in einem Schal oder einem Plaid.
Ziermusterkombination: Krauses Muster.
Passendes Rippenmuster: 1 r, 1 li.

156

157 Gesmokter Zopf

Maschenzahl durch 8 teilbar + 2.

Alle ungeradzahligen Reihen: * 2 r, 2 li – ab * wdh, endend 2 r (linke Seite).

Reihe 2: * 2 li, 2 r – ab * wdh, endend 2 li.

Reihe 4: * 2 li, RN von vorn nach hinten zwischen 6. und 7. M auf der LN einstechen und Schlaufe r stricken. Diese Schlaufe auf LN legen und durch diese Schlaufe und die nächste Masche zusammen r stricken; 1 r, 2 li, 2 r – ab * wdh, endend 2 li.

Reihe 6: Wie Reihe 2.

Reihe 8: 2 li, 2 r – von * bis * in Reihe 4 wdh, endend 2 r, 2 li.

Diese 8 Reihen werden wiederholt.

Dies ist wiederum ein Muster, das wie ein Zopfmuster angewendet werden kann, obgleich es kein echter Zopf ist. Es ist sehr einfach zu stricken und hat dieselbe Anwendung wie Muster 142, 143 und 152. Hinzu kommt der Vorteil, daß es ausgezeichnet als Verzierung wirkt oder als Kontrast oder als Zusammenfaßmuster. Ungleich anderen Zopfmustern erhält sich seine Schönheit auch, wenn es gespannt wird. Es lassen sich alle Garnarten und Garnstärken verwenden.

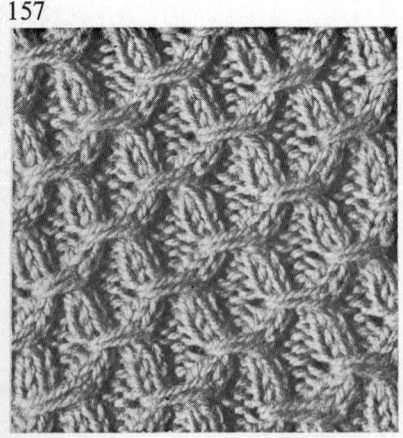

Durchbruchmuster

158 Gittermuster I

Maschenzahl durch 3 teilbar.

Hinweis:
Die Methode, einen Umschlag vor der ersten Masche zu machen, wird auf Seite 31 erklärt.

Alle geradzahligen Reihen: Alle Maschen li.

Reihe 1: 2 r, * Umschl, 3 r, die erste dieser 3 Maschen über die beiden anderen ziehen – ab * wdh, endend 1 r.

Reihe 3: 1 r, * Umschl, 3 r, überziehen wie oben – ab * wdh, endend 2 r.

Reihe 5: * Umschl, 3 r, überziehen wie oben – ab * wdh, endend genauso.

Diese 6 Reihen werden wiederholt.

158

159 Gittermuster II

Maschenzahl durch 3 teilbar.

Vorsicht! In den Reihen 1 und 3 *nicht* den Faden umschlagen vor der letzten Masche!
Dies leicht zu strickende Muster eignet sich vorzüglich als ganzheitliches Muster und als Ziermuster. Bei Verwendung von genau einem vollen Muster, eingerahmt von einer Rippe in krausem Muster, ist es äußerst wirkungsvoll. Man kann es auch in leichten Kleidungsstücken mit guter Wirkung verwenden – Pullover und Jacken für Kinder, Erwachsene oder Babys – aber hier wirkt es besser als Ziermuster.

Reihe 1: Alle Maschen li.

Reihe 2: 2 r, * Umschl, 3 r, die erste dieser 3 Maschen über die beiden anderen ziehen – ab * wdh, endend 1 r.

Reihe 3: Alle Maschen li.

Reihe 4: 1 r, * Umschl, 3 r, überziehen wie oben – ab * wdh, endend 2 r.

Diese 4 Reihen werden wiederholt.

Anwendung wie Muster 158.

159

160 Fantasiestreifen

Maschenzahl durch 8 teilbar.

Reihe 1: Alle Maschen li (rechte Seite).

Reihe 2: 1 r, * Umschl, 2 r zusstr – ab * wdh, endend 1 r.

Reihe 3: Wie Reihe 2.

Reihe 4: Alle Maschen r.

Reihe 5: Alle Maschen r.

Reihe 6: Alle Maschen li.

Reihe 7: 3 r, 2 li, * 6 r, 2 li – ab * wdh, endend 3 r.

Reihe 8: 2 li, 4 r, * 4 li, 4 r – ab * wdh, endend 2 li.

Reihe 9: 1 r, 2 li, * 2 r, 2 li – ab * wdh, endend 1 r.

Reihe 10: 2 r, 4 li, * 4 r, 4 li – ab * wdh, endend 2 r.

Reihe 11: Wie Reihe 8.

Reihe 12: 1 li, 2 r, * 2 li, 2 r – ab * wdh, endend 1 li.

Reihe 13: Wie Reihe 10.

Reihe 14: 3 li, 2 r, * 6 li, 2 r – ab * wdh, endend 3 li.

Reihe 15: Alle Maschen r.

Reihe 16: Alle Maschen li.

Diese 16 Reihen werden wiederholt.

Dieses Muster kann als hübsches ganzheitliches Muster angewendet werden, entweder in dieser Querrichtung oder in senkrechter Anwendung von einer Seite zur anderen. Eine einzelne Wiederholung des Musters plus Reihe 1, 2, 3 und 4 ergibt eine reizvolle Verzierung oder Einfügung. Man strickt es am besten mit weichem Garn, Noppengarn ist ungeeignet, da es das Muster verwirrt. In glatten Stücken, wie z. B. Decken, sollte das Muster nicht vor der 5. Reihe abgekettet werden, danach rechts abketten.

160

161 Offenes Gittermuster

Maschenzahl durch 4 teilbar.

Hinweis:
Die Methode, einen Umschlag vor der ersten Masche zu machen, wird auf S. 31 erklärt.

Reihe 1: 3 r, * 2 r zusstr, Umschl, 2 r – ab * wdh, endend Umschl, 3 r.

Reihe 2: * Umschl, 2 li zusstr, 2 li – ab * wdh, endend genauso.

Reihe 3: 1 r, * 2 r zusstr, Umschl, 2 r – ab * wdh, endend 2 r zusstr, Umschl, 1 r.

Reihe 4: * 2 li, Umschl, 2 li zusstr – ab * wdh, endend genauso.

Reihe 5: * Umschl, ArÜ, 2 r – ab * wdh, endend genauso.

Reihe 6: 1 li, * 2 li verschr zusstr, Umschl, 2 li – ab * wdh, endend 2 li verschr zusstr, Umschl, 1 li.

Reihe 7: * 2 r, Umschl, ArÜ – ab * wdh, endend genauso.

Reihe 8: 3 li, * 2 li verschr zusstr, Umschl, 2 li – ab * wdh, endend 2 li verschr zusstr, Umschl, 3 li.

Diese 8 Reihen werden wiederholt.

Dieses kleine, ganzheitliche Durchbruchmuster kann für leichte Kleidung verwendet werden – leichte Sommerpullover, Blusen, Bettjäckchen, Schals –, auch für Ziermuster und Kontrastmuster eignet es sich. Es muß ganz gespannt werden.

161

162 Durchbruchstreifen

Maschenzahl durch 9 teilbar + 1.

Reihe 1: Alle Maschen li.

Reihe 2: 1 r, * Umschl, 2 r, 2 r zusstr, ArÜ, 2 r, Umschl, 1 r – ab * wdh, endend genauso.

Diese 2 Reihen bilden das Muster und werden wiederholt.

Dieses Muster ist eines der wenigen Durchbruchmuster, das man als gutsitzend bezeichnen kann. Es ist sehr leicht zu stricken, und man kann dem 2-Reihen-Muster gut folgen. Selbst die Grundreihe erfordert kein extra Randmuster, wenn man ein oder zwei Rippen krauses Muster vorausschickt. Es eignet sich gut als ganzheitliches Muster oder als Zier- oder Kontrastmuster, wenn eine etwas lockere, offene Wirkung erzielt werden soll.

163 Kreuzstreifen mit Zickzackstreifen

Maschenzahl durch 9 teilbar + 4.

Alle ungeradzahligen Reihen werden folgendermaßen gearbeitet:
2 r zusstr, Umschl, 2 r, * 5 li, 2 r zusstr, Umschl, 2 r – ab * wdh, endend genauso.

Reihe 2: 2 r zusstr, Umschl, 2 r, * Umschl, ArÜ, 3 r, 2 r zusstr, Umschl, 2 r – ab * wdh, endend genauso.

Reihe 4: 2 r zusstr, Umschl, 3 r, * Umschl, ArÜ, 2 r, 2 r zusstr, Umschl, 3 r – ab * wdh, endend Umschl, 2 r.

Reihe 6: 2 r zusstr, Umschl, 4 r, * Umschl, ArÜ, 1 r, 2 r zusstr, Umschl, 4 r – ab * wdh, endend Umschl, 2 r.

162

163

164 Kreuzstreifen mit Zopfrippe

Maschenzahl durch 9 teilbar + 7.

Reihe 1: 2 r, * Umschl, A2zrÜ, Umschl, 1 r, 00, 4 r, 00, 1 r – ab * wdh, endend Umschl, A2zrÜ, Umschl, 2 r.

Reihe 2: 5 li, * 1 abh Fv, 00 fallen lassen, 4 li, umwenden; 4 r, umwenden; 4 li, 00 fallen lassen, 1 abh Fv, 3 li – ab * wdh, endend 5 li.

Reihe 3: 2 r, * Umschl, A2zrÜ, Umschl, 5 Maschen auf HN hinter die Arbeit legen, nächste Masche r, 4 M von HN auf LN legen und 1 M mit HN vor die Arbeit legen. 4 M von LN und dann 1 M von HN r stricken – ab * wdh, endend Umschl, A2zrÜ, Umschl, 2 r.

Reihe 4: Alle Maschen li.

Reihe 8: 2 r zusstr, Umschl, 5 r, * Umschl, ArÜ, 2 r zusstr, Umschl, 5 r – ab * wdh, endend Umschl, 2 r.

Reihe 10: 2 r zusstr, Umschl, 4 r, * 2 r zusstr, Umschl 1 r, 2 r zusstr, Umschl, 4 r – ab * wdh, endend Umschl, 2 r.

Reihe 12: 2 r zusstr, Umschl, 3 r * 2 r zusstr, Umschl, 2 r, 2 r zusstr, Umschl, 3 r – ab * wdh, endend Umschl, 2 r.

Reihe 14: 2 r zusstr, Umschl, 2 r, * 2 r zusstr, Umschl, 3 r, 2 r zusstr, Umschl, 2 r – ab * wdh, endend genauso.

* Reihe 16: 2 r zusstr, Umschl, 1 r, 2 r zusstr, Umschl, 4 r, 2 r zusstr, Umschl, 1 r – ab * wdh, endend Umschl, 2 r.

Diese 16 Reihen werden wiederholt.

Dies ist ein weiteres, gutsitzendes Durchbruchmuster, etwas komplizierter als Muster 162, dennoch leicht zu stricken, trotz der größeren Reihenzahl. Alle Anwendungen wie Muster 162.

164

165 Fischgräten-Durchbruchmuster

Maschenzahl durch 6 teilbar.

Alle ungeradzahligen Reihen: Alle Maschen li (linke Seite).

Reihe 2, 4 und 6: * 2 r zusstr, 2 r, Umschl, 2 r – ab * wdh, endend genauso.

Reihen 8, 10 und 12: 3 r, * Umschl, 2 r, ArÜ, 2 r – ab * wdh, endend Umschl, ArÜ, 1 r.

Reihe 5: 2 r, * Umschl, A2zrÜ, Umschl, 6 r – ab * wdh, endend Umschl, A2zrÜ, Umschl, 2 r.

Reihe 6: Alle Maschen li.

Diese 6 Reihen werden wiederholt.

Diese 12 Reihen werden wiederholt.

Dieses Muster vereinigt den Zopf mit einem offenen Durchbruchstreifen und kann als ganzheitliches Muster für kleidsame Pullover sowie als Ziermuster oder Kontrastmuster in leichten Kleidungsstücken Anwendung finden. Es arbeitet sich am besten in feinem oder mittelstarkem Garn. Auch Kreppgarne oder Modegarne können Verwendung finden, nicht aber Noppengarne, da sie mit dem Muster konkurrieren.

Abketten in Reihe 4.

Auch dieses Muster ist wie Muster 162 gut sitzend. Neben allen Anwendungsmöglichkeiten von 162 läßt es sich gut mit glattem Muster kombinieren.

165

166 Webzopf
Maschenzahl durch 7 teilbar + 2.

Reihen 1, 3, 5, 7 und 9: 2 r, * 5 li, 2 r – ab * wdh, endend genauso.

Reihen 2, 4, 6 und 8: 2 li, * ArÜ, Umschl, 1 r, Umschl, 2 r zusstr, 2 li – ab * wdh, endend genauso.

Reihe 10: 2 li, * 3 M auf HN hinter die Arbeit legen, 2 r, dann 1 M von HN auf LN und HN vor die Arbeit legen, 1 M von LN und 2 M von HN r stricken, 2 li – ab * wdh, endend genauso.

Reihen 11, 13, 15, 17 und 19: Wie Reihe 1.

Reihen 12, 14, 16 und 18: Wie Reihe 2.

Reihe 20: 2 li, 3 M auf HN vor die Arbeit legen, 2 r, 1 M von HN auf LN und HN hinter die Arbeit legen, 1 M von LN, dann 2 M von HN r stricken, 2 li – ab * wdh, endend genauso.

Diese 20 Reihen werden wiederholt.

Dieses Muster sollte vorsichtig als Ziermuster oder Kontrastmuster angewendet werden. Es ist sehr elastisch. Es sollte nicht als ganzheitliches Muster verwendet werden, außer in ganz ungewöhnlichen Fällen. Es kann gut gespannt werden.

166

167 Rosenknospen-Durchbruchmuster

Maschenzahl durch 8 teilbar + 3.

Reihe 1: * 3 li, 2 r, Umschl, 1 rh, Umschl, 2 r – ab * wdh, endend 3 li.

Reihe 2: * 3 r, 3 li, 1 rh, 3 li – ab * wdh, endend 3 r.

Reihe 3: * 3 li, 3 r, Umschl, 1 rh, Umschl, 3 r – ab * wdh, endend 3 li.

Reihe 4: * 3 r, 4 li, 1 rh, 4 li – ab * wdh, endend 3 r.

Reihe 5: * 3 li, 2 r, 2 r zusstr, Umschl, 1 rh, Umschl, ArÜ, 2 r – ab * wdh, endend 3 li.

Reihe 6: Wie Reihe 4.

Reihe 7: * 3 li, 1 r, 2 r zusstr, Umschl, 1 r, 1 rh, 1 r, Umschl, ArÜ, 1 r – ab * wdh, endend 3 li.

Reihe 8: Wie Reihe 4.

Reihe 9: * 3 li, 2 r zusstr, 5 r und ziehe 4 über 1 wie im Knotenmuster, Umschl, ArÜ – ab * wdh, endend 3 li.

Reihe 10: * 3 r, 2 li, 1 rh, 2 li – ab * wdh, endend 3 r.

Diese 10 Reihen werden wiederholt.

Anwendung wie Muster 165.
Dieses Muster ist jedoch etwas komplizierter. Es läßt sich gut spannen, wenn man das Muster nicht so sehr aufzeigen lassen möchte.

167

168 Twinberry-Streifen

Maschenzahl durch 10 teilbar + 6.

Reihe 1: 5 li, * 6 r, 4 li – ab * wdh, endend 5 li.

Reihe 2: 1 r, * Umschl, 2 r verschr zusstr, 2 r zusstr, Umschl, 2 li, (RLR)×2, 2 li – ab * wdh, endend Umschl, 2 r verschr zusstr, 2 r zusstr, Umschl, 1 r.

Reihen 3, 5 und 7: 5 li, * 2 r, 6 li, 2 r, 4 li – ab * wdh, endend 5 li.

Reihen 4 und 6: 1 r, * Umschl, 2 r verschr zusstr, 2 r zusstr, Umschl, 2 li, 6 r, 2 li – ab * wdh, endend Umschl, 2 r verschr zusstr, 2 r zusstr, Umschl, 1 r.

Reihe 8: 1 r, * Umschl, 2 r verschr zusstr, 2 r zusstr, Umschl, 2 li, 3 r verschr zusstr, 3 r zusstr, 2 li – ab * wdh, endend Umschl, 2 r verschr zusstr, 2 r zusstr, Umschl, 1 r.

Reihe 9: Wie Reihe 1.

Reihe 10: 1 r, * Umschl, 2 r verschr zusstr, 2 r zusstr, Umschl, 6 li – ab * wdh, endend Umschl, 2 r verschr zusstr, 2 r zusstr, Umschl, 1 r.

Diese 10 Reihen werden wiederholt.

Dies ist ein ausgezeichnetes Muster für alle Anwendungen wie Muster 162 und 165. Es strickt sich am besten in weichem Garn oder Kreppgarn, auch Noppengarne können verwendet werden. Man kann es entweder stark spannen oder ganz ungespannt belassen, je nach Verwendung.

169 Baby-Farnmuster

Maschenzahl durch 12 teilbar + 1.

Alle ungeradzahligen Reihen: Alle Maschen li.

Reihe 2: 1 r, 1 li, * 2 r zusstr, 2 r, Umschl, 1 r, Umschl, 2 r, ArÜ, 1 li, 1 r, 1 li – ab * wdh, endend 1 li, 1 r.

Reihe 4: 1 r, 1 li, * 2 r zusstr, 1 r, Umschl, 3 r, Umschl, 1 r, ArÜ, 1 li, 1 r, 1 li – ab * wdh, endend 1 li, 1 r.

Reihe 6: 1 r, 1 li, * 2 r zusstr, Umschl, 5 r, Umschl, ArÜ, 1 li, 1 r, 1 li – ab * wdh, endend 1 li, 1 r.

Diese 6 Reihen werden wiederholt.

Anwendung wie Muster 162 und 165. Dieses Muster ist interessant und arbeitet sich leicht.

170 Pfeilspitzenmuster

Maschenzahl durch 9 teilbar + 1.

Reihe 1: 3 r, * 2 r zusstr, 00, ArÜ, 5 r – ab * wdh, endend 3 r.

Reihe 2: 1 r, 3 li, * RL, 3 li, 1 r, 3 li – ab * wdh, endend 1 r.

Reihe 3: 2 r, * 2 r zusstr, Umschl, 2 r, Umschl, ArÜ, 3 r – ab * wdh, endend 2 r.

Reihe 4: * 1 r, 8 li – ab * wdh, endend 1 r.

Reihe 5: 1 r, * 2 r zusstr, Umschl, 4 r, Umschl, ArÜ, 1 r – ab * wdh, endend genauso.

Reihe 6: Wie Reihe 4.

Reihe 7: 2 r zusstr, * 00, 3 r zusstr, 00, 3 r verschr zusstr, 00, A2zrÜ – ab * wdh, endend 00, ArÜ.

Reihe 8: 1 r, * RL, 1 r – ab * wdh, endend genauso.

Diese 8 Reihen werden wiederholt.

169
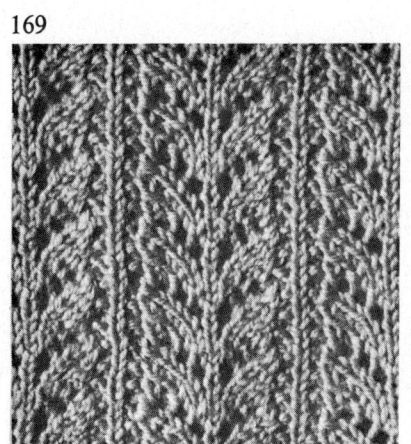

170
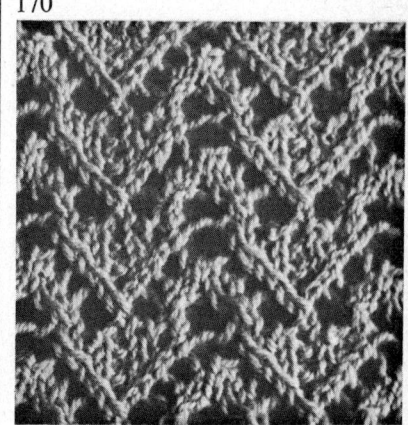

171 Weinstockmuster

Maschenzahl durch 8 teilbar + 2.

Reihe 1: 1 r, * Umschl, 1 rh, Umschl, ArÜ, 5 r – ab * wdh, endend 6 r.

Reihe 2: 5 li, * 2 li verschr zusstr, 7 li – ab * wdh, endend 4 li.

Reihe 3: 1 r, * Umschl, 1 rh, Umschl, 2 r, ArÜ, 3 r – ab * wdh, endend 4 r.

Reihe 4: 3 li, * 2 li verschr zusstr, 7 li – ab * wdh, endend 6 li.

Reihe 5: 1 r, * 1 rh, Umschl, 4 r, ArÜ, 1 r, Umschl – ab * wdh, endend 1 r, Umschl, 1 r.

Reihe 6: 2 li, * 2 li verschr zusstr, 7 li – ab * wdh, endend genauso.

Reihe 7: 6 r, * 2 r zusstr, Umschl, 1 rh, Umschl, 5 r – ab * wdh, endend Umschl, 1 rh, Umschl, 1 r.

Reihe 8: 4 li, * 2 li zusstr, 7 li – ab * wdh, endend 5 li.

Reihe 9: 4 r, * 2 r zusstr, 2 r, Umschl, 1 rh, Umschl, 3 r – ab * wdh, endend Umschl, 1 rh, Umschl, 1 r.

Reihe 10: 6 li, * 2 li zusstr, 7 li – ab * wdh, endend 3 li.

Reihe 11: 1 r, * Umschl, 1 r, 2 r zusstr, 4 r, Umschl, 1 rh – ab * wdh, endend Umschl, 1 rh, 1 r.

Reihe 12: * 7 li, 2 li zusstr – ab * wdh, endend 2 li zusstr, 2 li.

Diese 12 Reihen werden wiederholt.

Dieses ganzheitliche Durchbruchmuster kann auf vielerlei Weise Anwendung finden: Für Babyumhänge, Bettjäckchen, kleidsame Jacken, Schals, Stolen, leichte Wagendecken, Streifen in Plaids – ja für fast jede Art von Kleidungsstück, wo ein kleines Durchbruchmuster gewünscht wird. Es ist auch ein sehr gutes Zier- oder Kontrastmuster, besonders bei Verwendung von Baumwoll- oder ähnlichen Garnen unter Anwendung der üblichen Strickmethoden.

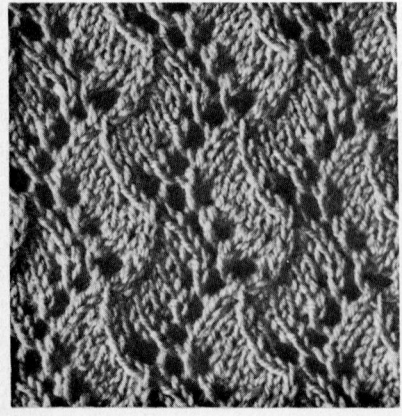

172 Gittermuster

Maschenzahl durch 8 teilbar.

(Diese Teilbarkeit gilt nicht für alle Reihen.)

Alle ungeradzahligen Reihen: Alle Maschen links.

Reihe 2: 3 r, 2 r zusstr, * 1 r, Umschl, 1 r, ArÜ, 2 r, 2 r zus str – ab * wdh, endend 1 r, Umschl, 2 r.

Reihe 4: 2 r, 2 r zusstr, * 1 r, (Umschl, 1 r) × 2, ArÜ, 2 r zusstr – ab * wdh, endend 1 r, Umschl, 3 r.

Reihe 6: 4 r, * Umschl, 3 r, Umschl, 1 r, ArÜ, 1 r – ab * wdh, endend Umschl, 4 r.

Reihe 8: 6 r, 2 r zusstr, * 1 r, Umschl, 1 r, ArÜ, 2 r, 2 r zusstr – ab * wdh, endend ArÜ, 5 r.

Reihe 10: 5 r, 2 r zusstr, * 1 r, (Umschl, 1 r) × 2, ArÜ, 2 r zusstr – ab * wdh, endend ArÜ, 4 r.

Reihe 12: 4 r, 2 r zusstr, * 1 r, Umschl, 3 r, Umschl, 1 r, ArÜ – ab * wdh, endend 3 r.

Diese 12 Reihen werden wiederholt.

Für dieses Muster bieten sich dieselben Anwendungen an wie für Muster 171. Es ist etwas dichter.

172

173 Babyfächer
Maschenzahl durch 11 teilbar.

Reihe 1: 2 r zusstr × 2, * (Umschl, 1 r) × 3, Umschl, 2 r zusstr × 4 – ab * wdh, endend (Umschl, 1 r) × 3, Umschl, 2 r zusstr × 2.

Reihe 2: Alle Maschen li.

Reihe 3: Alle Maschen r.

Reihe 4: Alle Maschen li.

Diese 4 Reihen werden wiederholt.

Diese verkleinerte Version des bekannten Fächermusters ist leicht zu stricken und hat dieselbe Anwendung wie Muster 171. Zwei Musterwiederholungen ergeben einen hübschen Besatz für Babywäsche sowie überall dort, wo ein schmaler spitzenähnlicher Besatz erwünscht ist. Am Anschlagrand bildet dieses Muster einen Muschelrand. Spannen ist nicht erforderlich.

174 Offenes Rhombendurchbruchmuster
Maschenzahl durch 10 teilbar + 1.

Alle geradzahligen Reihen: Alle Maschen li.

Reihe 1: 4 r, * Umschl, A2zrÜ, Umschl, 3 r, Umschl. ArÜ, 2 r – ab * wdh, endend Umschl, A2zrÜ, Umschl, 4 r.

Reihe 3: 2 r, 2 r zus str, * Umschl, 3 r, Umschl, ArÜ, 3 r, 2 r zusstr – ab * wdh, endend Umschl, 3 r, Umschl, ArÜ, 2 r.

Reihe 5: 1 r, 2 r zusstr, * Umschl, 5 r, Umschl, ArÜ, 1 r, 2 r zusstr – ab * wdh, endend Umschl, 5 r, ArÜ, 1 r.

Reihe 7: 2 r zusstr, * Umschl, 3 r, Umschl, ArÜ, 2 r, Umschl, A2zrÜ – ab * wdh, endend Umschl, 3 r, Umschl, ArÜ, 2 r, Umschl, ArÜ.

173

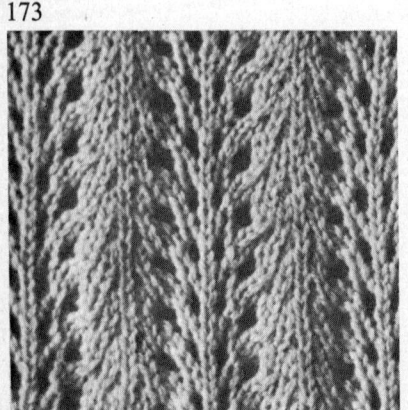

174

175 Rhomben und Knoten

Maschenzahl durch 14 teilbar + 1.

Hinweis:
Für die Knoten s. S. 43.
Alle ungeradzahligen Reihen: Alle Maschen li.

Reihe 2: 6 r, * Umschl, A2zrÜ, Umschl, 5 r, Knoten, 5 r – ab * wdh, endend Umschl, A2zrÜ, Umschl, 6 r.

Reihe 4: 4 r, * 2 r zusstr, Umschl, 3 r, Umschl, ArÜ, 7 r – ab * wdh, endend Umschl, ArÜ, 4 r.

Reihe 6: 3 r, * 2 r zusstr, Umschl, 5 r, Umschl, ArÜ, 5 r – ab * wdh, endend Umschl, ArÜ, 3 r.

Reihe 8: 2 r, * 2 r zusstr, Umschl, 7 r, Umschl, ArÜ, 3 r – ab * wdh, endend Umschl, ArÜ, 2 r.

Reihe 10: 1 r, * 2 r zusstr, Umschl, 9 r, Umschl, ArÜ, 1 r – ab * wdh, endend genauso.

Reihe 9: 2 r, * Umschl, ArÜ, 3 r, 2 r zusstr, Umschl, 3 r – ab * wdh, endend Umschl, ArÜ, 3 r, 2 r zusstr, Umschl, 2 r.

Reihe 11: 3 r, * Umschl, ArÜ, 1 r, 2 r zusstr, Umschl, 5 r – ab * wdh, endend Umschl, ArÜ, 1 r, 2 r zusstr, Umschl, 3 r.

Diese 12 Reihen werden wiederholt.

Anwendung wie Muster 171.

175

176 Blattmuster II

Maschenzahl durch 10 teilbar + 1.

Alle ungeradzahligen Reihen: Alle Maschen li.

Reihe 2: 1 r, * Umschl, 3 r, A2zrÜ, 3 r, Umschl, 1 r – ab * wdh, endend genauso.

Reihe 4: 2 r, * Umschl, 2 r, A2zrÜ, 2 r, Umschl, 3 r – ab * wdh, endend Umschl, 2 r.

Reihe 6: 2 r zusstr, * (Umschl, 1 r)×2, A2zrÜ, (1 r, Umschl)×2, A2zrÜ – ab * wdh, endend (1 r, Umschl)×2, ArÜ.

Reihe 12: 2 r zusstr, * Umschl, 5 r, Knoten, 5 r, Umschl, A2zrÜ – ab * wdh, endend Umschl, ArÜ.

Reihe 14: 2 r, * Umschl, ArÜ, 7 r, 2 r zusstr, Umschl, 3 r – ab * wdh, endend Umschl, 2 r.

Reihe 16: 3 r, * Umschl, ArÜ, 5 r, 2 r zusstr, Umschl, 5 r – ab * wdh, endend Umschl, 3 r.

Reihe 18: 4 r, * Umschl, ArÜ, 3 r, 2 r zusstr, Umschl, 7 r – ab * wdh, endend Umschl, 4 r.

Reihe 20: 5 r, * Umschl, ArÜ, 1 r, 2 r zusstr, Umschl, 9 r – ab * wdh, endend Umschl, 5 r.

Diese 20 Reihen werden wiederholt.

Anwendung wie Muster 171.

Das Muster gibt eine etwas bessere Fasson, trotz des Knotens, den man übrigens auch weglassen kann. Es ergibt ein sehr hübsches Zier- oder Kontrastmuster, besonders, wenn es aus feinem, zweifädigem Garn gestrickt wird.

Diese 6 Reihen werden wiederholt.

Anwendung wie Muster 171.

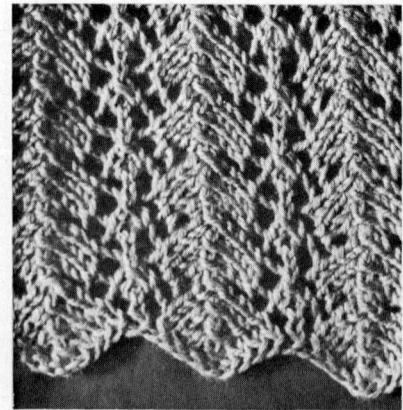

176

177 Fächer mit Rippen
Maschenzahl durch 13 teilbar + 2.

Reihe 1: * 2 li, (1 r, Umschl) × 10, 1 r – ab * wdh, endend 2 li.

Reihe 2: * 2 r, 2 li zusstr, 17 li, 2 li verschr zusstr – ab * wdh, endend 2 r.

Reihe 3: * 2 li, ArÜ, 15 r, 2 r zusstr – ab * wdh, endend 2 li.

Reihe 4: * 2 r, 2 li zusstr, 13 li, 2 li verschr zusstr – ab * wdh, endend 2 r.

Reihe 5: * 2 li, ArÜ, 11 r, 2 r zusstr – ab * wdh, endend 2 li.

Reihe 6: * 2 r, 2 li zusstr, 9 li, 2 li verschr zusstr – ab * wdh, endend 2 r.

Diese 6 Reihen werden wiederholt.

Anwendung wie Muster 171.

178 Fächer mit Zopf
Maschenzahl durch 24 teilbar + 15.

Randreihe – nicht wiederholen: * 2 r, 11 li, 2 r, 9 li – ab * wdh, endend 2 r.

Reihe 1: * 2 li, (1 r, Umschl) × 10, 1 r, 2 li, 3 über 3 vorne verzopfen, 3 r – ab * wdh, endend 2 li.

Reihe 2: * 2 r, 2 li zusstr, 17 li, 2 li verschr zusstr, 2 r, 9 li – ab * wdh, endend 2 r.

Reihe 3: * 2 li, ArÜ, 15 r, 2 r zusstr, 2 li, 9 r – ab * wdh, endend 2 li.

Reihe 4: * 2 r, 2 li zusstr, 13 li, 2 li verschr zusstr, 2 r, 9 li – ab * wdh, endend 2 r.

Reihe 5: * 2 li, ArÜ, 11 r, 2 r zusstr, 2 li, 9 r – ab * wdh, endend 2 li.

Reihe 6: * 2 r, 2 li zusstr, 9 li, 2 li verschr zusstr, 2 r, 9 li – ab * wdh, endend 2 r.

177

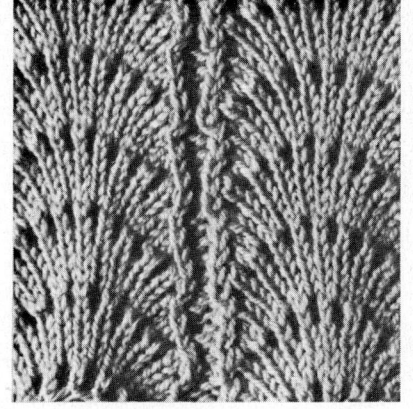

178

179 Einfaches Rhombendurchbruchmuster

Maschenzahl durch 6 teilbar + 1.

Alle geradzahligen Reihen: Alle Maschen li.

Reihe 1: 1 r, * Umschl, ArÜ, 1 r, 2 r zusstr, Umschl, 1 r – ab * wdh, endend genauso.

Reihe 3: 2 r, * Umschl, A2zrÜ, Umschl, 3 r – ab * wdh, endend Umschl, 2 r.

Reihe 5: 1 r, 2 r zusstr, * Umschl, 1 r, Umschl, ArÜ, 1 r, 2 r zusstr – ab * wdh, endend Umschl, ArÜ, 1 r.

Reihe 7: 2 r zusstr, * Umschl, 3 r, Umschl, A2zrÜ – ab * wdh, endend Umschl, ArÜ.

Diese 8 Reihen werden wiederholt.

Anwendung wie Muster 171.
Dieses Muster ist sehr leicht zu arbeiten.

Reihe 7: * 2 li, (1 r, Umschl) × 10, 1 r, 2 li, 3 r, 3 über 3 hinten verzopfen – ab * wdh, endend 2 li.

Reihe 8: Wie Reihe 2.

Reihe 9: Wie Reihe 3.

Reihe 10: Wie Reihe 4.

Reihe 11: Wie Reihe 5.

Reihe 12: Wie Reihe 6.

Diese 12 Reihen werden wiederholt.

Anwendung wie Muster 171.

179

Spitzenmuster

180 Baby-Blattspitzenmuster

Maschenzahl durch 8 teilbar + 1.

Alle ungeradzahligen Reihen: Alle Maschen li.

Reihe 2: 1 r, * Umschl, 2 r, A2zrÜ, 2 r, Umschl, 1 r – ab * wdh, endend genauso.

Reihe 4: 2 r, * Umschl, 1 r, A2zrÜ, 1 r, Umschl, 3 r – ab * wdh, endend Umschl, 2 r.

Reihe 6: 3 r, * Umschl, A2zrÜ, Umschl, 5 r – ab * wdh, endend Umschl, 3 r.

Reihe 8: 2 r zusstr, 2 r, * Umschl, 1 r, Umschl, 2 r – A2zrÜ, 2 r – ab * wdh, endend Umschl, 2 r, ArÜ.

Reihe 10: 2 r zusstr, 1 r, * Umschl, 3 r, Umschl, 1 r, A2zrÜ, 1 r – ab * wdh, endend Umschl, 1 r, ArÜ.

Reihe 12: 2 r zusstr, * Umschl, 5 r, Umschl, A2zrÜ – ab * wdh, endend Umschl, ArÜ.

Diese 12 Reihen werden wiederholt.

180

181 Rhomben-Spitzenmuster

Maschenzahl durch 10 teilbar + 1.

Alle ungeradzahligen Reihen: Alle Maschen li.

Reihe 2: 3 r, * 2 r zusstr, Umschl, 1 r, Umschl, ArÜ, 5 r – ab * wdh, endend ArÜ, 3 r.

Reihe 4: 2 r, * 2 r zusstr, (1 r, Umschl) × 2, 1 r, ArÜ, 3 r – ab * wdh, endend ArÜ, 2 r.

Reihe 6: 1 r, * 2 r zusstr, 2 r, Umschl, 1 r, Umschl, 2 r, ArÜ, 1 r – ab * wdh, endend genauso.

Reihe 8: 2 r zusstr, * 3 r, Umschl, 1 r, Umschl, 3 r, A2zrÜ – ab * wdh, endend Umschl, 3 r, ArÜ.

Reihe 10: 1 r, * Umschl, ArÜ, 5 r, 2 r zusstr, Umschl, 1 r – ab * wdh, endend genauso.

Reihe 12: 1 r, * Umschl, 1 r, ArÜ, 3 r, 2 r zusstr, 1 r, Umschl, 1 r – ab * wdh, endend genauso.

Reihe 14: 1 r, * Umschl, 2 r, ArÜ, 1 r, 2 r zusstr, 2 r, Umschl, 1 r – ab * wdh, endend genauso.

Reihe 16: 1 r, * Umschl, 3 r, A2zrÜ, 3 r, Umschl, 1 r – ab * wdh, endend genauso.

Diese 16 Reihen werden wiederholt.

182 Großes Blattmuster

Maschenzahl durch 14 teilbar + 3.

Alle geradzahligen Reihen: Alle Maschen li.

Reihe 1: 2 r zusstr, 1 r, * Umschl, 11 r, Umschl, A2zrÜ – ab * wdh, endend Umschl, 1 r, ArÜ.

Reihe 3: 3 r, * Umschl, 4 r, A2zrÜ, 4 r, Umschl, 3 r – ab * wdh, endend genauso.

Reihe 5: 4 r, * Umschl, 3 r, A2zrÜ, 3 r, Umschl, 5 r – ab * wdh, endend 4 r.

Reihe 7: 5 r, * Umschl, 2 r, A2zrÜ, 2 r, Umschl, 7 r – ab * wdh, endend 5 r.

Reihe 9: 6 r, * Umschl, 1 r, A2zrÜ, 1 r, Umschl, 9 r – ab * wdh, endend 6 r.

Reihe 11: 7 r, * Umschl, A2zrÜ, Umschl, 11 r – ab * wdh, endend Umschl, 7 r.

Reihe 13: 2 r zusstr, 5 r, * Umschl, 1 r, Umschl, 2 r zusstr, Umschl, 4 r, A2zrÜ, 4 r – ab * wdh, endend Umschl, 5 r, ArÜ.

Reihe 15: 2 r zusstr, 4 r, * Umschl, 1 r, (Umschl, 2 r zusstr) × 2, Umschl, 3 r, A2zrÜ, 3 r – ab * wdh, endend Umschl, 4 r, ArÜ.

Reihe 17: 2 r zusstr, 3 r, * Umschl, 1 r, (Umschl, 2 r zusstr) × 3, Umschl, 2 r, A2zrÜ, 2 r – ab * wdh, endend Umschl, 3 r, ArÜ.

Reihe 19: 2 r zusstr, 2 r, * Umschl, 1 r, (Umschl, 2 r zusstr) × 4, Umschl, 1 r, A2zrÜ, 1 r – ab * wdh, endend Umschl, 2 r, ArÜ.

Diese 20 Reihen werden wiederholt.

Anwendung wie Muster 171.
Dieses Muster sollte ganz gespannt werden.

182

183 Spitzen-Blattmuster

Maschenzahl durch 12 teilbar + 2.

Reihe 1: * 2 li, Umschl, 1 r, Umschl, 2 li, 2 r, 2 r zusstr, 3 r – ab * wdh, endend 2 li.

Reihe 2: * 2 r, 6 li, 2 r, 3 li – ab * wdh, endend 2 r.

Reihe 3: * 2 li, (1 r, Umschl)×2, 1 r, 2 li, 2 r, 2 r zusstr, 2 r – ab * wdh, endend 2 li.

Reihe 4: * 2 r, 5 li – ab * wdh, endend 2 r.

Reihe 5: * 2 li, 2 r, Umschl, 1 r, Umschl, 2 r, 2 li, 2 r, 2 r zusstr, 1 r – ab * wdh, endend 2 li.

Reihe 6: * 2 r, 4 li, 2 r, 7 li – ab * wdh, endend 2 r.

Reihe 7: * 2 li, 3 r, Umschl, 1 r, Umschl, 3 r, 2 li, 2 r, 2 r zusstr – ab * wdh, endend 2 li.

Reihe 8: * 2 r, 3 li, 2 r, 9 li – ab * wdh, endend 2 r.

Reihe 9: * 2 li, 2 r, 2 r zusstr, 5 r, 2 li, 1 r, 2 r zusstr – ab * wdh, endend 2 li.

Reihe 10: * 2 r, 2 li, 2 r, 8 li – ab * wdh, endend 2 r.

Reihe 11: * 2 li, 2 r, 2 r zusstr, 4 r, 2 li, 2 r zusstr – ab * wdh, endend 2 li.

Reihe 12: * 2 r, 1 li, 2 r, 7 li – ab * wdh, endend 2 r.

Reihe 13: * 2 li, 2 r, 2 r zusstr, 3 r, 2 li, Umschl, 1 r, Umschl – ab * wdh, endend 2 li.

Reihe 14: * 2 r, 3 li, 2 r, 6 li – ab * wdh, endend 2 r.

Reihe 15: * 2 li, 2 r, 2 r zusstr, 2 r, 2 li, (1 r, Umschl)×2, 1 r – ab * wdh, endend 2 li.

Reihe 16: * 2 r, 5 li – ab * wdh, endend 2 r.

Reihe 17: * 2 li, 2 r, 2 r zusstr, 1 r, 2 li, 2 r, Umschl, 1 r, Umschl, 2 r – ab * wdh, endend 2 li.

Reihe 18: * 2 r, 7 li, 2 r, 4 li – ab * wdh, endend 2 r.

Reihe 19: * 2 li, 2 r, 2 r zusstr, 2 li, 3 r, Umschl, 1 r, Umschl, 3 r – ab * wdh, endend 2 li.

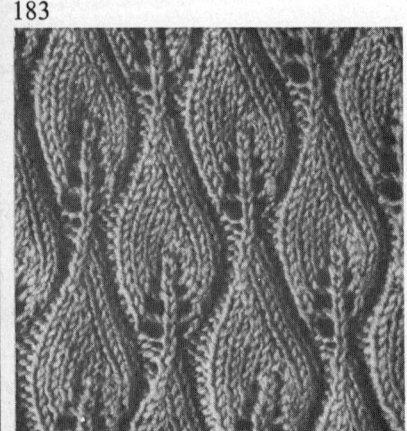

183

184 Zweige und Blätter

Maschenzahl durch 12 teilbar + 1.

Alle ungeradzahligen Reihen: Alle Maschen li.

Reihe 2: 3 r, * Umschl, ArÜ, 4 r – ab * wdh, endend Umschl, ArÜ, 2 r.

Reihe 4: 3 r, * Umschl, ArÜ, 2 r, 2 r zusstr, Umschl, 1 r, Umschl, ArÜ, 3 r – ab * wdh, endend Umschl, ArÜ, 1 r.

Reihe 6: 3 r, * Umschl, ArÜ, 1 r, 2 r zusstr, Umschl, 1 r, (Umschl, ArÜ)×2, 2 r – ab * wdh, endend Umschl, ArÜ, 2 r.

Reihe 8: 1 r, 2 r zusstr, * Umschl, 1 r, Umschl, ArÜ, 3 r, Umschl, ArÜ, 2 r, 2 r zusstr – ab * wdh, endend Umschl, ArÜ, 2 r.

Reihe 10: 2 r zusstr, * Umschl, 1 r, (Umschl, ArÜ)×2, 2 r, Umschl, ArÜ, 1 r, 2 r zusstr – ab * wdh, endend Umschl, ArÜ, 2 r.

Diese 10 Reihen werden wiederholt.

Reihe 20: * 2 r, 9 li, 2 r, 3 li – ab * wdh, endend 2 r.

Reihe 21: * 2 li, 1 r, 2 r zusstr, 2 li, 2 r, 2 r zusstr, 5 r – ab * wdh, endend 2 li.

Reihe 22: * 2 r, 8 li, 2 r, 2 li – ab * wdh, endend 2 r.

Reihe 23: * 2 li, 2 r zusstr, 2 li, 2 r, 2 r zusstr, 4 r – ab * wdh, endend 2 li.

Reihe 24: * 2 r, 7 li, 2 r, 1 li – ab * wdh, endend 2 r.

Diese 24 Reihen werden wiederholt.

Anwendung wie Muster 171. Dieses Muster ist elastischer und sollte gut gespannt werden, damit das Muster gut herauskommt. Stark spannen bevor das Maschenmaß genommen wird!

184

185 Popcorn

Maschenzahl durch 4 teilbar + 2.

Reihe 1: Alle Maschen r (linke Seite).
Reihe 2: 1 r, * LRL in nächste M, 3 r zusstr – ab * wdh, endend 1 r.
Reihe 3: Alle Maschen r.
Reihe 4: 1 r, * 3 r zusstr, LRL – ab * wdh, endend 1 r.
Diese 4 Reihen werden wiederholt.

Dieses leichte, aber behaglich warme Muster eignet sich gut für Bettjacken. Da es ein sehr geschlossenes Muster ist, kann es gut mit Durchbruchmustern kombiniert werden.

186 Spitzenflügel

Maschenzahl durch 18 teilbar + 1.

Zu Beginn schlägt man ein Mehrfaches von 16 Maschen + 1 an und arbeitet die vier ersten Reihen wie folgt:
Reihe 1: * 1 r, 15 li – ab * wdh, endend 1 r.
Reihe 2: * 1 li, 6 r, Umschl, A2zrÜ, Umschl, 6 r – ab * wdh, endend 1 li.
Reihe 3: Wie Reihe 1.
Reihe 4: * 1 li, 2 r zusstr, 4 r, (Umschl, 1 r) × 3, Umschl, 4 r, ArÜ – ab * wdh, endend 1 li.
Reihe 5: * 1 r, 17 li – ab * wdh, endend 1 r.
Reihe 6: * 1 li, 2 r zusstr, 3 r, Umschl, 2 r zusstr, Umschl, 3 r, Umschl, ArÜ, Umschl, 3 r, ArÜ – ab * wdh, endend 1 li.

185

186

187 Glockenmuster I

Maschenzahl durch 5 teilbar.

Reihe 1: 2 li, * 1 rh, 2 li, Umschl, 2 li – ab * wdh, endend 1 rh, 2 li.

Reihe 2: 2 r, * 1 lih, 2 r, LRLRLRL, 2 r – ab * wdh, endend 1 lih, 2 r.

Reihe 3: 2 li, * 1 rh, 2 li, 5 r, 2 r zusstr, 2 li – ab * wd, endend 1 rh, 2 li.

Reihe 4: 2 r, * 1 lih, 2 r, 2 li zusstr, 4 li, 2 r – ab * wdh, endend 1 lih, 2 r.

Reihe 5: 2 li, * 1 rh, 2 li, 3 r, 2 r zusstr, 2 li – ab * wdh, endend 1 rh, 2 li.

Reihe 6: 2 r, * 1 lih, 2 r, 2 li zusstr, 2 li, 2 r – ab * wdh, endend 1 lih, 2 r.

Reihe 7: 2 li, * 1 rh, 2 li, 1 r, 2 r zusstr, 2 li – ab * wdh, endend 1 rh, 2 li.

Reihe 7 und alle ungeradzahligen Reihen von hier an: Wie Reihe 5.

Reihe 8: * 1 li, 2 r zusstr, (2 r, Umschl) × 2, 1 r, A2zrÜ, 1 r, (Umschl, 2 r) × 2, ArÜ – ab * wdh, endend 1 li.

Reihe 10: * 1 li, 2 r zusstr, 1 r, Umschl, 3 r, Umschl, 1 r, A2zrÜ, 1 r, Umschl, 3 r, Umschl, 1 r, ArÜ – ab * wdh, endend 1 li.

Reihe 12: * 1 li, 2 r zusstr, Umschl, 4 r, Umschl, 1 r, A2zrÜ, 1 r, Umschl, 4 r, Umschl, ArÜ – ab * wdh, endend 1 li.

Reihe 14: * 1 li, 2 r zusstr, 4 r, Umschl, 1 r, Umschl, A2zrÜ, Umschl, 1 r, Umschl, 4 r, ArÜ – ab * wdh, endend 1 li.

Die Reihen 5 bis 14 werden wiederholt.

Anwendung wie Muster 171.

187

188 Glockenmuster II

Maschenzahl durch 13 teilbar + 3.

Reihe 8: 2 r, * 1 lih, 2 r, 3 li zusstr, 1 r – ab * wdh, endend 1 lih, 2 r.

Reihe 9: 2 li, * 1 rh, 4 li – ab * wdh, endend 1 rh, 2 li.

Reihe 10: 2 r, * 1 lih, 4 r – ab * wdh, endend 1 lih, 2 r.

Diese 10 Reihen werden wiederholt.

Hinweis:
Für jedes Modell oder Kleidungsstück muß das Muster auf einer Reihe aufbauen, deren Maschenzahl durch 3 teilbar ist, nachdem Reihe 14 vollendet ist. In Reihe 15 schlägt man die Maschen an und strickt in der folgenden Reihe die linken Maschen durch den *vorderen* Teil der Maschen ab.

Reihe 1: 3 li, * 10 r, 3 li – ab * wdh, endend genauso.

Reihe 2: 3 r, * 10 li, 3 r – ab * wdh, endend genauso.

Reihe 3: 3 li, * ArÜ, 6 r, 2 r zusstr, 3 li – ab * wdh, endend genauso.

Reihe 4: 3 r, * 8 li, 3 r – ab * wdh, endend genauso.

188

189 Glockenblumen

Maschenzahl durch 6 teilbar + 2.

Anschlagen und 1 Reihe links stricken.

Reihe 1: Jede Masche r mit drei Umschlägen stricken.

Reihe 2: Jede Masche links stricken und dabei die Extraschlaufen fallen lassen.

Reihe 3: 1 r, * 5 li zusstr, RLRLR in die Masche unter der nächsten Masche stricken und in diejenige auf der Nadel darüber – beide Maschen als eine arbeiten – ab * wdh, endend 1 r.

Reihe 4: Alle Maschen li.

Reihe 5: Wie Reihe 1.

Reihe 6: Wie Reihe 2.

Reihe 7: 1 r, * RLRLR wie oben, 5 li zusstr – ab * wdh, endend 1 r.

Reihe 8: Alle Maschen li.

Diese 8 Reihen werden wiederholt.

Reihe 5: 3 li, * ArÜ, 4 r, 2 r zusstr, 3 li – ab * wdh, endend genauso.

Reihe 6: 3 r, * 6 li, 3 r – ab * wdh, endend genauso.

Reihe 7: 3 li, * ArÜ, 2 r, 2 r zusstr, 3 li – ab * wdh, endend genauso.

Reihe 8: 3 r, * 4 li, 3 r – ab * wdh, endend genauso.

Reihe 9: 3 li, * ArÜ, 2 r zusstr, 3 li – ab * wdh, endend genauso.

Reihe 10: 3 r, * 2 li, 3 r – ab * wdh, endend genauso.

Reihe 11: 3 li, * 2 r zusstr, 3 li – ab * wdh, endend genauso.

Reihe 12: 3 r, * 1 li, 3 r – ab * wdh, endend genauso.

Reihe 13: * 2 li, 2 li zusstr – ab * wdh, endend 3 li.

Reihe 14: Alle Maschen r.

Reihe 15: 3 li, * 10 M anschlagen, 3 li – ab * wdh, endend genauso.

Die Reihen 2–15 werden wiederholt.

Dieses Muster sollte man nur für ganz besondere Kleidungsstücke, insbesondere für Bettjacken, verwenden. Die Anwendung nur der 14 ersten Reihen ergibt eine schöne Einfassung.

189

190 Ösenkrone
(auch als »Katzenpfote« bekannt)
Maschenzahl durch 14 teilbar + 5.

Reihe 1: Alle Maschen li (linke Seite).

Reihe 2: 3 r, * ArÜ, 9 r, 2 r zusstr, 1 r – ab * wdh, endend 3 r.

Reihe 3: 3 li, * 2 li zusstr, 7 li, 2 li verschr zusstr, 1 li – ab * wdh, endend 3 li.

Reihe 4: 3 r, * ArÜ, 2 r, 00, 3 r, 2 r zusstr, 1 r – ab * wdh, endend 3 r.

Reihe 5: 3 li, * 2 li zusstr, 2 li, RLRLR, 1 li, 2 li verschr zusstr, 1 li – ab * wdh, endend 3 li.

Reihe 6: 3 r, * ArÜ, 6 r, 2 r zusstr, 1 r – ab * wdh, endend 3 r.

Reihe 7: 3 li, * 2 li zusstr, 7 li – ab * wdh, endend 9 li.

Reihe 8: 3 r, * 1 r, (Umschl, 1 r)×6, 1 r – ab * wdh, endend 3 r.

Reihen 9 und 11: Alle Maschen li.

Reihen 10 und 12: Alle Maschen r.

Diese 12 Reihen werden wiederholt.

Dieses Muster arbeitet sich am besten mit feinem, leichtem Garn zu Schals, Stolen oder Kopftüchern.

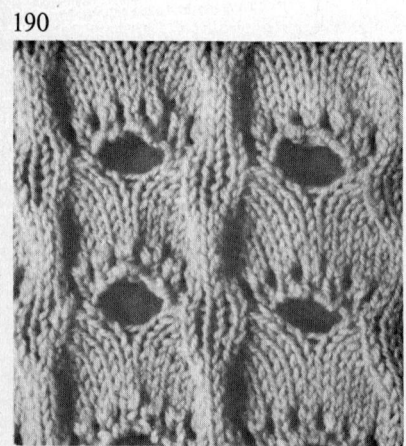

191 Ketten-Spitzenmuster

Maschenzahl durch 8 teilbar + 2.

Reihe 1: 4 li, * Kreuzen L (r), 6 li – ab * wdh, endend 4 li.

Reihe 2: 4 r, * 2 li, 6 r – ab * wdh, endend 4 r.

Reihe 3: 4 li, * 1 r, Umschl, 1 r, 6 li – ab * wdh, endend 4 li.

Reihen 4, 6, 8, 10 und 12: 4 r, * 3 li, 6 r – ab * wdh, endend 3 li, 4 r.

Reihen 5, 7, 9 und 11: 4 li, * 3 r, 6 li – ab * wdh, endend 3 r, 4 li.

Reihe 13: 4 li, * 1 M von LN abheben, nächste M fallenlassen und die abgehobene M wieder auf LN legen, Kreuzen L, 6 li – ab * wdh, endend 4 li.

Reihe 14: 4 r, * 1 li, 1 zun (r), 1 li, 6 r – ab * wdh, endend 4 r.

Reihe 15: 3 li, * Kreuzen R, 1 li, Kreuzen L, 4 li – ab * wdh, endend 3 li.

Reihe 16: 3 r, * 1 li, 3 r, 1 li, 4 r – ab * wdh, endend 3 r.

Reihe 17: 2 li, * Kreuzen R, 3 li, Kreuzen L, 2 li – ab * wdh, endend 2 li.

Reihe 18: 2 r, * 1 li, 1 r, 2 r zusstr, Umschl, 2 r, 1 li, 2 r – ab * wdh, endend genauso.

Reihe 19: 1 li, * Kreuzen R, 5 li, Kreuzen L – ab * wdh, endend 1 li.

Reihe 20: 1 r, 1 li, * 1 r, 2 r zusstr, Umschl) × 2, 2 r, 2 li – ab * wdh, endend 1 li, 1 r.

Reihe 21: * Kreuzen R, 7 li – ab * wdh, endend Kreuzen L.

Reihe 22: Wie Reihe 20.

Reihe 23: 1 li, * Kreuzen L, 5 li, Kreuzen R – ab * wdh, endend 1 li.

Reihe 24: Wie Reihe 18.

Reihe 25: 2 li, * Kreuzen L, 3 li, Kreuzen R, 2 li – ab * wdh, endend genauso.

Reihe 26: Wie Reihe 16.

Reihe 27: 3 li, * Kreuzen L, 1 li, Kreuzen R, 4 li – ab * wdh, endend 3 li.

Reihe 28: 4 r, * 2 li zusstr, 1 li, 6 r – ab * wdh, endend 4 r.

Reihe 29: 4 li, * Kreuzen L, 6 li – ab * wdh, endend 4 li.

Reihe 30: 4 r, * 2 li, 6 r – ab * wdh, endend 4 r.

192 Sonnenstrahl

Maschenzahl durch 14 teilbar + 1.

Reihe 1: 1 r, * Umschl, (1 r, 2 li) × 4, 1 r, Umschl, 1 r – ab * wdh, endend genauso.

Reihe 2: 3 li, * (2 r, 1 li) × 3, 2 r, 5 li – ab * wdh, endend 3 li.

Reihe 3: 2 r, * Umschl, (1 r, 2 li) × 4, 1 r, Umschl, 3 r – ab * wdh, endend Umschl, 2 r.

Reihe 4: 4 li, * (2 r, 1 li) × 3, 2 r, 7 li – ab * wdh, endend 4 li.

Reihe 5: 3 r, * Umschl, (1 r, 2 li) × 4, 1 r, Umschl, 5 r – ab * wdh, endend Umschl, 3 r.

Reihe 6: 5 li, * (2 r, 1 li) × 3, 2 r, 9 li – ab * wdh, endend 5 li.

Reihe 7: 4 r, * Umschl, (1 r, 2 li) × 4, 1 r, Umschl, 7 r – ab * wdh, endend Umschl, 4 r.

Reihe 31: 4 li, * 1 r, Umschl, 1 r, 6 li – ab * wdh, endend 4 li.

Reihen 32, 34, 36, 38 und 40: Wie Reihe 4.

Reihen 33, 35, 37 und 39: Wie Reihe 5.

Reihe 41: Wie Reihe 13, aber R statt L kreuzen.

Reihe 42: 4 r, * 2 li, 6 r – ab * wdh, endend 4 r.

Diese 42 Reihen werden wiederholt.

Anwendung wie Muster 171.
Am besten eignet es sich jedoch als Ziermuster, wenn man nur eine Musterwiederholung macht. Man kann alle Garnarten verwenden.

192

193 Blatt-Spitzenmuster

Maschenzahl durch 14 teilbar + 1.

Reihe 1: * 1 r, Umschl, 5 r, Umschl, A2zrÜ, Umschl, 5 r, Umschl – ab * wdh, endend 1 r.

Reihe 2: Alle Maschen li.

Reihe 3: * 1 r, Umschl, 1 r, 2 r zusstr, 1 li, ArÜ, 1 r, Umschl, 1 li, Umschl, 1 r, 2 r zusstr, 1 li, ArÜ, 1 r, Umschl – ab * wdh, endend 1 r.

Reihe 4: 4 li, * (1 r, 3 li) × 2, 1 r, 7 li – ab * wdh, endend 4 li.

Reihe 5: * 1 r, Umschl, 1 r, 2 r zusstr, 1 li, ArÜ, 1 r, 1 li, 1 r, 2 r zusstr, 1 li, ArÜ, 1 r, Umschl – ab * wdh, endend 1 r.

Reihe 6: 4 li, * (1 r, 2 li) × 2, 1 r, 7 li – ab * wdh, endend 4 li.

Reihe 8: 6 li, * (2 r, 1 li) × 3, 2 r, 11 li – ab * wdh, endend 6 li.

Reihe 9: 5 r, * Umschl, (1 r, 2 li) × 4, 1 r, Umschl, 9 r – ab * wdh, endend Umschl, 5 r.

Reihe 10: 7 li, * (2 r, 1 li) × 3, 2 r, 13 li – ab * wdh, endend 7 li.

Reihe 11: 5 r, * (A2zrÜ) × 5, 9 r – ab * wdh, endend 5 r.

Reihe 12: Alle Maschen li.

Diese 12 Reihen werden wiederholt.

Anwendung wie Muster 171 und 175.

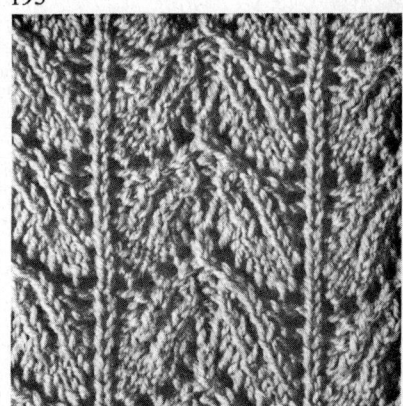

193

194 Farn

Maschenzahl durch 27 teilbar + 1.

Alle ungeradzahligen Reihen: 13 li, * 2 r, 25 li – ab * wdh, endend 2 r, 13 li.

Reihe 2: 1 r, * 3 r verschr zusstr, 8 r, Umschl, 1 r, Umschl, 2 li, Umschl, 1 r, Umschl, 8 r, 3 r zusstr, 1 r – ab * wdh, endend genauso.

Reihe 4: 1 r, * 3 r verschr zusstr, 7 r, (Umschl, 1 r) × 2, 2 li,
(1 r, Umschl) × 2, 7 r, 3 r zusstr, 1 r – ab * wdh, endend genauso.

Reihe 6: 1 r, * 3 r verschr zusstr, 6 r, Umschl, 1 r, Umschl, 2 r, 2 li, 2 r, Umschl, 1 r, Umschl, 6 r, 3 r zusstr, 1 r – ab * wdh, endend genauso.

Reihe 8: 1 r, * 3 r verschr zusstr, 5 r, Umschl, 1 r, Umschl, 3 r, 2 li, 3 r, Umschl, 1 r, Umschl, 5 r, 3 r zusstr, 1 r – ab * wdh, endend genauso.

Reihe 7: * (1 r, Umschl) × 2, 2 r zusstr, 1 li, ArÜ, 1 li, 2 r zusstr, 1 li, ArÜ, Umschl, 1 r, Umschl – ab * wdh, endend 1 r.

Reihe 8: 5 li, * (1 r, 1 li) × 2, 1 r, 9 li – ab * wdh, endend 5 li.

Reihe 9: * 1 r, Umschl, 3 r, Umschl, 3 r verschr zusstr, 1 li, 3 r zusstr, Umschl, 3 r, Umschl – ab * wdh, endend 1 r.

Reihe 10: Alle Maschen li.

Diese 10 Reihen werden wiederholt.

Anwendung wie Muster 171 und 175.

194

195 Lady Slipper

Maschenzahl durch 20 teilbar + 4.

Hinweis:
In der folgenden Musterableitung bedeutet *0 und D* Umschlag und Umschlag aus der vorigen Reihe fallenlassen.

Randreihe – nicht wiederholen:
2 r, bis zur vorletzten M li, 2 r.

Reihe 1: 2 r, * Umschl, ArÜ, 8 r, Umschl, 8 r, 2 r zusstr – ab * wdh, endend Umschl, 2 r.

Reihe 2: 2 r, * 0 und D, 2 li zusstr, 7 li, Umschl, LR in Umschl, Umschl, 7 li, 2 li verschr zusstr – ab * wdh, endend 0 und D, 2 r.

Reihe 3: 2 r, * 0 und D, ArÜ, 6 r, Umschl, 4 r, Umschl, 6 r, 2 r zusstr – ab * wdh, endend 0 und D, 2 r.

Reihe 10: 1 r, * 3 r verschr zusstr, 4 r, Umschl, 1 r, Umschl, 4 r, 2 li, 4 r, Umschl, 1 r, Umschl, 4 r, 3 r zusstr, 1 r – ab * wdh, endend genauso.

Diese 10 Reihen werden wiederholt.

Anwendung dieselbe wie Muster 171. Dies ist ein großes und weites Muster, deshalb muß seine Anwendung sorgfältig überlegt werden. Es bildet an der Anschlagseite eine lange Zunge und muß ganz gespannt werden.

195

Reihe 4: 2 r, * 0 und D, 2 li zusstr, 5 li, Umschl, 6 li, Umschl, 5 li, 2 li verschr zusstr – ab * wdh, endend 0 und D, 2 r.

Reihe 5: 2 r, * 0 und D, ArÜ, 4 r, Umschl, 8 r, Umschl, 4 r. 2 r zusstr – ab * wdh, endend 0 und D, 2 r.

Reihe 6: 2 r, * 0 und D, 2 li zusstr, 3 li, Umschl, 10 li, Umschl, 3 li, 2 li verschr zusstr – ab * wdh, endend 0 und D, 2 r.

Reihe 7: 2 r, * 0 und D, ArÜ, 2 r, Umschl, 12 r, Umschl, 2 r, 2 r zusstr – ab * wdh, endend 0 und D, 2 r.

Reihe 8: 2 r, * 0 und D, 2 li zusstr, 1 li, Umschl, 14 li, Umschl, 1 li, 2 li verschr zusstr – ab * wdh, endend 0 und D, 2 r.

Reihe 9: 2 r, * 0 und D, ArÜ, 8 r, Umschl, 8 r, 2 r zusstr – ab * wdh, endend 0 und D, 2 r.

Reihe 10: 2 r, 1 li, Umschl, * 7 li, 2 li verschr zusstr, 0 und D, 2 li zusstr, 7 li, Umschl, LR in Umschl, Umschl – ab * wdh, endend 7 li, Umschl, 1 li, 2 r.

Reihe 11: 4 r, Umschl, * 6 r, 2 r zusstr, 0 und D, ArÜ, 6 r, Umschl, 4 r, Umschl – ab * wdh, endend Umschl, 4 r.

Reihe 12: 2 r, 3 li, Umschl, * 5 li, 2 li verschr zusstr, 0 und D, 2 li zusstr, 5 li, Umschl, 6 li – ab * wdh, endend Umschl, 3 li, 2 r.

Reihe 13: 6 r, Umschl, * 4 r, 2 r zusstr, 0 und D, ArÜ, 4 r, Umschl, 8 r, Umschl – ab * wdh, endend Umschl, 6 r.

Reihe 14: 2 r, 5 li, Umschl, * 3 li, 2 li verschr zusstr, 0 und D, 2 li zusstr, 3 li, Umschl, 10 li, Umschl – ab * wdh, endend Umschl, 5 li, 2 r.

Reihe 15: 8 r, Umschl, * 2 r, 2 r zusstr, 0 und D, ArÜ, 2 r, Umschl, 12 r, Umschl – ab * wdh, endend Umschl, 8 r.

Reihe 16: 2 r, 7 li, Umschl, * 1 li, 2 li verschr zusstr, 0 und D, 2 li zusstr, 1 li, Umschl, 14 li, Umschl – ab * wdh, endend Umschl, 7 li, 2 r.

Reihe 17: 10 r, * 2 r zusstr, 0 und D, ArÜ, 8 r, Umschl, 8 r – ab * wdh, endend ArÜ, 10 r.

Reihe 18: 2 r, Umschl, * 2 li zusstr, 7 li, Umschl, LR in Umschl, Umschl, 7 li, 2 li verschr zusstr, 0 und D – ab * wdh, endend Umschl, 2 r.

Reihen 3–18 werden wiederholt.

Beide Seiten dieses Musters sind bestrickend. Am unteren Rand bildet es eine Muschel. Es eignet sich ausgezeichnet für Schals, Stolen, Bettjacken und für Decken. Auch wirkt es sehr hübsch als Bettüberwurf.

196 Ananas-Spitzenmuster

Maschenzahl durch 12 teilbar + 3.

Reihe 1: 1 r, * 1 li, ArÜ, 3 r, Umschl, 1 r, Umschl, 3 r, 2 r zusstr – ab * wdh, endend 1 li, 1 r.

Reihe 2: 2 r, * 11 li, 1 r – ab * wdh, endend 2 r.

Reihen 3, 6 und 7: Wie Reihe 1.

Reihen 4, 5 und 8: Wie Reihe 2.

Reihe 9: 1 r, * 1 li, Umschl, 3 r, 2 r zusstr, 1 li, ArÜ, 3 r, Umschl – ab * wdh, endend Umschl, 1 li, 1 r.

Reihe 10: 2 r, * 5 li, 1 r – ab * wdh, endend 2 r.

Reihe 11: 1 r, 2 li, * Umschl, 2 r, ArÜ, 1 li, 2 r zusstr, 2 r, Umschl, 3 li – ab * wdh, endend Umschl, 2 li, 1 r.

Reihe 12: 3 r, * 4 li, 1 r, 4 li, 3 r – ab * wdh, endend genauso.

Reihe 13: 1 r, 3 li, * Umschl, 1 r, ArÜ, 1 li, 2 r zusstr, 1 r, Umschl, 5 li – ab * wdh, endend 3 li, 1 r.

Reihe 14: 4 r, * 3 li, 1 r, 3 li, 5 r – ab * wdh, endend 4 r.

Reihe 15: 1 r, 4 li, * Umschl, ArÜ, 1 li, 2 r zusstr, Umschl, 7 li – ab * wdh, endend Umschl, 4 li, 1 r.

Reihe 16: 5 r, * 2 li, 1 r, 2 li, 7 r – ab * wdh, endend 5 r.

Reihen 17, 19, 21 und 23: 2 r, Umschl, 3 r, * 2 r zusstr, 1 li, ArÜ, 3 r, Umschl, 1 r, Umschl, 3 r – ab * wdh, endend Umschl, 2 r.

Reihen 18, 20, 22 und 24: 1 r, 6 li, * 1 r, 11 li – ab * wdh, endend 6 li, 1 r.

Reihe 25: 1 r, * 1 li, 2 r zusstr, 3 r, Umschl, 1 li, Umschl, 3 r, ArÜ – ab * wdh, endend 1 li, 1 r.

Reihe 26: 2 r, * 5 li, 1 r – ab * wdh, endend 2 r.

Reihe 27: 1 r, * 1 li, 2 r zusstr, 2 r, Umschl, 3 li, Umschl, 2 r, ArÜ – ab * wdh, endend 1 li, 1 r.

Reihe 28: 2 r, * 4 li, 3 r, 4 li, 1 r – ab * wdh, endend 2 r.

Reihe 29: 1 r, * 1 li, 2 r zusstr, 1 r, Umschl, 5 li, Umschl, 1 r, ArÜ – ab * wdh, endend 1 li, 1 r.

Reihe 30: 2 r, * 3 li, 5 r, 3 li, 1 r – ab * wdh, endend 2 r.

Reihe 31: 1 r, * 1 li, 2 r zusstr, Umschl, 7 li, Umschl, ArÜ – ab * wdh, endend 1 li, 1 r.

Reihe 32: 2 r, * 2 li, 7 r, 2 li, 1 r – ab * wdh, endend 2 r.

Diese 32 Reihen werden wiederholt.

Anwendung wie Muster 171.

196

197 Blattmuscheln

Maschenzahl durch 24 teilbar + 3.

Reihe 1: * 3 li, Umschl, 4 r, 2 r zusstr, 3 r, 3 li, 3 r, ArÜ, 4 r, Umschl – ab * wdh, endend 3 li.

Reihe 2: 3 r, 1 li, Umschl, 4 li, 2 li verschr zusstr, 2 li, 3 r, 2 li, 2 li zusstr, 4 li, Umschl, 1 li – ab * wdh, endend 3 r.

Reihe 3: * 3 li, 2 r, Umschl, 4 r, 2 r zusstr, 1 r, 3 li, 1 r, ArÜ, 4 r, Umschl, 2 r – ab * wdh, endend 3 li.

Reihe 4: * 3 r, 3 li, Umschl, 4 li, 2 li verschr zusstr, 3 r, 2 li zusstr, 4 li, Umschl, 3 li – ab * wdh, endend 3 r.

Diese 4 Reihen werden wiederholt.

Auch dieses Muster erfordert sorgfältige Planung. Es bildet eine lange Zunge am Anschlagende und kann genauso Verwendung finden wie Muster 171. Damit das Muster schön herauskommt, sollte es ziemlich stark gespannt werden. Bei Verwendung von sehr feinen Garnen kann man es auch ungespannt belassen. Eine einmalige Musterwiederholung plus Reihen 1 und 2 ergeben einen sehr hübschen Muschelrand.

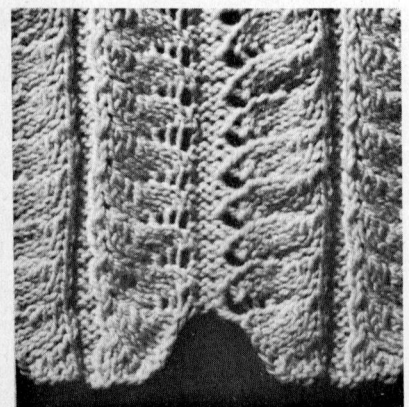

198 Ananas-Blattmuster

Maschenzahl durch 19 teilbar + 2.

Alle ungeradzahligen Reihen: Alle Maschen li.

Reihe 2: 1 r, * ArÜ, 3 r, (Umschl, ArÜ)×2, Umschl, 1 r, Umschl, (2 r zusstr, Umschl)×2, 3 r, 2 r zusstr – ab * wdh, endend 1 r.

Reihen 4, 6 und 8: Wie Reihe 2.

Reihe 10: 1 r, * ArÜ, 2 r (Umschl, 2 r zusstr)×2, Umschl, 3 r, Umschl, (ArÜ, Umschl)×2, 2 r, 2 r zusstr – ab * wdh, endend 1 r.

Reihe 12: 1 r, * ArÜ, 1 r (Umschl, 2 r zusstr)×2, Umschl, 5 r, Umschl, (ArÜ, Umschl)×2, 1 r, 2 r zusstr – ab * wdh, endend 1 r.

Reihe 14: 1 r, * ArÜ, (Umschl, 2 r zusstr)×2, Umschl, 7 r, (Umschl, ArÜ)×2, Umschl, 2 r zusstr, – ab * wdh, endend 1 r.

198

Reihe 16: 2 r, * (Umschl), 2 r zusstr)×2, Umschl, 3 r, 2 r zusstr, 4 r, (Umschl, ArÜ)×3 – ab * wdh, endend (Umschl, ArÜ)×2, 2 r.

Reihe 18: 2 r, * (Umschl, 2 r zusstr)×2, Umschl, 3 r, 2 r zusstr, ArÜ, 3 r, (Umschl, ArÜ)×2, Umschl, 1 r – ab * wdh, endend genauso.

Reihen 20, 22 und 24: Wie Reihe 18.

Reihe 26: 3 r, * (Umschl, ArÜ)×2, Umschl, 2 r, 2 r zusstr, ArÜ, 2 r, (Umschl, 2 r zusstr)×2, Umschl, 3 r – ab * wdh, endend Umschl, 2 r.

Reihe 28: 4 r, * (Umschl, ArÜ)×2, Umschl, 1 r, 2 r zusstr, ArÜ, 1 r, (Umschl, 2 r zusstr)×2, Umschl, 5 r – ab * wdh, endend Umschl, 3 r.

Reihe 30: 5 r, * (Umschl, ArÜ)×2, Umschl, 2 r zusstr, ArÜ, (Umschl, 2 r zusstr)×2, Umschl, 7 r – ab * wdh, endend Umschl, 4 r.

Reihe 32: 1 r, ArÜ, 3 r, * (Umschl, ArÜ)×3, (Umschl, 2 r zusstr)×2, Umschl, 3 r, 2 r zusstr, 4 r – ab * wdh, endend Umschl, 5 r.

Diese 32 Reihen werden wiederholt.

Anwendung wie Muster 171. Es gehört zu den großen Mustern und wirkt trotzdem spitzenähnlich und offen. Es benötigt kein Spannen.

199 Kreuzstreifen mit Doppelblatt

Maschenzahl durch 34 teilbar + 4.

Reihen 1, 5 und 9: 5 r, * 2 r zusstr, 4 r, Umschl, 2 li (2 r, Umschl, ArÜ) × 3, 2 li, Umschl, 4 r, ArÜ, 6 r – ab * wdh, endend 5 r.

Reihen 2, 6 und 10: 4 li, * 2 li verschr zusstr, 4 li, Umschl, 1 li, 2 r, (2 li, Umschl, 2 li zusstr) × 3, 2 r, 1 li, Umschl, 4 li, 2 li zusstr, 4 li – ab * wdh, endend genauso.

Reihen 3, 7 und 11: 3 r, * 2 r zusstr, 4 r, Umschl, 2 r, 2 li, (2 r, Umschl, ArÜ) × 3, 2 li, 2 r, Umschl, 4 r, ArÜ, 2 r – ab * wdh, endend 3 r.

Reihen 4, 8 und 12: 2 li, * 2 li verschr zusstr, 4 li, Umschl, 3 li, 2 r, (2 li, Umschl, 2 li zusstr) × 3, 2 r, 3 li, Umschl, 4 li, 2 li zusstr – ab * wdh, endend 2 li.

Reihen 13, 17 und 21: 2 r, * Umschl, ArÜ, 2 r, Umschl, ArÜ, 2 li, Umschl, 4 r, ArÜ, 6 r, 2 r zusstr, 4 r, Umschl, 2 li, 2 r, Umschl, ArÜ, 2 r – ab * wdh, endend 4 r.

Reihen 14, 18 und 22: 2 li, * Umschl, 2 li zusstr, 2 li, Umschl, 2 li zusstr, 2 r, 1 li, Umschl, 4 li, 2 li zusstr, 4 li, 2 li verschr zusstr, 4 li, Umschl, 1 li, 2 r, 2 li, Umschl, 2 li zusstr, 2 li – ab * wdh, endend 4 li.

Reihen 15, 19 und 23: 2 r, * Umschl, ArÜ, 2 r, Umschl, ArÜ, 2 li, 2 r, Umschl, 4 r, ArÜ, 2 r, 2 r zusstr, 4 r, Umschl, 2 r, 2 li, 2 r, Umschl, ArÜ, 2 r – ab * wdh, endend 4 r.

Reihen 16, 20 und 24: 2 li, * Umschl, 2 li zusstr, 2 li, Umschl, 2 li zusstr, 2 r, 3 li, Umschl, 4 li, 2 li zusstr, 2 li verschr zusstr, 4 li, Umschl, 3 li, 2 r, 2 li, Umschl, 2 li zus str, 2 li – ab * wdh, endend 4 li.

Diese 24 Reihen werden wiederholt.

Für dieses schwierige ganzheitliche Muster sollte nur feinstes zweifädiges Garn Verwendung finden, da die Musteranlage in sich schwer ist und dadurch verliert, wenn man zu schweres Garn verwendet oder wenn zuviel von dem Muster vorkommt. Es eignet sich daher am besten als Verzierung oder Kontrastmuster. Es kann ganz gespannt werden oder auch ungespannt belassen werden.

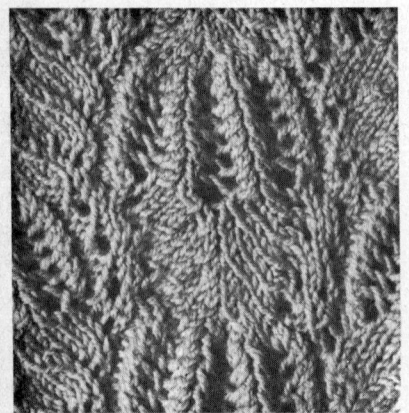
199

200 Außergewöhnliches Zickzackmuster

Maschenzahl durch 10 teilbar + 2.

Reihe 1: 1 r, * Umschl, 8 r, 2 r zusstr – ab * wdh, endend 1 r.

Reihe 2: 1 li, * 2 li zusstr, 7 li, Umschl, 1 li – ab * wdh, endend Umschl, 2 li.

Reihe 3: 3 r, * Umschl, 6 r, 2 r zusstr, 2 r – ab * wdh, endend 2 r zusstr, 1 r.

Reihe 4: 1 li, * 2 li zusstr, 5 li, Umschl, 3 li – ab * wdh, endend Umschl, 4 li.

Reihe 5: 5 r, * Umschl, 4 r, 2 r zusstr, 4 r – ab * wdh, endend 2 r zusstr, 1 r.

Reihe 6: 1 li, * 2 li zusstr, 3 li, Umschl, 5 li – ab * wdh, endend 6 li.

Reihe 7: 7 r, * Umschl, 2 r, 2 r zusstr, 6 r – ab * wdh, endend 2 r zusstr, 1 r.

Reihe 8: 1 li, * 2 li zus str, 1 li, Umschl, 7 li – ab * wdh, endend Umschl, 8 li.

Reihe 9: 9 r, * Umschl, 2 r zusstr, 8 r – ab * wdh, endend Umschl, 2 r zusstr, 1 r.

Reihe 10: 1 li, * Umschl, 8 li, 2 li verschr zusstr – ab * wdh, endend 1 li.

Reihe 11: 1 r, * ArÜ, 7 r, Umschl, 1 r – ab * wdh, endend Umschl, 2 r.

Reihe 12: 3 li, * Umschl, 6 li, 2 li verschr zusstr, 2 li – ab * wdh, endend 1 li.

Reihe 13: 1 r, * ArÜ, 5 r, Umschl, 3 r – ab * wdh, endend Umschl, 4 r.

Reihe 14: 5 li, * Umschl, 4 li, 2 li verschr zusstr, 4 li – ab * wdh, endend 1 li.

Reihe 15: 1 r, * ArÜ, 3 r, Umschl, 5 r – ab * wdh, endend Umschl, 6 r.

Reihe 16: 7 li, * Umschl, 2 li, 2 li verschr zusstr, 6 li – ab * wdh, endend 1 li.

Reihe 17: 1 r, * ArÜ, 1 r, Umschl, 7 r – ab * wdh, endend Umschl, 8 r.

Reihe 18: 9 li, * Umschl, 2 li verschr zusstr, 8 li – ab * wdh, endend 1 li.

Diese 18 Reihen werden wiederholt.

Anwendung wie Muster 171 und 195. Ganz spannen.

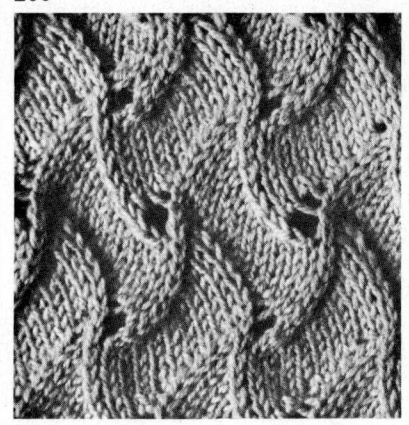

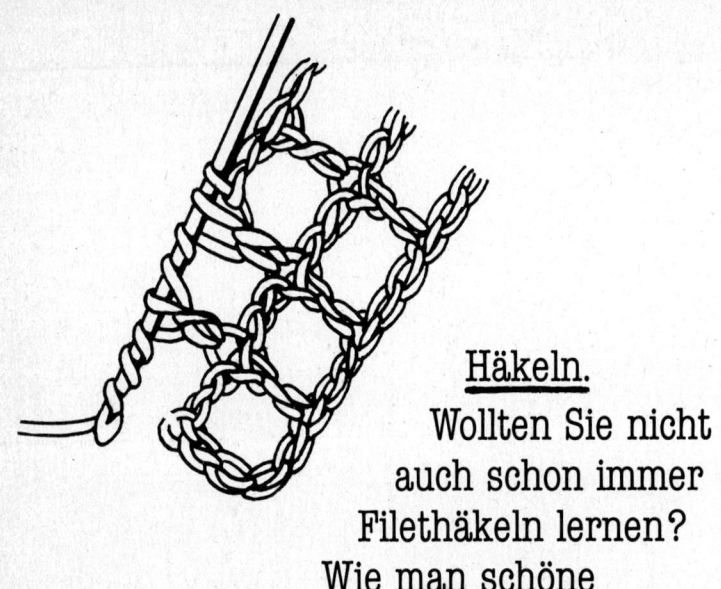

Häkeln.
Wollten Sie nicht auch schon immer Filethäkeln lernen? Wie man schöne Deckchen, Spitzen oder Einsätze häkelt, zeigen Ihnen die Bücher von Eva-Maria Leszner. Die Anleitungen sind in Bild und Häkelschrift dargestellt, so daß man sie schnell und einfach nacharbeiten kann.